幼儿园教学艺术

主　编：刘云艳
副主编：徐　宇　钱　珊　霍建君
编　委：(以下按姓氏笔画为序)
王民君　刘云艳　刘永兰　曲　琴
陈世联　周明英　胡丽娅　钱　珊
徐　宇　朗　俭　陶卫模　霍建君

西南大学出版社

图书在版编目(CIP)数据

幼儿园教学艺术/刘云艳主编.3版.—重庆:西南师范大学出版社,2007.2
　　ISBN 978-7-5621-2491-7

　　Ⅰ.幼... Ⅱ.刘... Ⅲ.幼儿园—教学法
Ⅳ.G612

中国版本图书馆 CIP 数据核字(2007)第 16653 号

幼儿园教学艺术

主　　编	刘云艳
责任编辑	张渝佳
封面设计	梅木子
出版发行	西南大学出版社(原西南师范大学出版社)
	重庆・北碚　邮编:400715
印　　刷	重庆紫石东南印务有限公司
幅面尺寸	140mm×203mm
印　　张	9.125
字　　数	230 千字
版　　次	2007 年 2 月　第 3 版
印　　次	2022 年 12 月　第 11 次印刷
书　　号	ISBN 978-7-5621-2491-7
定　　价	28.00 元

序言

《幼儿园教学艺术》一书的面世,是编著们对幼教界同仁,特别是对幼儿教师的一个新的奉献。尤其是,时值新世纪、新千年之首,本书的适时发行,无疑将会有助于推动幼儿素质教育水平的提高。

教学是科学,又是艺术。幼儿园的教学,是一门科学,更是艺术。以往多年来,崇尚师道尊严,幼儿处于服从、附属的地位,幼儿园的教学,也因此被深深地打上了烙印。改革开放以来,幼教界提倡尊重幼儿,师生平等,强调正确认识和处理师生之间的互动关系等,给幼儿园教学提出了新的要求,对幼儿园教学艺术的需要也更加迫切,幼儿教师普遍面临着新问题。一些幼儿教师在教学活动中,就有关方面进行探索,积累了成功的经验。《幼儿园教学艺术》一书的作者,力图将近来幼儿园教师的经验,进行总结,并上升为理论,说明幼儿园教学不是单纯的具体方法问题。在指导幼儿教师提高教学质量方面,是值得赞许的尝试。

教学艺术水平的高下,直接影响到教学效果的优劣,这如同舞台艺术对观众的影响一样,尤其是面对幼儿的教学,更必须提高教师的教学艺术水平。因为,幼儿的学习,以无意性为主,无论是对学习内容的注意,还是学习过程中对教材的记忆、想象等等,都主要依赖教师的引导。如果教师的教学艺术修养不高,就很难吸引幼儿的注意力,并集中到教学活动上来。如果教师使用简单粗暴的高压和强制的方法,也难以调动幼儿的学习积极性,反而容易造成师生关系的紧张。因此,提高教学艺术,激发幼儿内心的学习兴趣和积极性,在幼儿园尤其重要。

要提高幼儿园教学的艺术水平,当然要有相应的操作技术,但是,不能停留在模仿一些具体的操作方法上。《幼儿园教学艺术》一书的作者正确地指出,在这里必须有理论和实践的结合,而且是有创造性的结合。提高幼儿园教学的艺术水平,首先要注重转变教育观念。只有在正确观念指导下的操作方法,才是培养幼儿素质发展的教学方法。在正确观念指导下的操作,才可以说是我们所需要的幼儿园教学艺术。

《幼儿园教学艺术》共计八章,作者将教学艺术的内容,加以具体解析,分为教学组织的艺术,教学方法的选择艺术,教学语言的艺术,教学的非语言艺术,提问的艺术,随机教学机智的艺术,观察幼儿的艺术等。书中列有丰富的案例分析,教学活动的训练,评价的指标,以加强本书的可操作性和实践性,使理论与实际更紧密地结合起来。

本书编著者,在编写过程中,很注意运用其学前教育的专业知识,以及从事幼儿园教学研究工作的实践经验,把科学精神贯穿于全书之中;在文字表述方面,考虑到幼儿的年龄特点,注重形象性和情感性的运用;在各章的内容里,还注意对审美性、创造性的体现。总之,本书的编写者做出极大的努力,希望广大的幼儿园教师及幼教工作者,能够喜欢这本书,并从中有所受益。

北京师范大学教授、博士生导师
陈帼眉
2000 年 12 月

前言

　　幼儿园教学既是一门科学,又是一门艺术。尽管教育理论界对此长期争论不休,甚至在今后相当长的时间内,教育理论界和实践界还将进一步探讨与实践。但是,要有效提高我国幼儿教育的质量,必须在尊重和应用教学科学性的基础上,系统地研究和提高教学艺术水平,这是时代的要求,也是当前教学论研究的发展趋势。

　　在我们从事教育部八五课题"审美教育对学生素质全面发展的实验研究"和教育部九五课题"学校美育系统与美育心理发展的实验研究"的幼儿园段的实验研究以及教育部九五课题"幼

儿园学具教学理论与实践"的子课题"幼儿智能素质教育研究"中发现,教师的教学方法与艺术是高质量完成课题的保证,更是实现幼儿素质教育的前提。在这些年的教学研究与实践中,我们发现,作为培养幼儿园师资的主要阵地——幼儿师范学校和高师教育系学前教育专业,比较忽视培养他们从事教育教学工作的实践能力的训练,即使有这样的课程,理论的讲授过多,案例教学训练太少,学生学习过程中缺少主体意识,这就不可能要求他们对教学艺术的本质有深刻体会。学生毕业后,模仿多,创意少,无法将所学理论用于实际。各级教委、教科所、教师进修学校的教师,在对教师培训和教研管理中缺乏相应的指导用书,有的干脆用中小学教师培训用书,这令人担忧。人们常说,教学有法,但无定法,贵在得法。艺术是独创的过程与结果,虽然只能欣赏不能模仿与重复。但教学艺术本身与一般艺术是不一样的,它的科学性与理论支撑点是教学论以及传递信息过程中的一切操作行为。本书正是力图对这些操作行为进行教学分析以供模仿与训练,引导教师将这些操作行为上升到艺术高度,并根据教学目标、教学对象、教学者自身特点等,在工作中形成自己的教学艺术风格。这便是我们的美好愿望。

　　本书力图以素质教育教育观、儿童观、发展观、教师观为指导,尽量吸收中外教学艺术的思想与实践的新成果,尤其反映我们在幼儿教育教研和科研工作中的理论与实践的成功尝试。因此在理论与实践中都有不同程度的创新,是广大幼儿教育工作者、幼师学校和高师学前教育专业学生的可读性教材。

　　在编写中,我们参考了有关教学论、教学艺术方面的著作与研究成果,得到了出版社领导、责任编辑的大力支持。在此表示衷心感谢。

参加本书编写的作者是具有现代教育理论水平、丰富教研经验和编写经验的幼教工作者。本书主编刘云艳,副主编徐宇、钱珊、霍建君。参加编写的同志依次为:西南师范大学教育科学学院学前教育系刘云艳(前言、第一章),重庆幼儿师范学校陈世联(第二章),重庆市市中区教师进修学校钱珊(第三章、第七章),重庆市北碚区教师进修学校徐宇(第四章、五章),四川省德阳市教委教研室霍建君(第六章),重庆市万州区教委朗俭(第八章)。全书由刘云艳副教授统一修改并定稿。

由于我们水平有限,不足之处难免,恳请各位专家、读者不吝赐教。我们将十分感谢并尽力改正。

刘云艳
2004年1月于西南师范大学

目 录

序　言…………………………………………………（1）
前　言…………………………………………………（1）
第一章　幼儿园教学艺术的本质……………………（1）
　　一、教学艺术的本质 ………………………………（1）
　　二、幼儿园教学艺术的特点 ……………………（13）
　　三、古今中外教育家的教学艺术思想…………（21）
第二章　幼儿园教学组织的艺术 …………………（39）
　　一、导入艺术及训练……………………………（39）
　　二、高潮艺术及训练……………………………（54）

三、结束艺术及训练……………………………………（68）
　　　四、节奏艺术及训练……………………………………（79）
第三章　幼儿园教学方法的选用艺术………………………（91）
　　　一、幼儿园常用的教学方法……………………………（92）
　　　二、教学方法的选用……………………………………（126）
　　　三、教学方法选用的训练与评价………………………（130）
第四章　幼儿园教学语言的艺术……………………………（143）
　　　一、幼儿园教学语言艺术的含义及作用………………（143）
　　　二、幼儿园教学语言艺术应遵循的基本原则…………（145）
　　　三、幼儿园教学语言艺术的构成………………………（153）
　　　四、幼儿园教学语言艺术的评价与训练………………（162）
第五章　幼儿园教学的非语言艺术…………………………（168）
　　　一、幼儿园教学非语言艺术的含义与作用……………（169）
　　　二、幼儿园教学非语言艺术的要求……………………（172）
　　　三、幼儿园教学体态语言的类型及技巧………………（174）
　　　四、幼儿园教学非语言艺术的评价及训练……………（187）
第六章　幼儿园教学提问的艺术……………………………（189）
　　　一、幼儿园教学提问的含义与功能……………………（189）
　　　二、幼儿园教学中提问的类型与技巧…………………（192）
　　　三、幼儿园教学中提问的评价…………………………（202）
　　　四、幼儿园教学中提问的训练…………………………（206）

第七章　幼儿园随机教学机智的艺术……………………（213）
　　一、随机教学机智的概述 ……………………………（214）
　　二、随机教学机智的类型 ……………………………（217）
　　三、随机教学的方法 …………………………………（219）
　　四、随机教学机智的训练与评价 ……………………（224）
第八章　教学活动中观察幼儿的方法……………………（233）
　　一、教学活动中观察幼儿的意义、范围及作用………
　　　　………………………………………………………（233）
　　二、观察幼儿应遵循的原则 …………………………（238）
　　三、观察的类型 ………………………………………（246）
　　四、观察记录方法的训练 ……………………………（248）
　　五、教师观察幼儿行为发展的
　　　　指标(仅供参考) ……………………………………（253）
　　六、观察结果的解释与评价 …………………………（271）
附　主要参考资料……………………………………………（274）

第一章

幼儿园教学艺术的本质

自本世纪八九十年代以来,教学艺术作为教学论的1个重要分支,受到越来越多理论工作者和实践者的重视。揭示教学艺术的本质,回顾中外教学艺术的思想,对幼儿园教学艺术的本质特征的认识有重要理论价值和实践意义。

一、教学艺术的本质

教学艺术的本质是指教学艺术与其他艺术相比较而独立存在的质的规定性,揭示教学艺术的本质特征,有助于深化对教学艺术的认识,提高教学艺术研究的理论水平,促进我们教学质量提高。

(一)教学是一门艺术

艺术,英文art,来源于拉丁文ars,指"木工、铁工、外科手术之类的技艺或专门形式的技能"①。对艺术一词,通常有两个方面的理解,一是指创造性的工作方式和方法,如领导艺术、谈话艺术、管理艺术等。美国的克莱德·E·柯伦认为"达到某些要求的创造性工作便于是艺术。当创造使创造者的感情升华到完善的境界,当创造的作品的匀称美不仅给创作者,而且给观看这一成品的其他人带来快乐的时候,这种创造便是艺术"②第二种含义指运用语言、动作、线条、色彩、音响等不同的手段构成形象以反映社会生活并表达作家、艺术家的思想感情的一种社会意识形态。在这里体现了艺术的广义和狭义之分,从词源看,广义的艺术相当于技艺,正如曹廷华教授所言:"广义的艺术指各种技艺,即指人们在完成物质生产、社会活动、精神领域中所提出的任务的高超、熟练的技能、技法和技巧。"他从艺术一词的语源及其历史含义的论证中得出,无论是西方还是中国,艺术在相当长的一个历史时期里指的是技艺而不是现代意义的艺术即狭义的艺术,并认为,"狭义的艺术是精神文化或称心态文化中的艺术创作",即人们通常说的表演、造型、语言、综合的现代意义门类的艺术,其他如摄影、书法也属狭义的艺术范畴。③ 前苏联美学家格·尼·波斯彼洛夫认为艺术一词有三层含义:④第一,从广义上讲,指任何技艺,"这就是巧妙、精细、熟练地完成人们在生产组织、意识形态等各种活动中提出的任务"。第二,从狭义上讲,"按照美的规律来创造"。第三,从最狭窄的范围上讲是

---

① (英)科林伍德《艺术原理》,中国社会科学出版社,1985年,第6页。
② 周南照译《教学的美学》载《教育研究》,1983年,第3期。
③ 曹廷华《文艺美学》,西南师范大学出版社,1999年7月,第17页~第19页。
④ 王北升《关于建立"教学艺术"的问题》《教育研究》1990年,第2期。

"精神文明领域的艺术创作"。那么,教学艺术应属于何种艺术范畴?对此,我国许多学者提出了不同的见解。

1. 教学艺术的本质是技能、技巧性

我国学者王北升同志就认为教学艺术是教师运用语言、动作、表情、色彩、音响、图像(包括文字、符号、图形、模型、实物、标本)等手段,遵循教学规律,运用教学原则,创设教学情境,为取得最佳教学效果而组合运用的一整套娴熟的教学方法、技能和技巧。广义的教学艺术指凡是涉及教学的一切环节和范围所运用的艺术;狭义的教学艺术则指在课堂教学中运用的艺术①关甦霞同志也认为:"所谓教学艺术就是培养人才的能取得最佳效果的一整套娴熟的教学技能技巧。教学艺术是教学方法的升华,是综合运用教学方法体系的出神入化,是解决处理教学问题使教师对学生具有吸引力的心灵契机和巨大魅力。"②

2. 教学艺术本质是教学的规律性

我国学者张翔同志认为:"毫无疑问,教学的合规律性是教学艺术的必要前提,教学的合个性是教学艺术的灵魂和源泉。教学艺术是合规律性与合个性的统一。……只有教学的合规律性和合个性的统一,教学才成为引人注目、令人为之倾倒的艺术品,教师才成为受人钦佩的教学艺术家。"③

3. 教学艺术的本质是审美性

我国学者阎增武同志认为:"借助教学过程中的审美感,可

---

① 王北升《关于建立教学艺术的问题》《教育研究》1990年,第2期。
② 关甦霞编著《教学论教程》,陕西师范大学出版社1987年版,第234页。
③ 张翔《试论教学艺术之本质》,《教育研究》1987年,第3期。

以给教学艺术下一个定义:教学艺术是通过诱发和增强学生的审美感以提高教学效果的手段,这种手段的运用能使学生在有益身心健康的积极愉快的求和气氛中,获得到知识的营养和美的享受。"①

4. 教学艺术的本质是教师的教学素养或个人才华

我国学者尹宗利认为:"教学艺术就是受制于个性风格,具有美学价值和创造性运用各种教学方式方法的个人才华。其本质属性是个别性、审美性和创造性。教学艺术的实质,是教师本人独特的创造力和审美价值定向在教学领域中的结晶。"②尹慧茹 认为:"教学艺术是指教师运用语言、直观形象和教材、创设教学情境,遵循教学规律,灵活运用教法,实现教学任务的各种素养的总和。"③

5. 教学艺术的本质是创造性

如苏灵扬认为:"教师之所以称为艺术家,是因为教师的劳动本身就是创作,而且比艺术家的创作更富有创造性。""教师创作的对象是生动活泼的人,创作本身不是集中、提炼与典型化,而是培养和发展。……所以教师又是艺术家,而且是有更特殊要求的艺术家。"④

6. 教学艺术的本质是教学过程中师生的相互交流

如罗明基认为:"教学艺术是指师生紧密合作,充分利用教

---

① 阎增式《浅析教学过程的审美感》,《教育研究》1987年,第2期。
② 吴也显主编《教学论新编》,教育科学出版社1991年版,第466页。
③ 罗明基主编《教学论教程》,黑龙江人民出版社1987年版,第309页。
④ 苏灵扬《教师,塑造新一代人的工程师和艺术家》,《教育研究》1981年,第3期。

学情境中的一切条件,遵循教学规律和美的规律,创造性地应用各种教学方法和美的形象,最佳地完成教学任务的活动特征。"①魏正书同志认为:"我们可以把教学艺术概括为:教学艺术是教师与学生以一定教学内容为媒介的精神交流。在这种交流中,通过不断选择和协调、确证和超越,出现和谐统一的教学情境和教学境界。"②

7. 教学艺术本质是教与学的统一性

如崔含鼎、梁仕云同志认为:"现代教学艺术,是把现代心理学、现代行为科学、现代学习科学和现代美学有机地融入教学过程而形成的教与学这一系统工程的辩证化合体。其内核是教与学的辩证统一。这表明教学艺术是一个跨越多学科的有机统一的整体艺术。"③

8. 教学艺术的本质是综合性

李如密同志就明确提出教学艺术是"教师娴熟地运用综合的教学技能技巧,按照美的规律而进行的独创性教学实践活动"④他认为教学过程中运用教学方法体系的技能技巧是它的第一层含义;遵循美的规律、贯彻美的原则而进行的创造性教学是它的第二层含义;教师在教学过程中体现的教学风格是它的第三层含义。

综上所述,尽管人们对教学艺术的本质的争论很大,但是这些观点为我们进一步揭示教学艺术的本质提供了思路。毫无疑

---

① 唐文中主编《教学论》,黑龙江教育出版社1990年版,第316页。
② 魏正书《教学艺术论》,辽宁大学出版社1991年版,第19页。
③ 崔含鼎、梁仁云《现代教学艺术论》,广西教育出版社1992年版,第6页。
④ 李如密《教学艺术论》山东教育出版社,1996年版,第85页。

问,教学是一门艺术,是一门综合性很强的特殊艺术。它的特殊性在于教育性,这种教育性的实现离不开遵循教育规律,采用艺术化的手段。因而教学艺术是科学性与艺术性的统一。

(二)教学艺术是科学性与艺术性的统一

教学艺术作为教学论的一个重要研究领域或分支,必然以教学论为基础。教学是指教的人指向学的人的活动,教与学相结合或相统一的活动。[①],教学的目的在于传授科学知识,发展智能,形成其世界观。因而必须遵循科学知识的系统性、逻辑性,以及表达方式的规律性,另一方面,接受知识的人是儿童和青少年,教学必须遵循其身心发展的规律性,采取方式必须符合其认知结构,以激发其情感,感染其心灵、内化为素质。在教学过程中,教师起主导作用,学生具有主体性。教师的主导作用在于指向学生,它离不开教学内容,学生特点,教师特点,教学环境等变量。学生的主体性在于指向自身发展。师生的这种作用体现在教学的不同层次上的互动性和主观能动性,教师为提高教学质量,必然会主动指导、自觉提高,学生为了自身的全面发展会主动探索,自觉发展,为了实现这一目的,双方都表现出相应计划性、目的性,因而教学本身具有目的性、主体性、能动性。

儿童的发展包含了身心两个方面的和谐发展。在这方面,被誉为 19 世纪欧洲的伟大教育巨匠之一的裴斯泰洛齐(Hohann Heinrich Pestalozzi)就为我们提出了和谐发展的理论。在他看来,教育的目的在于使人的天赋本性具有整体性或均衡性、统一性,即"人的道德、智力和体力的均衡,换句话说,人

---

① 张大均主编《教学心理学》。西南师范大学出版社 1997 年版,第 2 页。

的心、脑和手的能力的均衡性"①。随着时代的变迁与发展,社会对人的需求的增高,人们更加意识到身心和谐发展的重要性,并赋予了新的内涵,《幼儿园工作规程》提出了对幼儿实施体、智、德、美身心和谐发展的教育目标。这一目标的实现离不开幼儿园的教育教学活动。关于教学与发展的关系,前苏联心理学家维果斯基(1896~1934)提出了最近发展区的思想。维果斯基认为,教学中至少要确立两种发展水平,第一种为现有发展水平,第二种为最近发展区。现有的水平指"一定的作为儿童业已实现的发展周期的结果形成起来的儿童心理机能的发展水平"②,也即已经完成的发展系统的结果而形成的心理机能发展水平。如智力测验中的心理年龄就是"现有的发展水平",假如两个孩子的心理年龄是8岁,即现有的发展水平是一致的,但是这两个孩子之间可能有本质差异,其中之一的孩子可能经过启发诱导会达到10岁孩子的水平,而另一个却难以胜任,维果斯基认为这一差异是最近发展区,即借助于他人的帮助而达到的解决问题的水平。把教学要符合儿童的发展水平仅仅停留在现有的水平上是无效的,不能引导发展而是追随发展,追随发展的教学是消费自身自发形成的学习可能性,训练、强化已经形成的内部心理机能。教学是先于发展、引导发展的,教学的本质作用在于创造最近发展区。教师要善于发现每一个儿童的最近发展区,同时也要创造条件发展新的最近发展区,通过教学以帮助儿童获得新的发展。有关教学的运动与展开的动力,日本学者斋藤喜博认为是教学过程固有的内部矛盾。他在"发展的教学"时

---

① 夏元莲《裴斯泰洛齐论著选》人民教育出版社,1992年版,第424页。
② 钟启泉编译《现代教学论发展》教育科学出版社1992年版,第301页。

说:"在教学过程中之所以会发生那些变化、变动、爆炸,是因为在教学过程中不断产生矛盾,引起冲突和纠葛,因而在不断地克服着矛盾的缘故,所以形成一步步展开的教学。在教材、教师和儿童之间产生矛盾,引起对立和冲突、纠葛,克服了这些矛盾、冲突、纠葛,教师和学生就会发现新知,创造新知,进入新的境界。我们应当把这种教学称为'发展性教学'"。①

关于儿童发展的根本原因,朱智贤教授认为是儿童心理发展的内部矛盾。所谓内部矛盾可概括为新需要与原有水平或状态的矛盾。需要是矛盾中最积极活跃的一面,它由外界环境和教学行为引起,当外界这些要求被儿童所接受了就变成了儿童的主观要求,原有的水平或状态是过去的心理反应,这两种心理反应总是不一致,便构成了心理内部矛盾,它们相互否定、相互斗争,有了新的需要就不能满足已有水平,新需要的满足,就意味着儿童心理得到发展,与此同时,儿童又会产生新的、更高的需要。如一岁多孩子在与人交往中产生了用简单句表达自己愿望的要求,但他原有水平是只会用单词句表达自己的愿望,这两者就有矛盾,这种矛盾促使他学会了用简单句比较清楚地表达自己的要求,这就发展到新水平,即能用简单句表达自己愿望。随着年龄的增长,经验的丰富,简单句很难表达自己的内心感受与愿望,不能满足其要求,这种用简单句表达自己要求的新需要又成了原有水平。于是又出现了新的需要,即用复杂句表达自己要求。这样,又构成了一对矛盾。儿童心理的内部矛盾不断产生、解决、产生,这样儿童语言就得到迅速发展。当然,儿童的新需要的产生离不开原有水平,教师在教学中要创造条件激起

---

① 钟启泉编译《现代教学论发展》教育科学出版社1992年版,第37页。

儿童的新需要，如激发儿童的好奇心，即追求外界信息，指向学习活动本身的内驱力，要表现为好奇、探索、操作和掌握行为，这种好奇心的激发离不开儿童原有水平，一本微积分教材是激不起儿童学习微积分的需要的。同时，一定的心理水平的形成又依存于相应需要。没有需要，儿童就不能学习相应知识技能，心理水平也难以提高。有的儿童，尽管有学的能力却没有学的兴趣，原因在于此。教学的任务在于根据已有心理水平和心理状态，提出相当的要求，帮助儿童产生新的矛盾运动，促进儿童身心发展，即不平衡—平衡—不平衡……的矛盾运动使儿童的心理由低水平向高水平发展。

教学的科学性不仅仅体现在教育观和儿童观上，同时也要求教师具备相应的学科知识。这种知识包含了三个层面，即陈述性知识、程序性知识、策略性知识。陈述性知识表明知识"是什么"、"为什么"具有静态性，体现学科知识的逻辑性；程序性知识表明知识"有什么用，怎样用"，体现知识的可操作性；策略性知识是有关方法性的知识，要如何学习，如何思考，如何用前述两种知识去学习、记忆、解决问题技巧和方法等，如元认知知识、元认知体验、元认知监控等。传统意义上，人们认为教师的作用是"传道、授业、解惑"，这种观念使人们误认为教师的作用是为知识而知识，是指向"学"，而非"做"，而现代教育要求教师的作用不仅指向学生学，而且指向"做"，这不仅要求教师知识的丰富性、综合性、全面性，而且要求教师必须终身学习，同时增加程序性知识与策略性知识的比重，以适应新时代的挑战。

教学也必须讲究艺术性。教学的基本目标是帮助学生掌握科学知识，高层次目标是发展学生智能和培养学生的创造性，两者并行不悖。① 日本著名教育家斋藤喜博（1911～1981）在他的《授业入门》一书中明确提出："我认为，教师是艺术家，教学倘是真正创造性的、探究性的，那么，它就会达到艺术般的高度，给人以艺术般的魅力，并且，惟有借助这种教学，儿童也罢，教师也罢，才会满足，才会成长，才会获得自我变革。而要实现这种教学，教师就得时时抱有同艺术家的创作态度一样的态度。所以，我一直认为，教师的工作就是艺术。"② 三浦修吾也曾说过，教师"要当一个艺术家，教师应把学生看成自己的作品。"③

美国著名教育家杜威（John Dewey，1859～1952）认为教育的艺术是"一切人类艺术中最困难和最重要的一种艺术"。他主张"要使教育过程成为真正的师生共同参与的过程，成为真正合作的相互作用的过程"。"教学的艺术，一大部分在于使新问题的困难程度，大到足以激发思想，小到加上新奇因素自然地带来的疑难，足以使学生得到一些富于启发性的立足点，以此产生有助于解决问题的建议。"④ 斯坦福大学教授埃斯纳（Eisner Elliot）在他的《教育想象》一书中较为系统地阐述了教育是艺术这一问题。他认为，教育之所以是艺术是由于教学过程中教师可以运用自己的技巧和能力，使师生双方都能感受到一种美；教师像画家、作曲家、演员和舞蹈家一样，是根据行为过程展开的性质来做出评价和判断的；教师在教学过程中不需要受事先安排好的行动程序的束缚，教师必须以不断创新的方式来应付在

---

① 张大均主编《教学心理学》西南师范大学出版社1997年，第183页。
② 钟启泉译《现代教学论发展》教育科学出版社，1997年版，第269页。
③ 吴也显《教学论新编》教育科学出版社，1991年版，第401页。
④ 赵祥麟、王承绪译《杜威教育论著造》华东师大出版社，1981年，第184，第282页。

教育过程中发生的各种意料和始料不及的事件；教学的成绩常常是教学过程中取得的。[①] 关于教学的艺术性，我国学者王北生对教学与艺术在对象、手段、功能、特征等相似之处进行了对比分析[②]。从对象上看，艺术的对象是丰富多彩的整个现实世界，但注意的中心是人，是人的精神世界，人对自然和社会的态度，人的喜怒哀乐的丰富的情感。艺术家必须深入生活，了解人，才能创作出第一流的艺术作品。教学的对象也是人，而且是成长中的儿童、青少年。他们的知、情、意、行等，需要教育者认真了解。教学也要深入了解学生，遵循"因材施教"、"循序渐进"的原则，才能取得较好的教学效果。艺术了解人、描写人的目的，在于纯正人的思想，陶冶人的情操。而教学永远具有教育性，其目的不单是为了传授知识，也在于提高人的思想觉悟，塑造人的灵魂。从手段上看，艺术主要运用语言、动作、线条、色彩、音响，以及形象、声音、感情的手段表达作者的思想感情，反映社会生活。根据运用的手段和表现形式的不同，艺术分类为语言艺术、造型艺术、表演艺术、综合艺术。教学同样也离不开语言、动作、图像、色彩等手段，因此可以说，语言（声）、动作（形）、图像（色）等构成教学艺术的基本要素。这些要素按照一定的规律进行创造性的结合，就会体现出教学艺术及其风格。语言用于传授知识，交流感情；动作用于传情达意，课堂管理；图像（图表、教具、实物）用于感性直观；色彩、音响用于调动视、听觉和一切注意力。虽然教学要重视科学性，但科学性与艺术性的完美统一，才是教学追求的最终目标。从功能上看，艺术在社

[①] 李如密《教学艺术论》山东教育出版社 1996 年第 30 页。
[②] 王北生《关于建立教学艺术的问题》载《教学研究》，1990 年，第 2 期。

会中起着巨大的作用,它表现为三大功能:认识功能、教育功能、审美功能。教学也具有这三大功能,只不过发挥的领域有所区别。教学的认识功能表现在帮助学生掌握科学文化知识;教学的教育功能在于发展能力、培养创造性,促进其身心和谐发展;教学的审美功能在于教师在教学过程中的形象美(仪表美、教态美、生活审美化)和教学美(语言美、课程美、艺术表现美),使学生听一节课如同欣赏一件艺术作品,沉浸在美的感受之中。从特征上看,艺术本身的特征是形象性、情感性、创造性。形象性是艺术的基本特征;情感性是艺术的魅力所在;创造性是艺术的生命力。教学同样具有这三大特征。教学要借助语言、动作、图像等方式,把抽象的知识、概念讲得形象具体;教师在教学中不仅是知识的传授,而且贯穿着与学生情感的交流,只有创造出和谐的感情氛围,师生双方在教与学上才能发挥最大潜力;教必有法,但无定法,贵在创造。

教学与艺术虽然具有相似性,但也有特殊性。这种特殊性在于教师在教学中的自编、自导、自演。教师在备课中的构思教学目标、内容、方法,设计教学过程、进行教学表演与评价。教师既是演员又是观众,作为演员要考虑教学的伦理价值,即教书育人;要采取学生可接受的方式,这样才会被学生欣赏与接受。同时,他本身也是观众,他每时每刻在欣赏自己的表演,评价自己的表演,如教学的有效性,怎样综合应用各种艺术化的手段为教学目的服务。从这个意义上讲,教学艺术比一般艺术更复杂,要求更高。

综上所述,教学艺术是科学性与艺术性的统一,在教学中,既有严格的科学论证,又有艺术性的生动启示,在教学过程中,要求遵循科学规律,按照一定的教学模式,采取相应的教学方法，以求达到认知目标，另一方面，教学的对象是人，人是有思想感情的，情感目标与知识目标互相联系。如皮亚杰所言"没有一个行为模式（即使是理智的），不含有情感因素作为动机；但是，反过来，如果没有构成行为模式的认知结构的知觉或理解参与，那就没有情感状态可言，因此，行为是一个整体，既不能单独用结构来说明它的动力，反之，也不能单独用动力来说明它的结构，情感与认识两者既不能分割同时也不能互换。"[1]因而教学中认知目标与情感目标同等重要。

二、幼儿园教学艺术的特点

幼儿园是对3岁~6岁儿童进行保育与教育的场所，是基础教育的起始阶段。幼儿园的教育目标是：促进幼儿身体正常发展和机能的协调发展，增强体质，培养良好的生活习惯和参加体育活动的兴趣；发展幼儿正确应用感官和运用语言交往的基本能力，增加对环境的认识，培养有益的兴趣和动手能力，发展智力；萌发幼儿爱家乡、爱祖国、爱集体、爱劳动的情感，培养诚实、勇敢、好问、爱护公物、不怕困难、讲礼貌、守纪律等良好品德、行为习惯以及活泼开朗的性格；萌发幼儿初步的感受美和表现美的情趣。它是根据我国全面发展的教育目标和幼儿身心发展的规律而确立的，体现了全面发展，面向未来的思想，为我们制定课程目标提供了参考。保教目标最终落实在幼儿园一日生活各个环节，尤其是幼儿园的课程上。幼儿园的课程（狭义）目标的实现，离不开教学艺术。幼儿园的教学艺术是指幼儿园教师根据幼儿身心发展特点，在教育科学原理和审美化原理的指

---

[1] 皮亚杰·英海尔德《儿童心理学》商务印书馆，1980年出版，第118页。

导下,采取的一系列达到目标的方法与技术。它一方面要求为教师客观地再现教学内容,以求"真",另一方面又要主观表现思想感情,而求"美",他以教学论为坚实基础,同时离不开教师灵活掌握幼儿身心特点,创造性地选择教学方法。因此,幼儿园的教学艺术具有如下特征:

(一)科学性

教学本身具有科学性,幼儿园的教学也是如此。教育的科学性在于遵循教育规律,科学再现教学内容。著名教育家布卢姆(B. S. Bloom)强调指出,"教学的艺术在于:把一个复杂的最终产物分解为必须分别并按某种顺序达到的组成部分。教授任何一种事物,便是在向着终极目标前进时,一面汇注所需要达到的最终模型,一面集中力量走好每一步。"或者说"教学的艺术,在很大程度上有赖于把较复杂的概念或过程分解成一系列较小的要素或步骤,然后找到帮助个别学生学习这些要素的方式"。[①] 换句话讲,教学艺术的科学性一方面在于教学内容本身的科学性和内在逻辑性,另一方面在于根据幼儿年龄特点选择恰当教学目标与教学内容,设计教学步骤,选择教学方法,创设相应教学情境,帮助幼儿得到相应发展。这里面体现了教师教育观、儿童观、发展观。

(二)形象性

教学是一门艺术,任何艺术都以形象反映社会生活,没有形象便没有艺术。幼儿园教学艺术的重要特征便是形象性,即以

[①] (美)布卢姆《教育评价》华东师大出版社1987年,第14页,第20页。

语言、表情、图像、音响、实物等方式将幼儿引入相应意境，让幼儿充分感知、体验，从而领会相应知识，形成相应能力。这些形象是充满了美的特性，是活的形象，对于幼儿来讲更是如此。这是由幼儿审美活动中的泛灵论倾向决定的，在他们心中，这些由声、形、色的形象特征的组合构成的人和物如他们一样有生命、思想、情感的。美的形象性既是手段也是目的，更为重要的是目的，它的生动丰富性、深邃意味性引导幼儿进入以美启真的境界。教师在教学中努力化抽象的"真"为具体可感的形象或生动的形象，使幼儿感受这些和谐、对称、富有节奏的形象时不知不觉进入真的境界。对于成长中的幼儿来讲，其认知本身具有具体性、形象性，主要表现在他们认知内容是具体的，他能够掌握代表实际物体的概念，不易掌握抽象概念，他们依靠事物在头脑中的形象来思维。在幼儿的头脑中，总是充满了事物的颜色、形状、声音等生动形象，在思考问题上离不开这些形象，同时表现出经验性、拟人性、表面性、片面性、固定性、近视性等特征，尽管幼儿末期出现了抽象思维的萌芽，但总的来讲离不开具体形象。因此，幼儿园的教学中采取形象化的手段可给人可感、可视、可听的生动鲜明的美感，这对开发利用幼儿的右脑有极大作用。

（三）情感性

艺术是以情动人的活动，没有丰富情感，不能用情感打动人，艺术也就失去了艺术的力量，也就没有了艺术教学。马卡连柯（A·C·MakapcHko，1888～1939）认为教师应掌握戏剧艺术的演剧的表演，他说"凡不善于模仿，不能运用必要的面部表情或者不能控制自己情绪的教师，不会成为良好的教师"，在他看来，教学艺术是声音的艺术，语调的艺术，目光的艺术，转折的艺术。也有人将教学看作是表演艺术,如罗伯特·特拉弗斯(Travers)认为:"教学是一种独具特色的表演艺术,它区别于其他任何表演艺术,这是由教师与那些观看表演的人的关系所决定的"[1]。所以,教师在教学工作中必须注意到自己的情感的力量,并把这种力量渗透到教学活动中去。哈里·道(Dawe, H. A)也认为:"教学实际上是一种表演艺术,教师的选择、训练、职业指导、工作条件以及人员补充的方式都应参照其他表演艺术的特点"[2]。教师的表演艺术和演员的表演艺术相比较在于教学艺术的情感特别真。就师生来讲,他们都是现实中人,教师给予学生的情感是特别真实的、纯正的、自然的,没有任何"演戏"之感,教师的形象塑造如衣着打扮、表情动作、语言都体现一种情感,它丰富幼儿的感知,促进幼儿对教学内容的理解和思维,促进师生的思维共振。但教师的表演应受理智制约,即受教学内容,教学情境的制约,尤其是情感的表达、感染要有一个"度",要留有余地,让幼儿去感受,让幼儿参与到教学活动中来,师生双方共同演出精彩剧目。

幼儿园教学艺术的情感性还表现在师生的情感共鸣性。这是因为教师与幼儿处在相互合作的同一教学情境中,教师对教学对象的热爱,对教学内容的深刻体验,感染着幼儿,引导着幼儿不知不觉进入角色,产生情感共鸣,也即是双方的情感高度一致,处于兴奋激动的状态。正如苏霍姆林斯基所言,"教育过程表现在教育者与被教育者精神生活的一致性,他们的理想、目

---

[1] (美)罗伯特·特拉弗斯《教师——表演艺术家》郭海方等译,山西师院学报,1983年,第2期。

[2] (美)哈里道《教学·一种表演艺术》载瞿葆奎主编《教育学文集·教师》人民教育出版社1991年,第77页。

标、兴趣、思想体验的一致性之中""在每个孩子心中最隐秘的一角都有一根独特的情弦,拨动它就发出特有的音响,要使孩子的心同我讲的话发生共鸣,我自身就需要同孩子的心弦对准音调。"[1]由此可见,苏霍姆林斯基是深谙教学艺术的情感共鸣的。教学艺术情感的影响特别持久,好的教学艺术持续到幼儿毕业后甚至一生。许多著名科学家、艺术家、政治家的回忆表明:他们的情感的契机往往发生在教学中,并一直影响到他们的科学、艺术、政治生涯。许多教师视讲台为舞台,上课前精心设计,引人注目的"亮相",富有寓意的"布景",巧妙的"道具",层次分明引人动情的"剧情",耐人寻味的"结束"等无不与艺术家的表演异曲同工。情是教学艺术之魂,离开了这个魂,所谓优化教学效果,让学生乐学,教师乐教就是一句空话。

(四)审美性

艺术是一种美,对于美人们具有一种天生主动追求的欲望。"从最严格的生物学意义上说,人需要美正如人的饮食需要钙一样,美有助于人变得健康。"[2]列·符·赞科夫(1901~1977)则认为:"教师本身先要具备这种品质——能够领会和体验生活中和艺术中的美,才能在学生身上培养出这种品质。"[3]美国的克莱德·E·柯伦在其名篇《教学的美学》一文中认为:"达到了某些要求的创造性工作便是艺术,而艺术性的东西,就是把技能和感情以一种特殊的方式结合起来,使创造的成品赋有一种

---

[1] 苏霍姆林斯基《教育的艺术》第5页,第20页。

[2] 弗兰克·戈尔布《第三次思潮:马斯洛心理学》上海译文出版社,1987年第47页。

[3] (苏)赞科夫《和教师谈话》,教育科学出版社1980年,第116页。

美"。他指出,"当教师更多地懂得了美的素质怎样深入人心的生活,当他们能够有意识地来完善、扩展这种美的体验方法时,他们也就踏上了教学艺术之路。"教师"能成为艺术家,人类关系的艺术家,成为人的问题这个艰难领域中的美的创造者。"[1]由此可见教学艺术的审美性特征是教学艺术的核心。教学艺术的审美性包含三个方面,一是教学要素的美,即教学目标的美;教学内容的美;教学方法的美;教学评价的美;教学环境的美。二是教学过程的美。教学是师生双方共同活动的过程,对教师来讲,教学内容的逻辑美,教学言语美,教学行为美,对学生成长与发展的赞美;对幼儿来讲,欣赏美的教学内容,美的教学行为,进行审美模仿、审美表现、审美创造的活动。三是师生关系互为欣赏、创造的美。使师生在教与学的过程中获得相应美感体验,从而实现教学的自由性与开放性。这三者的组合自然就是审美的组合,在教学过程中这三者又构成了各种关系,师生之间,师与教材之间,师与教学环境之间、学生与环境、与教材等结成的审美关系,这种关系的和谐本身是一种美,当其不和谐时,便构成矛盾,这种不和谐可看成是教学的动力,它带给我们的是动态的、波澜起伏之美。

对成长中的幼儿来讲,他们的生活中离不开美。观察发现,幼儿很小时就用视听觉来欣赏美的事物,随着年龄的增长,大脑结构和机能的发育完善,认识能力的增强,幼儿头脑中开始内化储存了许多符号的、实物的表象,幼儿对这些感性形象倾注了极大的热情并产生情感共鸣。从幼儿园的教学内容来看,大体有

---

[1] (美)克莱德·E·柯伦《教学的美学》周南照译,载《教育研究》1985年,第3期。

健康、科学、艺术、语言、社会等内容,这些内容都包含了美的因素,都可以归为自然美(常识)、社会美(社会常识、体育等)、科学美(数学、常识)、艺术美(语言、音乐、美术、体育)的范畴。教师在教学中能充分挖掘其中美的因素,采取的审美化的手段,引导幼儿欣赏,幼儿会产生一种强烈的情感体验。因为它把握了一种具有节奏性、平衡性和有机统一性的完整形式,这种形式是人的情感和理想的内容积淀,它们同时作用于人,使人的整个心理机制进入一种特殊的审美注意状态,伴随着这种注意状态的是情感上的某种期望,由这种注意和期望构成了一种特殊的审美态度,在这种态度驱动下,产生一系列审美体验即审美知觉、审美联想、情感以及形式某种精神上的愉快。这种愉快的情绪持续下来产生审美判断和审美欲望、审美趣味,从而形成审美能力。人在这种审美活动中,其心理处于自由和谐的境界,人的各种能力互相配合,既得到最大限度的发挥,同时又兼顾了人的心理的整体性。一个人的个性正是在审美活动中,在自由自在的游戏境界中,得到了和谐发展。对于成长中的幼儿来讲,活泼好动是幼儿的天性。他们对美的欣赏离不开活动,可以这样讲,幼儿无时无刻不在用外部操作动作和内部的心智活动来感受美的事物,他们通过听觉和身体动作感知事物,如音响、色彩、韵律、节奏,由此感受到生命的运动,他们通过各种审美表现,如绘画、弹琴、唱歌、跳舞、游戏、手指操作来表达自己的喜怒哀乐。因此,要让儿童安静,背上双手欣赏美的事物是违背幼儿的天性的,也是难以让幼儿真正欣赏美的。我国明代思想家李贽曾提出过"童心说"。他在《焚书》中说"夫童心者,真心也。若以童心为不可,是以真心为不可也。无童心者,纯假纯真,最初一念之本心也,若失却童心,便失却真心;失却真心,便失却真人。人而非真,便不复有初矣。"幼儿心灵是纯洁无瑕的,有虚伪,没有做作,在审美活动中,他们的童心尽情发挥,他们没有污渍,我们有责任用美去滋润他们的童心。

(五)创造性

创造性是一切艺术的生命,也是教学艺术的特征。教育家第斯齐惠说"教师必须有创造性。"艺术的生命在于创造,教师的教学成败也在于创造。这种创造离不开师生双方的活动。幼儿所学知识只有被他们视为追求的对象时,才可能了解知识本身所包含的简洁、对称、和谐美,当幼儿在活动中获得了成功而产生成就感时,喜悦之情油然而生,创造的欲望将再度升起。在这里,我们不能把幼儿所学知识简单视为接受,而应该视为在教师引导下对前人所创知识的重新发现而非机械记忆,是选择性地接受、加工、组合,这也是一种创造,当幼儿能迁移、运用所学知识完善自身素质时也是一种创造。

对教师而言,教学本身具有综合性、复杂性、高难度性。一个教师在教学中既当导演,又是演员,还是观众,而对不同的教学对象,需要因人、因事、因时、因地创造,没有一个现成模式可照搬照抄,如教学目标的确立,教学内容的选择,教学程序的设计,教学方法的运用都需要教师灵活安排,不断创新。尤其是一个创造性强的教师,需要具备随机处理偶发事件的教学机智。教师还应不断探索、完善适合自己特点的教学方式、方法和教学风格,以及教学管理技术与艺术。现代教育非常倡导培养儿童的创新能力,提出了对儿童进行创新教育。创新的基本特征在于变革、进步超越,创新教育的目标在于培养创造性人才,它包括了创新精神(如好奇心、求知欲,对新异事物的敏感,对真知的执著追求,百折不挠的精神),这是创新灵魂与动力所在;创新能力(包括创造性思维、想象、创造性的计划、组织与实施这是创新的本质力量);创新人格(包括创新的使命感、责任感、坚强意志力等),这是创新的根本保证。因此,教师的创新教育要引起儿童探索,发现思考,要引导儿童大胆质疑,要引导儿童由学到做,这种教育思想离不开教师创造性的教学艺术,尤其是驾驭已有知识的能力 。

三、古今中外教育家的教学艺术思想

教学是一门艺术的思想由来已久,在古今中外教育家的文献中可窥见一斑。回顾他们关于教学艺术思想的论述,有助于我们更好地理解幼儿园教学艺术的实质。

(一) 我国古代的教学艺术思想

1. 孔子的教学艺术思想

孔子(前551～前479)是我国杰出的教育思想家,大教育家。他提出了要使学生乐学,就要讲究教学方式、方法。子曰"知之者不如好知者,好知者不如乐知者"(《论语·雍也》)。他的教学艺术思想主要体现在他的教育实践中。集中体现在四个方面:

第一,启发式的教学。他提出要抓住学生"心愤愤,口悱悱"的适当时候进行教学,并提出"不愤不启,不悱不发。举一隅不以三隅反,则不复也。"(《论语·述而》)他善于利用"叩端法",他曾说:"吾有知乎哉?无知也。有鄙夫问于我,空空如也。我叩其两端而竭焉。"(《论语·子罕》)这就启发我们作为教师,应该就问题的正反两面,追问学生,启发学生学习,力求"循循然善诱人"之术,而达"欲罢不能"之境界。

第二,学与思考结合。他说:"文,莫吾犹人也。躬行君子,则吾未之有得。"(《论语·述而》)他认为,知识的获得不能单从经验中或书本上获得,还应该把学到的东西多思多悟,融会贯通,寻找出其中基本的道理,子曰"学而不思,则罔,思而不学,则殆。"(《论语·为政》)当前我国幼儿教育中倡导的密切联系幼儿的生活实际,帮助幼儿举一反三,触类旁通,培养幼儿的动手操作能力,都可从这里找到思想根源。

第三,主动学习与复习。子曰:"学而时习之,不亦悦乎。"(《论语·学而》)他曾强调指出学生自动努力的重要性,并用造山平地为例,鼓舞学生积极学习。他说:"譬如为山,未成一篑,止,吾止也。譬如平地,虽覆一篑,进,吾往也。"(《论语·子罕》)他又指出复习和反复练习的好处,他认为:只有经常进行练习,才能从学习中产生乐趣;只有能产生爱好与兴趣的学习,才是成功的学习。

第四,注重因材施教,他经常通过观察、问答等方式了解学生智能、性格的差异。《论语》保存了大量评论个性的记录,如:"由也果……赐也达……求也艺"(《雍也》);"柴也愚,参也鲁,师也辟(偏激),由也喭(莽撞)"(《先进》);"德行:颜渊、闵子骞、冉伯牛、仲弓;言语:宰我、子贡;政事:冉有、季路;文学:子游、子夏"(《先进》)。……

对于孔子精湛高超的教学艺术思想,他最得意的弟子颜渊评价曰:"仰之弥高,钻之弥坚。瞻之在前,忽焉在后,夫子循循然善诱人,博我以文,约我以礼,欲罢不能,既竭吾才。如有所立卓尔,虽欲从之,末由也已。"(《论语·子罕》)

2. 孟子的教学艺术思想

孟子(公元前372—前289)是战国时期的思想家,他继承和发展了孔子的教学艺术思想。他认为:"君子之教者五,有如时雨化之者,有成德者,有达财者,有答问者,有私淑艾者。此五者,君子之所以教也。"(《孟子·尽心上》)他强调教学方法的多样性,他说:"教亦多术矣。予不屑之教诲也者,是亦教诲之而已矣。"(《孟子·告子下》)他认为教师的教学语言应"言近而指远者,善言也……君子之言也,不下带而道存焉。"(《孟子·尽心下》)

对于学生,他提出了深造自得,读书存疑的主张。他说:"君子深造之以道,欲其自得之也。自得之,则居之安;居之安,则资之深,资之深,则取之左右逢其原。故君子欲其自得之也。"(《孟子·离娄下》)。要达到这一目的,第一,要学会怀疑和思考,他说:"耳目之官不思,而蔽于物,物交物,则引之而已也。心之官则思,思则得之,不思则不得也。"(《孟子·告子上》)"尽信书,则不如无书"(《孟子·尽心下》)。第二,要循序渐进。第三,由博返约,以求深造。他说"博学而详说之将以反说约也",第四,要专心有恒,以达"资之深"。孟子曰"学问之道无他,求其放心而已也。"(《孟子·告子上》)"虽天下易生之物也,一日曝之,十日寒之未有能生者也。"

3. 荀况的教学艺术思想

荀况(生卒年不详)是战国末期思想家、教育家。他强调师法的重要。他说:"故有师法者,人之大宝也;无师法者,人之大殃也。人无师法,则隆性矣;有师法,则隆积矣。"(《儒效》)。他认为要"化性起伪",积礼义为君子,就要注重师法。同时,他对教师也提出了严格的要求。他说:"师术有四,而博习不与焉。尊严而惮,可以为师;耆艾而信,可以为师;诵说而不陵不犯,可以为师;知微而论,可以为师。故师术有四,而博习不与焉。"(《致仕》)。

荀况认为学习要注重闻、见、知、行。他对知行提出了一些合理的意见,认为行比知更为重要,他说:"不闻不若闻之,闻之不若见之,见之不若知之,知之不若行之。学至于行之而止矣。"(《儒效》)。他说:"君子之学也,入乎耳,著乎心,布乎四体,形于动静。……小人之学也,入乎耳,出乎口"(《劝学》)。荀况以为君子之学有四个阶段:教学的第一阶段为入乎耳,学习者要依靠耳目感觉来摄取外部事物的印象,教师须用适当方法,把一定范围内的亲知,按照学习者的要求,如"回声"那样答复学生,使其直接获得一定的概念。既不可"不问而告",也不可"问一而告二",他明确指出:"多知而无亲,博学而无方,好多而无定者,君子不与。"(《荀子·大略篇》)在这个阶段,荀况最注重的师生双方集中注意,因为"目不能两视而明,耳不能两听而聪。"(《荀子·劝学篇》)

教学的第二阶段是"著乎心"。在这个阶段,学习者将来自感官的信息与头脑原有的概念结合从而判断是非,获得真知。在这阶段,师生都要善于打破偶像或成见,全面分析问题。他说:"百发失一,不足谓善射……伦类不通,仁义不一,不足谓善学。学也者,固学一之也。……全之尽之,然后学者也,君子知夫不全不粹之不足以为美也,故诵数以贯之,思索以通之。"(《劝学》)。全,也就是照顾全面,不要"蔽于一曲,而闇于大理"(《解蔽》)。同时要专一,要有恒心,坚持不懈。他说:"行衢道者不至……目不能而视而明,耳不能两听而聪。"(《劝学》)。"骐骥一跃,不能十步;驽马十驾,功在不舍。锲而舍之,朽木不折;锲而不舍,金石可镂。"(《劝学》)。

教学的第三阶段是"布乎四体"。所谓"布乎四体"是把已获得的概念或知识,组成系统、找出规律、做出结论,并用推理方法(主要是演绎法),使学生能"以近知远"、"以一知万"、"以微知明",能"以人度人,以情度情,以类度类,以说度功,以道观尽。"(《荀子·非相篇》),进入教学的最后阶段。

第四阶段为"形乎动静"。这个阶段是把学得的知识"见诸行事"的过程,也即实践的过程。

4.《学记》一书的教学艺术思想

《学记》是我国战国时期的伟大教学理论著作,该书作者的教学艺术主要体现在:

第一,重视启发式教学。他认为:"君子之教,喻也:道而弗牵,强而弗抑,开而弗达。道而弗牵则和,强而弗抑则易,开而弗达则思。和、易以思,可谓状况喻矣。"善于"教喻"的教师表现在诱导、鼓励、启发,而非压抑、强迫、灌输。

第二,重视因材施教。作者提倡教师要"知其心",这就要摸清学生学习心理状态,找出学生存在着这样那样的缺点和偏向,"或失则多,或失则寡,或失则易,或失则止",作为启发诱导的依据。

第三,教学要掌握预、时、孙、摩的方法。

《学记》记载,"大学之法,禁于未发之谓豫,当共可之谓时,不陵节而施之谓孙,相观而善之谓摩。此四者,教之所由兴也。发然后禁,则扞格而不胜;时过然后学,则勤苦而难成;杂施而不孙,则坏乱而不侑;独学而无友,则孤陋而寡闻;燕朋逆其师,燕辟废其学。此六者,教之所由废也"。大意是:大学教育方法为预、时、孙、摩。"预"即预防,指在学生不良行为发生以前给予预防;"时"即及时,指抓住最佳时机因势利导;"孙"即不越级,指循序渐进地教学;"摩"即观摩,指同学之间的相互帮助。此四点是教学获得成功的关键。如果不良行为已经发生才去禁止,积习已深,难以矫正;学习错过良机,就不容易取得成就;如果教学不按顺序,就难以收到好的效果;如果闭门造车,不寻求朋友帮助,就难以增长知识;如果交友不慎,就会违背师长的教诲;如果群居终日,言不及义,就会荒废学业,这是导致教学失败的根本因素。

第四,循序问答。

《学记》作者指出:"善问者,如攻坚木,先其易者,后其节木,及其久也,相说以解;不善问者,反此。善待问者,如撞钟,叩之以小者则小鸣,叩之以大者则大鸣,待其从容,然后尽其声;不善答问者,反此。"大意是提问必须先易后难,逐步深入,经久地进行,方可深入领会;不可先难后易。答问时,必须认真倾听了学生提问题,而答复的详细深浅,必须与学生的问题或水平配合。教师讲解和问答,语言要"约而达,微而臧,罕譬而喻"。

5. 郑玄的教学方法艺术

郑玄为东汉时期经学家、教育家。他的教学方法体现在两个方面:

第一,重视问答启发法。这主要体现在他的学生模仿《论语》体例集体编写的郑门师弟问答记录《郑志》八篇中,从他所注《论语·述而》中,可看出他很重视启发式教学。郑玄曰:"孔子与人言,必待其人心愤愤,口悱悱,及复启发之说,如此则识思之深也。说则举一隅以语之,共人不思其类,则不复重教之也。"

第二,强调身教与力行。郑玄曰"圣人因情而教民,民皆乐之,故不肃而成也;其身正不令而行,故不严而治也。"(《孝经解·考治章》)"教不必家到、户至、日见而语之,但行孝于内,其化日流于外。"(《孝经解·广至德章》)。从他所注的话里,可以看出他是重视教育教学中的实践原则的。他认为最有效的教育,应该采取孔子所教导的"因情教民"与"不令而行"的方式。正如他的注文所说:"不严而治",这就要求教师通过"以身作则"的示范或榜样,实行人格感化,而这种感化又须以民"情"为基础来进行。在人们一言一行的实践中,他注重"礼"与"律"的作用,"礼,所以为教也;律,所以为戒也。"(《三礼目录》),他认为"礼"是成为圣贤的主要标准,他说:"礼者,体也,履也。纪之于心曰体,践而行之曰履。体之为圣,履之为贤。"(《三礼目录》)

6. 朱熹的教学艺术思想

朱熹为南宋哲学家、教育家,宋代集理学之大成者,他的教学思想表在:

第一,"穷理"与"笃行"并重的思想。朱熹根据他的"知先于行""行重于知"的行知观,提出"穷理"和"笃行"并重。他认为:"古者圣贤,所以教人为学之意,莫非讲明义理,以修其身,然后推己及人"(《白鹿洞书院教条》),学生的学习步骤在于"博学、审问、慎思、明辨、笃行"前四个步骤为"穷理",单有"穷理"的功夫还不够,必须"笃行"。朱熹曰"知而不行,则前所穷之理,无所安顿,徒费讲学之功。"(《白鹿洞书院教条》)"为学之实,固在践履。苟徒知而不行,诚与不学无异。然欲行而未明于理,则其践履者,又未知其果何事也。"(《答曹元可》)在南宋不重"实学"的学风下,朱熹"笃行",确是可取的。

第二,正面教导。朱熹在教学方法上提倡积极教导:"多说那恭敬处,少说那防禁处"。他说:"专务克己私欲,而不能充长善端,则吾心与所谓私欲者,日相斗敌,安伏得下,又当复作矣。"(《朱子语录》)他认为"充长善端"能使学者深明"理义",其效果胜于规章,他说:"苟知其理之当然,而责其身以必然,则夫规矩禁防之具,岂待他人设之,而且有所持循哉。"(《白鹿洞书院教条》)"尝谓学校之政,不患法制之不立,而患理义之不足以悦其心。夫理义之不足以悦其心,而区于法制之末心防之……亦必不胜矣。"(同安县谕诸职事)要使学生心悦诚服,教师必须有丰富的知识。他一方面反对"迫致而强为之"(《小学集解》),提倡"主敬",并"以乐教养中和之德";另一方面仍然离不开规章来约束学者。

第三,熟读精思。朱熹在学习方法上,提出了"循序而渐进、熟读而精思"的著名原则。

7. 王夫之的教学艺术思想

王夫之(1619~1692)明清之际的哲学家、教育家。他的教学艺术思想集中体现在知识的含义,认知过程以及知行关系问题。他认为知识的内容,包括名实两方面,他说:"知实而不知名,知名而不知实,皆不知也。……目击而遇之,有其成像,而不能为之名。如是者,于体非茫然也,而不给予用。无以名之,斯无以用之也。曾闻而识之,谓有名之必有实,而究不能得其实。如是者执名以起用,而茫然于其体。虽有用,固异体之用,非其用也。夫二者则有辨矣。知实而不知名,弗求名焉,则用将终绌。问以审之,学以证之,思以反求之,则实在而终于乎名……而惝悗以测其影,斯问而益疑,学而益僻,思而益甚其狂惑,以其名加诸迥异之体,枝辞日兴,愈离其本。"(《姜斋文集卷一》《知性论》)在他看来,名实兼知,才自真知,认知过程,包括问、学、思等三方面,包括了解、证验及自求的三步骤,只有如此,才能称为掌握知识。有关知行的关系,他说:"且夫知者,固以行为功者也。行也者,不以知为功者也。行焉可以得知之效也,知焉未可得行之效也。将为格物穷理之学,抑必勉勉孜孜而后择之精、语之祥,是知必以行为功也。行于君民亲友善怒哀乐之间,得而信,失而疑,道乃益明,是行可有知之效也。其力行也,得以不为歆,失不以为恤,志壹动气,惟无审虑却顾,而后德可据,是行不以知为功也。冥心而思,观物而辨,时未至,理未协,情未感,力未瞻,俟之他日而行乃为功,是知不得有行之效也。行可兼知,而知不可兼行。……君子之学,未尝离行以为知也。"(《尚书引义》卷三〈说命〉)。在他看来行知是统一的,应以"行"为重点,以"行"来衡量知。他非常注重实践,他说:"夫能有迹,知无迹。故知可诡,能不可诡。异端者于此,以知为首,尊知而贱能,则知废。知无迹,能者之迹也。废其能,则知其知,而知亦废。"(《周易外传》卷五)

8. 陶行知的教学艺术思想

陶行知(1891～1946)是我国伟大的人民教育家。陶行知先生的教学艺术思想集中体现为"教、学、做合一"的观点。他指出,"教学做合一是:教的法子根据学的法子;学的法子,根据做的法子"。"事怎样做就怎样学,怎样学的就怎样做。比如种田这件事要在田里做,就要在田里学,也就要在田里教。教学做有一个共同的中心,这个中心就是'事',就是实际生活;教学做都要在必有事焉上用功。""教学做是一件事,不是三件事。我们要在做上教,做上学。在做上教的是先生,在做上学的是学生。从先生对学生的关系来说:做便是教;从学生对先生的关系说,做便是学。先生拿做来教,乃是真教;学生拿做来学,方是实学。不在做上用功夫,教固不成教,学固然不成学"。"教学做合一"

的学说,是以作为基础的,是以生活为中心。"一而行,一而想,必然产生新价值。"做是学习与实践的统一,是智力开发与新价值的创造。在他看来,学校的智力开发离不开习、实践、思考、创造的结合。①

9. 陈鹤琴的教学艺术思想

陈鹤琴(1892～1982)是我国近代著名教育家之一。他提出"传统教育要儿童苦读,我们要儿童乐干,惟有臻于乐干的境地,儿童才能求得真知识"。他提倡"活教育"方法。"活教育"的教学过程分为四个步骤:实验观察、阅读参考、发表创作、批评研讨。他要求每个学生在自备的工作簿上编他自己的教材。教师的责任在于引发,供给,指导,欣赏。"活教育"根据儿童生活的需要及儿童的学习兴趣,组织儿童活动场所。校内组织"活教育"的场所:"在第一阶段是小动物园,小花园,小游艺场,小工场,小图书馆;在第二阶段是工场,小农场,小社会,小美术馆,小游戏场;第三阶段是儿童工场,儿童农场,儿童科学馆,儿童世界,儿童艺术馆,儿童运动场,儿童服务团。"②校外大自然、大社会则是更为重要的活动场所。

关于"活教育"的原则,陈鹤琴认为是:"做中教,做中学,做中求进步。"他对这个原则进行了详细阐释,他提出:"凡是儿童自己能够做的,应当让他自己做","凡是儿童自己能够想的,应当让他自己想"、"你要儿童怎样做,就应当教儿童怎样学"、"鼓励儿童去发现他自己的世界"、"积极的鼓励胜于消极的制裁"、

---

① 叶上雄主编《生活教育十讲》,四川教育出版社,1991年版。
② 陈鹤琴《活教育的理论于实施》第50页。

"积极的暗示性胜于消极的命令"等等。① 核心在于强调学生在教学过程的主体地位;注视教学直性与感性经验;强调以儿童兴趣出发;集体学习、互相促进,这是我国现代儿童教育中有价值的教学艺术思想。

(二)国外教育家的教学艺术思想

1. 苏格拉底的教学艺术思想

苏格拉底(Socrates 前469~前400)是古希腊著名哲学家、教育家。他的教学艺术思想集中在"产婆术"的教学方法上,产婆术,又叫"苏格拉底方法"。苏格拉底认为神为人"安排了灵魂",真理就存在于人的灵魂里。人们要寻求真理,就必须从自己内心去探索。所以教师的任务,不是传授知识,而是帮助人们把心灵中所固有的知识产生出来;学生的任务也不是认识周围的现实世界,而是"认识自己"。因此,他在讲学中提倡问答法。这种方法的第一步叫苏格拉底讽刺。他在同鞋匠、士兵或富有的青年贵族以及各式各样的人谈话时,装作别人比他聪明,通过巧妙的诘问,引导对方承认自己的观点是混乱的,所谈的是自相矛盾的,而且真正不知道所用名词的基本意义。第二步叫定义,在谈话中凭借反复诘难和归纳过程,引申出明确的定义和概念。第三步叫助产术,引导学生自己进行思索,自己得出结论。如苏格拉底自己说的,他虽无知,却能帮助别人获得知识,正像他的母亲是一个产婆,虽年老不能生育,但能接生一样。

2. 柏拉图的教学艺术思想

柏拉图(Plato 约公元前427~347)是古希腊客观唯心主义

---

① 《陈鹤琴文集》下卷第653页~700页

哲学家。他站在奴隶主的立场设计出"理想国"的城邦国家,认为教育能帮助人类认识最高理念和达到理想国的目的。柏拉图认为教育就是对儿童的习惯所给予的影响和培养,通过这种影响,"把快乐、友谊、痛苦和憎恨都适当地植根于儿童心灵中"。他把教育分为四个阶段:

第一阶段(3岁~7岁),此阶段的儿童应送到附设的神庙的儿童游戏场,由女奴照管和抚养。奴隶主国家特地选派最优秀的女公民对教育进行监督。教育的内容和方式有故事、做游戏,还要有音乐、歌唱活动。柏拉图非常重视道德教育,认为故事和唱歌的内容,对儿童道德的影响很大,是"道德影响的最好的一课"。"在那个年龄深入于心的一切意见……是不容易磨灭和不容易改变的"。故事和歌唱的内容要审查,好的故事和歌唱能激发儿童的坚毅、快活和勇敢的心情。

第二阶段(7岁~18岁),此阶段男女童要分开居住,开始学习。他们要分别进入由奴隶主国家办的初等学校,有文法学校、琴弦学校和体操学校,学习初步的阅读、书写、计算、唱歌,此外还有体操、骑马、射箭等体育训练。柏拉图非常重视音乐教育,他说,"音乐是求心灵的美善的",音乐的"节奏和和声最能深入人心,留下深刻的影响,带来优美的一切","受过这种良好音乐教育的人,可以很敏感地看出一切艺术作品和自然界事物的丑陋,很正确地加以厌恶;但是一看到很美的东西,他就赞赏它们,很快乐地把它们吸收到心灵里,作为滋养,因此性格也变得高尚优美"。体育和音乐是互相促进的,他要求尽可能把音乐和体育结合起来。这个阶段主要教育任务是进行情感教育,目的在于形成学生节制的美德。这一阶段的学习结束之后,绝大多数手工业者和农民的子弟就完成了学业,能够成为符合理想的顺从的劳动者。

第三阶段(18岁～20岁)意志教育阶段。此阶段的青年,进入高一级的学校——青年军事训练团,学习体育,此外也学习理论知识,即"四艺"——算术、几何、天文学和音乐理论。这个阶段的教育完成之后,绝大多数青年将成为具有灵敏、机智、坚定、勇敢等美德的合格军人。

第四阶段(20岁～30岁)心智教育阶段。此阶段的青年,他们是少数有发展前途的奴隶主子弟,对抽象思维表现出浓厚兴趣和才能的人,才可以接受这种继续教育,其目的是发展美德,成为理想国的理想人。主要课程是"四艺",着重研究哲学(辩证法)。柏拉图认为,辩证法凌驾于其他学科之上,统率其他学科,只有懂得辩证法,才能把"零星学习的科目融会贯通"。

3.夸美纽斯的教学艺术思想

夸美纽斯(Johann Amos Comenius,1592～1670)捷克教育家。他所著的《大教学论》是西方近代最早的,有系统的教育学著作。他明确提倡教学论是教学的艺术,他说,"我们这本《大教学论》的主要目的在于:寻求并找出一种教学方法,使教员因此可以少教,但是学生可以多学;使学校因此可以少些喧嚣、厌恶和无益的劳苦,多具闲暇、快乐和坚实的进步。"他的教学艺术思想集中体现在:

第一,教学的直观性。夸美纽斯在感觉论的基础上论证了教学的直观性。他认为,通过感官获得的对外界事物的感觉经验是教学的基础,"一切知识都是从感官的感知开始的","感官是记忆的最可靠的仆役。""我们由此可以为教师定下一条金科玉律。在可能的范围以内,一切事物都应尽量地放在感官的跟前,一切看得见的东西都应当放在视官的跟前,尝得出、触得着的东西应当分别放到味官和触官的跟前。假如有一件东西能够同时在几个感官上留下印象,它便应当和几种感官去接触。"要使儿童用感官去观察,必须引起儿童的注意,他说"教学艺术的光亮是注意,有了注意,学生才能使他们的心理不跑野马,才能了解放在跟前的一切事物。……假若一个教师想用知识去照耀一个置身在无知之中的学生,他就必须首先激起他的注意,使他能用一种贪婪的心理去吸取知识。"同时,"注意不是单靠为首的学生或其他负责的孩子来提醒和保持的。教师本身是一个最重要的因素。"

第二,教学要循序渐进。他说:"我们的格言应当是:凡事都要跟随自然的领导,要去观察能力发展的次第,要使我们的方法依据这种顺序的原则。"学校自始至终,要按学生的年龄及其已有的知识循序渐进地进行教导。学生也"应当循序渐进地学习一切,在一段时间内只应当把注意力集中在一件事情上。"他认为 教学内容要有学科顺序,教材安排应遵循由近及远,由易到难,由简到繁,由已知到未知,由具体到抽象等原则。学生的学习方法体现在通过感官进行观察,通过理解进行记忆,然后通过练习而实际运用。

他认为教学必须适应儿童年龄特点,他指出:"学生不可受到不适于他们的年龄、理解力与现状的材料过分压迫,否则他们便会在不实在的事情上面耗费掉他们的时间。"他非常形象地批评那种不顾学生的接受能力的强制性教学,认为只是主观地多教的做法犹如向窄口瓶子猛灌多量的水一样,结果只能是大量的水流到瓶外,还不如缓缓注入得到的多。

第三,兴趣与自发性原则。夸美纽斯认为,"应该用一切可能的方式把孩子们的求知与求学的欲望激发起来"。而"孩子们的求知欲望是由父母、由教师、由学校、由所教的学科、由教学的方法、由国家的权威激发起来的。"指出教师在激发学生学习兴趣方面负主要责任,他说:"我要请问,谁曾想到这个做教员的人在和学生传授知识以前,必须同样先使他的学生渴于求得知识、能够接受教导,因而准备接受一种多方面的教育呢?"他认为从事物本身所生的快乐是一个明智的人在思辨时体验到的快乐,所以"每门功课都应该这样开始,使它能引起学生的真正爱好,做法是,向他们证明它是如何的美好、有用、快意,是如何需要。"他认为"学问、德行、虔信,这三个元素就是涌出一切最完美的快乐之流的三个源泉。"

第四,耐心指导。夸美纽斯认为"假如教师叫学生去工作,却不先向他们彻底加以解释,或指示他们怎样一个做法,当他们初次试做的时候不去帮助他们;假如他让学生去苦干,干不成功便发脾气,这从教师方面说是残酷的。……自然的教法与此大不相同,它告诉我们,叫我们对于弱者没有充分的力量以前要有耐心。"这就要求对学生进行方法指导。同时慎用惩罚。他说,教师"可以忠告,可以劝导,有时候还可以谴责,但是他应该格外小心,要把他的动机表示明白,要确切无误地表明他的动作的根据是父亲般的慈爱,为的是建立学生的品性,不是要去压制他们。"

第五,活动性原则。夸美纽斯认为:"自然因为常动所以才变得丰产和强健。"教学也要通过练习、活动和模仿来提高教育价值。

4. 昆体良的教学艺术思想

昆体良(Marcus Fabius Quintilianus,35~96)是古代罗马的演说家、教育家。他的著作《演说术原理》是古代西方第一部

系统的教学方法论著,他的教学艺术观点有三个方面:

第一,教学要有耐心,他认为"教师对待需要矫正的学生不能操之过急,也不能放任不管。他在教学时态度要诚恳,在工作时要忍耐,要十分用心,而不要苛求,要乐于回答问题,要对沉默的学生提出问题,奖励要运用恰当。"①

第二,要根据学生能力和资源进行教学。

第三,教师对学生要严爱结合,教师要以父母般的感情对待学生,对学生的态度要和蔼而又严峻,和蔼不放纵,严峻而不冷酷,多告诫,慎用惩罚,对缺乏自信的孩子应多加赞扬,多给荣誉。

5. 裴斯泰洛齐的教学艺术思想

裴斯泰洛齐(Hohann Heinrich Pestalozzi,1746~1827),是瑞士教育家。他认为:"教育像园艺家的艺术,在他的照料下成千株树木繁茂和生长。他除促进实际生长外没有别的了;生长的原理在树木本身,他只栽培和浇水。……教育家也是如此,他不是给予人能力。他只是照看,不让任何外在势力伤害和骚扰。他留心使发展按它本身的规律行进。"②他提出了教学艺术的原则,认为"教学艺术的一个永恒的法则要从以下三方面的原则出发,并按这些原则办事:①教儿童把每一件放在他面前的物体作为一个单位来观察,换言之,要跟它那似乎相连系着的东西区别开来。②教他们每一物体的形状,即它的大小和比例。③尽可能及早地使他们熟悉一切描述他们所知道的事物的文字和名称。"③

---

① 曹孚编《中外教育史》人民教育出版社,1979年版,第39页。
② 马骥雄《外国教育史略》人民教育出版社1991年版,第254页。
③ 《西方资产阶级教育论著选》人民教育出版社1979年,第182页。

6. 第斯多惠的教学艺术思想

第斯多惠(Friedrich Adolf Wilhelm Diesterwge,1790～1866),是德国著名的资产阶级民主主义教育家。他对教学艺术有深刻见解,他的名言是:"教学的艺术不在于传授本领,而在于关于激励、唤醒、鼓舞。而没有兴奋的情绪怎么能激动,没有主动性怎么能唤醒沉睡的人,没有生气勃勃的精神,怎么能鼓舞人呢?只有生气才能产生生气;死气只能从死气而来。所以你要尽可能多地使自己习惯于蓬勃的生气!"[①]他的教学艺术思想集中体现在:

第一,直观性原则。他认为直观性原则离不开"由近及远"、"由简到繁"、"由易到难"、"由已知到未知",而"由已知到未知"这条教学规则是上述规则中最重要的一条,他说:"从未知开始到已知,就像先安排黑暗以便在黑暗中找到光明。"

"要使学生正确地叙述教材,经常注意他的正确发音、清晰的口音、明白的叙述和语言的逻辑结构。"他认为,教学内容适合学生的接受能力是必要的。教师要教给他们最重要的东西而不要以过多的材料加重学生的负担,这样可以使学生获得巩固的知识。第斯多惠的一条教学规则是:"在学习基本知识的时候不要急躁。"

第二,主动性原则。他认为好的教学方法在于激发学生的智力活动。他说:"如果使学生惯于简单的接受或被动的工作,任何方法都是坏的;如果能激发学生的主动性,任何方法都是好。"他提倡问答式的教学法,认为启发性谈话是它的最好形式,因为启发性谈话能够激发学生的智力,使他们能够"探求,考虑,

---

[①] 《西方资产阶级教育论著选》人民教育出版社 1979 年,第 367 页。

判断,发现"。第斯多惠有一句关于教学法的名言:"不好的教师是转述真理,好的教师是叫学生去发现真理。"

第三,全面性原则。他认为好的教学不仅发展儿童智力,而且形成他的意志、情感、行为等人格品质。

7. 杜威的教学艺术思想

杜威(John Dewey,1859~1952),是美国唯心主义哲学家、社会学家、教育家,实用主义思想创始人。

杜威依据从"从做中学"的原则,提出了在活动中进行教学的教学方法。他认为近代传统教育只重视书本知识的传授,不考虑儿童主动学习的重要性是不对的。在他看来,教学方法要促使学生能动地活动,积极地思索,重视学生的兴趣与需要,他提倡以儿童直接经验为中心的活动作业,认为它既是教材,又是教学方法。这种活动是以儿童的需要为中心,因此,杜威主张的教学方法,不在于教师怎样教,而在于解决儿童怎样学的探讨。他提出了反省思维的五个形态,即:觉察问题情境中的暗示;明确解决的问题;提出解决问题的假设;推断假设的内涵;行动中检验假设。他在《民主主义与教育》一书中,论述了自己的教学法观点:

第一,学生要有一个真实的经验的情境,要有一个对活动本身感兴趣的连续的活动;第二,在这个情境内部产生一个真实的问题,作为思维的刺激物;第三,要占有知识资料,从事必要的观察,对付这个问题;第四,他必须负责一步一步地展开他所想出的解决问题的方法;第五,他要有机会通过应用来检验他的想法,使这些想法意义明确,并且让他自己去发现它们是否有效。

第二章

幼儿园教学组织的艺术

古人云："万事开头难"。幼儿园教学活动的顺利进行,离不开导入环节。好的导入与教学活动系统,尤其是对象系统、内容系统、教师本身密切相连,更离不开对导入环节特点的把握。

一、导入艺术及训练

(一)导入的含义及意义

导入是指教学活动开始时,教师引导幼儿进入教学过程的组织方式。其目的在于引起幼儿注意,激发其学习兴趣和求知欲望。它是教学过程中的起始环节。常言道："良好的开端等于成功的一半。"有经验的教师非常重视这一重要环节。设计并组织好新活动的导入,可以收到奇妙的效果,为整个教学过程打下良好基础。具体说，它有如下意义：

1. 可以激发幼儿浓厚的学习兴趣和强烈的求知欲

浓厚的学习兴趣包括了求知、探究、动手、动脑的兴趣，具有强烈的情绪色彩。因此，教师利用各种手段巧妙地导入新的活动，能激发幼儿积极的情感体验，使幼儿主动愉快地进入学习状态。如"手工活动——彩色陀螺"，教师在活动一开始就出示陀螺，让幼儿自由玩耍，引起幼儿兴趣，导入陀螺制作活动。教师在导入活动中应针对幼儿身心特点和活动内容、目标，精心设计好开始环节的活动，紧紧扣住幼儿的注意力，使其兴趣盎然，精神振奋。

2. 可以使幼儿集中注意，明确学习任务和要求

注意可以使幼儿在活动中把自己的心理活动始终指向并集中于学习活动中，可以使幼儿的注意力从课前活动转移到新的活动上来。一中班"绘画活动——蝴蝶"，教师是这样导入的：首先，让幼儿欣赏歌曲《蝴蝶找花》，然后教师出示春天的画："这里的春天也到了，可是蝴蝶还没有来。今天，老师就请小朋友画一些美丽的蝴蝶来做客，好不好？"这种导入法不仅引起幼儿注意，还能激起幼儿对学习任务的兴趣。如果说按照注意规律，活动开始时幼儿的注意以无意注意为主，那么教师精彩的导入则能使幼儿的无意注意与有意注意巧妙地结合起来，使整个教学活动更加生动，有吸引力。教师用游戏化的语言，直观的演示，新颖的材料等揭示教学活动的重难点，使幼儿在学习活动开始环节就能明确学习任务和教学要求，为幼儿下一步深入学习打下基础。

3. 可以激活幼儿思维，启发其积极思考

教师生动而富有启发性的导入，可以发挥幼儿的想象力，点

燃思维的火花,启发幼儿从不同角度富有创见地思考问题,探索问题,培养幼儿丰富的想象性、灵活性和创造性。"小班儿歌——逗蚂蚁"教学活动,教师在幼儿安静后富有节奏、声情并茂地朗诵儿歌《逗蚂蚁》:"蚂蚁来呀来/快快来吃饭/什么饭? 黄米饭/什么菜? 炒青菜/什么筷? 毛竹筷/什么碗? 烂泥碗/吃不了,往回搬/哼唷哼唷搬得欢。"然后出示画面,提出以下问题:①小朋友叫蚂蚁来干什么? ②小朋友请蚂蚁吃什么饭? 什么菜? 用什么筷? 什么碗? ③蚂蚁吃完了吗? 怎么吃的? ④蚂蚁为什么是"哼唷哼唷搬得欢?"⑤你有没有请蚂蚁吃过饭,想让它吃什么? 用什么筷子? 什么碗? 这位教师通过一连串有趣的问题,不但使幼儿正确理解了这首儿歌,还注重了幼儿的思维训练。因此,导入活动是启迪幼儿思维的重要环节。

(二)导入艺术的要素

导入活动的操作多种多样,有的与活动内容直接相关,有的间接相关,有的表面上看也许完全无关。作为一种有欣赏价值和个性风格的艺术,尽管不能照搬照抄,尽管不可千篇一律,但无论如何,都应该注意一些共同的要素。教师在具体的教学活动中,可有意识将自己的教学与这些要素联系起来,使自己的导入环节更具价值。

1. 趣味性

导入活动要体现趣味性,首先要求做到语言风趣,生动形象,充满感情,幽默风趣的语言是引发幼儿学习兴趣的最重要和常见的一种形式;其次要做到新颖,新颖的东西总是能让人感到好奇和有趣,教师可注意方法新颖,内容新颖,教具新颖;此外还要做到情趣性,导入环节的设计离不开幼儿的经验与兴趣,它有利于调动幼儿学习的积极性和主动性,实现最佳学习情感状态。

2. 启发性

启发引导幼儿积极思考是进行导入设计的中心内容,它既是教学过程中师生双边活动特点的反映,也是教学过程中掌握知识与发展能力相统一的要求。设计富有启发性的导入,首先要求教师精心设计导入的内容,采用多种方式,如问题启发、演示启发、情景启发等因势利导,启发幼儿思维。

3. 针对性

导入活动的设计应具有针对性,根据学习内容、幼儿特点、认识水平、已有经验等,活动一开始就把幼儿带入一个新的特定情景中。幼儿运用何种方式进行最佳学习,教师应兼顾全班幼儿的各种学习方式,正如《学习的革命》一书提出的:"开始时的活动是重要的……(教师)要动用各种教育方式促使大脑的三个层面都起作用:思维的大脑、感觉的大脑和运动的大脑。"

4. 艺术性

艺术性是导入活动设计的最高要求,也是教师导入设计能力的综合体现。这种艺术性首先表现在导入的内容、方法、手段具有高度的统一性、和谐性;其次表现在导入的设计具有高度的教育性和科学性;还表现在导入环节与教学过程基本环节之间,各环节教学实施步骤之间衔接巧妙,过渡贴切,节奏转换自然,逻辑性强。

5. 简洁性

幼儿园的集中教育活动时间,短则10余分钟,长则20分钟、30分钟,这就使得导入活动部分设计应简洁、明了。莎士比亚说过:"简洁是智慧的灵魂,冗长是肤浅的藻饰。"幼儿园教学活动的导入要精心设计,力争用最少的语言,最短的时间,迅速、巧妙地缩短师生间的距离,帮助幼儿无意注意向有意注意的转化过程。

(三)导入艺术的类型

由于教学内容不同,教学对象各异,各种教学手段的作用也不同,加之教师创造性地融进科学性、教育性、艺术性及个人风格等因素,使得导入的方式方法多种多样。"教学有法,但无定法",幼儿园教学活动的导入也是如此。常见的导入方法可以根据其基本特点分为以下几种类型。

1. 设置问题情景,从问题导入教学活动

这类方法主要有悬念导入法、问题导入法等形式。

(1)悬念导入法

a. 在一堂科技活动课中,教师在活动开始时表演了一个节目——"踩鸡蛋"。教师慢慢跨上四只鸡蛋支撑的木板,幼儿不约而同地惊叫起来:"老师,不能踩,鸡蛋会碎的!"然而鸡蛋并没有像幼儿预料的那样破碎。于是幼儿由衷地拍起手来:"哇,老师会气功!"这时教师却神气地说:"老师并不会气功,这里有秘——密——!"

b. 大班体育活动"平衡训练——小熊请客",活动开始,教师告诉幼儿:"老师给小朋友们表演一个杂技,你们想不想看?"然后一个飞跃跳上平衡木,在平衡木上做了踮脚尖走,前后、左右摆腿跳的动作,小朋友们看得目瞪口呆。教师引导说:"小朋友,你们想不想学老师的本领?好,我们就来做个游戏——小熊请客。"这种导入方法就是教师在幼儿活动前结合所教内容设置悬念,使幼儿置身于惊异之中,从而产生渴望了解和学习的强烈欲望,为幼儿创造出积极探索知识的最佳教学情景。

(2)问题导入法

a. 中班科学活动《风娃娃》,该教师是这样导入的:首先出示点亮的蜡烛,问幼儿:"用什么办法可以使蜡烛熄灭?"(吹气)"为什么吹气可以使蜡烛熄灭?"(产生风)"小朋友,现在教室里有风吗?请小朋友们想一想,怎么样就会有风了?"(幼儿用各种材料扇动)"你刚才用什么办法产生了风?"(幼儿抢答)"小朋友,为什么可以产生风?"这位教师通过设问、追问、反问沿着"空气——风——空气流动"这一脉络层层导入新的教学内容,这样,幼儿对知识的理解更加深刻,而且也锻炼了思维。

b. 小班社会教育活动——"不做小糊涂",教师为了达到让幼儿学习简单的生活经验,增强自我保护意识的目标。活动开始环节,教师是这样设计的:出示画面,配以儿歌"早上空气真正好/小糊涂呀起得早/穿着拖鞋去晨跑/一、二、一;一、二、一/哎呀呀,哎哟哟。"提问:①小糊涂能跑快跑远吗?②为什么不能穿拖鞋跑步?③跑步时应穿什么鞋?④其他的鞋子应该什么时候穿?

运用以上方法导入新活动应注意:其一,难易适度,具有启发性。悬念、问题的设置要做到"不愤不启,不悱不发",要从幼儿的"最近发展区"出发。太难,会降低幼儿学习积极性;太易,难以激发幼儿学习兴趣。其二,问题的提出要明确具体,形象生动,紧扣教学内容。其三,要把握好提问时机,在幼儿难得其解,将幼儿注意、思维活动引入某一探索方向的情况下提问效果最好。

2. 生动直观,从运用直观手段导入教学活动

这类方法主要有材料导入法、故事导入法、演示导入法等。

(1) 材料导入法

a. 在"认识磁铁——水族馆"活动中,幼儿由教师扮演的磁铁老人带入磁铁玩具城游玩,磁铁玩具城场景里有许多磁铁玩具:沙漠探宝、会跳舞的小人、小动物赛跑、钓鱼、小猴爬树、小戏

台等。整个开始环节中,幼儿面前首先呈现的是滑稽的磁铁老人(脸上戴有滑稽脸谱),接着又是丰富多彩的可供幼儿动手操作的玩具材料,将幼儿对磁铁的兴趣充分调动起来,然后教师才通过设置"磁铁能不能吸引水中的铁物体?",启发幼儿思考进入本次教学活动的正题。

b. 大班语言——"谈话活动:假如我是孙悟空。"教师出示孙悟空造型的木偶,以木偶表演的形式激发幼儿兴趣,教师边操作孙悟空木偶边说:"今天孙悟空来到我们班,要和小朋友交个朋友,你们愿意吗?"这种运用新奇、特异的玩具教具材料或实物、图片来引起幼儿注意,激发兴趣的导入法是幼儿园教学中常用的导入法。

(2)故事导入法

许多优美诗歌、生动故事,容易吸引幼儿。教师以儿歌、故事的形式开始,激发幼儿的好奇心和学习兴趣,启迪幼儿思维的导入法就是故事导入法。

a. 某老师组织了一堂科学活动课"认识蚯蚓",考虑到蚯蚓外观不雅,平常幼儿对其有厌恶心理,甚至有的幼儿还有恐惧心理,对此,该教师精心设计自编了一个故事,作为课堂活动的开始环节,故事大意是:小松树一觉醒来,感到睡得很舒服,原来不知是哪位好心的朋友帮助他将自己周围的泥土松得软软的。小松树决心找到这位好心的朋友要谢谢他,经过一番周折,终于找到了——是一条正在松土的蚯蚓。故事一讲完,教师就提出问题:"小朋友,你们想不想认识小松树的朋友——蚯蚓呢?"幼儿在教师声情并茂的讲述下兴趣被调动起来了,都表示要认识蚯蚓。这堂教学活动是成功的,班上最胆小的小女孩都敢用手去触摸蚯蚓。

b. 大班语言——听说游戏:上汽车。教师为该活动拟定的目标之一是"帮助幼儿学习正确运用连词'因为……所以',说出连贯完整的因果句。"活动开始,教师扮演汽车司机,将四张椅子排成一排搭成汽车,教师坐在第一张椅子上,手握方向盘,口中念儿歌:"嘟嘟嘟,汽车开/我的汽车真奇怪/小朋友,要坐车/不要你把车票买/只要对上我的话/就能坐到汽车上来。"然后交代游戏规则。

运用故事导入法时,教师所讲的故事,所编的儿歌,应该与教学内容紧密相连,成为教学过程的有机组成部分,且注意所选所编故事的科学性、艺术性、趣味性和思想性。

(3)演示导入法

演示导入法是指教师把实物或直观教具演示给幼儿观察,或者向幼儿做示范性实验,使幼儿通过观察获得感性认识,从而自然地过渡到新的学习活动的一种导入方法。在"摩擦起电"的活动中,教师首先出示一块塑料尺,"小朋友,你们看,今天老师为你们变一个魔术",边演示边说:"老师把尺子与绸子来回用力摩擦一会儿,然后,去吸彩色纸屑。咦,怎么吸起来了?!"然后提问:"为什么尺子和绸子相互摩擦后会吸起纸屑呢?"进入基本环节的活动。这种导入方法在一定程度上能弥补幼儿感性认识的不足,并能帮助幼儿由形象思维过渡到抽象思维,随着现代教育技术的发展,视听媒体的不断涌现,使得演示导入在教学中的作用更为重要。

运用演示导入法时应注意:其一,充分做好准备,事先检查,试作演示教具材料;其二,演示内容与方式紧扣内容;其三,演示的同时与教师的言语指导相结合,与幼儿运用多种感官相结合。

3. 复习旧知识技能,从知识之间内在联系导入教学活动

这类方法主要有递进导入法、直接导入法、衔接导入法等形式。

(1)递进导入法

递进导入法是指教师通过多种手段层层引入中心活动内容,将幼儿的情绪和兴趣一步一步调整到最佳学习状态的一种组织形式。中班"金色的房子"表演游戏活动,教师一开始就出示小狗、小羊、小猴、小鸟的头饰,一件漂亮的裙子和一个美丽的花环,引起幼儿注意,提问:"小朋友知道这些是哪个故事中的角色吗?"然后教师与幼儿一起边复述边加入动作表情;教师进一步提示:"小朋友,你们想不想自己将这个故事表演出来?"这个活动的开始环节中,教师先出示道具材料,以引起幼儿的注意和好奇心,然后通过师生共同复述将幼儿的参与性与兴趣性调动起来,以此导入正题。这种导入法充分体现了幼儿的认识特点和学习状态,在幼儿园教学活动中是值得倡导的一种导入法。运用这种方法需注意教师的每一步骤间环环相扣,同时通过提问、新材料新情景的适时出现收到奇妙的效果。

(2)直接导入法

直接导入法是指活动开始,教师开宗明义,直接点题,提出具体要求和任务,把幼儿的注意力和思维迅速导向并集中到教学内容中来。如科学活动"制作小冰棍",活动一开始,教师就说:"小朋友,你们吃过冰棍吗?冰棍是怎么做出来的?你会自己做冰棍吗?"这种直接点题导入要求教师语言精练,条理性强,富有启发性和感染力,这种方法是幼儿园较常见也是最简单的方法,对于学习能力,自我意识和意志力水平较低的幼儿来说往往难以收到较好的效果,遗憾的是我们幼儿园教师却往往喜欢以这种方法导入新课。

(3)衔接导入法

衔接导入法是教师根据知识之间的内在联系,找准新旧知识间的联结点,利用对旧知识的回顾或引申,承上启下地导入新活动的方法。如：大班科技活动"跳跳豆和跳跳糖"，该教师在活动前做了一系列准备工作。知识准备：小朋友会制作汽水。物质准备：录音机、磁带，每小组幼儿各一份杯子上贴有标记的柠檬酸、小苏打、黄豆，每个幼儿一个杯子、汤匙。活动开始，老师请小朋友回忆：怎样制作汽水？（小朋友用柠檬酸、苏打加入杯子中制成汽水），然后教师出示黄豆，请幼儿想一想，试一试；怎样使黄豆跳舞？（小朋友将黄豆放入杯子里，豆子随气泡不断上升至水面然后下落，黄豆开始"跳舞"了）。这位教师就找准了旧知识（制作汽水）和新知识（豆子在汽水制作过程中随气泡上升下降）的联结点（柠檬酸与苏打混合于水中产生气泡）来引出新知识的。旧知识可以是上一次或过去学过的，也可以是其他相关学科学过的知识。运用幼儿已有知识经验导入新知识，能充分调动他们思维的积极性，同时也能使新旧知识前后呼应，互为因果，起到温故知新的作用。

在幼儿园集中教学活动中，除上述导入方法外，教师还可以创造性地探索教学导入方式，如活动伊始，突然发生或出现了有利于设计导语的事件或情景，教师可以即兴应变，随机导入活动；幼儿情感的触发，往往与一定的情境有关，教师可以采取创境导入活动等方法。

（四）导入艺术的训练与评价

1. 训练目的

前面罗列了几种较典型的幼儿园教学活动的导入方法，这些方法灵活多样，生动有趣，在实际运用中使教学一开始便能紧紧集中幼儿的注意力，激发其强烈的求知愿望，从而引出这次活动的核心内容，收到立竿见影的效果。因此，为便于幼儿园教师及职前受教育者熟练掌握运用这些方法，需能做到自己能设计并操作出令人满意的导入,能分析评价这些活动导入的成败原因。同时又能分析、评价他人的实践导入活动,以提高、完善自己的教学水平。

2. 训练内容

(1)针对下面的幼儿园教育活动内容,请选择运用最恰当的方法进行导入设计。要求提出导入方法;设计出导入活动。

①大班歌唱活动"胡说歌"。(提示:问题导入法、直接导入法、故事导入法等)

附:胡说歌(美国幼儿歌曲)

你把袜子穿在耳朵上吗?

袜子穿在你的耳朵上吗?

你把袜子穿在耳朵上吗?

袜子穿在你的耳朵上吗?

②小班语言:听说游戏"拉大锯"(提示:衔接导入法、故事导入法、问题导入法等)

附:游戏儿歌——拉大锯

拉大锯,拉大锯,(手拉手做前倾与后仰的动作)

外婆家门口唱大戏。(同前)

你也去,我也去,(幼儿分别用食指指着对方与自己)

大家一块去看戏。(幼儿分别在胸前左侧和右侧做拍手动作)

③小班数学活动"按小大排序"(提示:材料导入法、演示导入法、递进导入法等)

活动目标:a.幼儿能按大小给三个物体进行排序,并匹配相应大小的物体;b.能用语言讲述操作过程和结果。

④大班体育游戏——鸡毛信(提示:悬念导入法、直接导入法、创境导入法等)

活动目标:a.幼儿能用正确的姿势跑和跳,发展幼儿平衡能力;b.增强幼儿动作的协调性和灵活性;c.能与同伴合作勇敢投入活动。

⑤小班社会教育活动"不做小糊涂"

活动目标:通过在活动中听听、讲讲、做做,让幼儿学习简单的生活经验,增强自我保护意识。

(注:前面问题导入法曾举过该例,试设计其他一种方法导入活动)

(2)针对下面安排的教学内容和目标,设计几种导入方法进行比较,将你认为最满意的进行导入实作。

①中班绘画活动"树叶印画"

活动目标:a.引导幼儿学习在树叶上较均匀地涂色并印画的技能;b.鼓励幼儿开动脑筋,用树叶拼出多种自己喜欢的形象。

②大班体育活动"垫上角力游戏"

活动目标:a.培养幼儿的肌肉持久力及身体的灵敏协调能力;b.增强幼儿的体能及合作协调能力。

③大班科学活动"空气污染"

活动目标:a.让幼儿初步了解周围空气受污染的情况,知道空气污染有害健康;b.初步培养幼儿对周围环境的关心和保护的态度。

④小班文学活动"轻轻"

活动目标:a.帮助幼儿理解作品内容,感受诗歌所营造出的轻松、浪漫的气氛;b.培养幼儿的观察力,激发幼儿对大自然的向往和热爱。

附:诗歌—轻轻(寒枫)

轻轻的云朵,

轻轻的风。

轻轻的柳条，

轻轻地动。

轻轻的小船，

轻轻地划，

轻轻的桨声响不停。

我轻轻地唱支划船歌，

"轻轻是我，

我是轻轻。"

⑤大班社会文化活动"不说话的戏剧——哑剧"

活动目标：a.使幼儿初步了解哑剧的特点，初步知道哑剧是一种不说话的艺术；b.初步激发幼儿对哑剧表演的兴趣。

（3）翻出你自己的教案本，再次审视你拟写的教案或活动方案，分析这些活动的导入，并在审视时写出你的心得。

（4）从你或他人组织的观摩教学活动或杂志报纸里收集的两三例成功或不成功的导入活动进行分析。

（5）从你收集的成功的导入中选出一例，进行导入实作。

（6）你正准备开始进行教学活动，这时一只蝴蝶飞进了活动室，全体幼儿都被这只蝴蝶吸引了，课堂秩序相当混乱。你已设计好的导入方法根本没用，面对这种情况，你怎么办？

活动案例评析

大班科技活动——水族馆[①]

活动目标：

1. 通过实验让幼儿进一步感知磁铁的性质，了解磁铁也能吸引水中的铁物质，激发幼儿对科技活动的兴趣。

[①] 本教案由李德兰提供。

2. 引导幼儿制作磁铁玩具"水族馆",培养幼儿操作的准确性、灵活性。

3. 通过对实验现象的观察,培养幼儿细致观察的习惯。

活动重点:

幼儿进一步感知磁铁的性质,了解磁铁也能吸引水中的铁物质。

活动难点:

制作出新的磁铁玩具"水族馆"。

活动准备:

知识准备:幼儿对磁铁性质有一定了解。

物质准备:空矿泉水瓶、吹塑纸、剪刀、回形针、笔、磁铁、漏斗、杯子、自来水、磁铁玩具城场景(会跳舞的小人、小动物赛跑、钓鱼、小猴爬树、小戏台、探测地雷、沙里寻宝)。

活动过程:

1. 以到磁铁玩具城游玩导入活动,激发幼儿活动的兴趣。

(1)教师带领幼儿到磁铁玩具城。

(2)"磁铁老人"(由辅助教师扮演)欢迎小朋友,希望小朋友玩得高兴,并学会新的本领。

2. 玩一玩:幼儿自己选择磁铁玩具,教师随机启发:"小动物为什么会动?'探测器'为什么能找出'地雷'?你找到宝物了吗?是怎样找到的?"……让幼儿在玩中感知磁铁的性质,体验与同伴合作的乐趣。

3. 想一想:教师启发:"在水中玩过磁铁吗?磁铁能不能吸引水中的铁物体?"幼儿讨论。

4. 看一看,试一试:

(1)小实验:引导幼儿发现磁铁能吸引水中的铁物质。

(2)把铁物体和非铁物体放入水中,幼儿自己用磁铁去试,去发现。

5. 看一看,做一做:

(1)教师演示,讲解制作磁铁玩具"水族馆"的方法:a. 把各种"水生物"沿轮廓线剪下,在头处别上回形针;b. 将剪好的"水生物"放入空矿泉水瓶中,往瓶中灌半瓶水,盖紧瓶盖。

(2)幼儿动手制作,教师巡回指导。

6. 玩一玩:

引导幼儿将磁铁贴在矿泉水瓶外移动,观察并说出"水族馆"里的"水生物"有什么反应,教师个别指导。

说一说:"为什么瓶内'水生物'能跟着磁铁走?"

7. 活动结束

幼儿把所制作的磁铁玩具送给"磁铁老人",展现在磁铁城中,让更多的幼儿来玩"水族馆"。

活动延伸:

幼儿运用磁铁做出更多的磁铁玩具,发现更多的玩法。

评析:幼儿园科技活动重在幼儿的操作探索,重在培养幼儿的动手能力、创新能力及对科学的探究兴趣和情感体验。"水族馆"这一活动设计充分体现了科技活动的特点,不仅设计新颖,幼儿也玩得新奇。仅从活动导入部分来看,该教师以一头戴面具的"磁铁老人"首先将幼儿的注意力集中起来,接着将幼儿领入有丰富多样的玩具磁铁城,幼儿就好比进入"迪斯尼"乐园,兴趣陡然激发起来,接下来又以"磁铁能不能吸引水中的铁物体?"为诱导过渡到基本活动环节,这既将幼儿的注意力转向到新活动中去,又将幼儿的兴趣和新奇推入高潮,到此可以看出,教师的导入设计环环相扣,教学艺术趋向完美化,幼儿内心情感始终处于强烈的求知状态。是什么使得这一导入收到奇效的呢?那就是该教师科学地运用了材料导入法和递进导入法。材料新颖,递进得法,是这一导入成功的关键所在。

导入艺术评价指标:

对导入艺术的评价应结合导入的要求、要素进行,体现科学的儿童观和教育观,下面介绍两种评价方式:

1. 教学导入艺术的技术评价表[①]

2. 导入艺术评价指标:

(1)集中注意;(2)激发兴趣;(3)启发思维;(4)明确目标;(5)情感冲击;(6)生动形象;(7)方法科学;(8)形式创新;(9)审美艺术;(10)时间适当。

上面十项指标中,第1项～5项是针对幼儿在导入活动中应体现的要素;第6项～10项是针对导入形式和过程应达到的要求。

二、高潮艺术及训练

(一)高潮艺术的含义

高潮是指在教学过程中将幼儿的情绪、内隐的和外显的智力操作推向最为活跃状态的一种教学艺术。在教学过程中的高潮活动,教师的教学给幼儿留下最深刻鲜明的印象,并得到幼儿最富于情感的反应,这时师生双方的积极性达到最佳配合状态。

一般而言,在教学高潮活动中,幼儿对教师的教和引导的反应是强烈的;他们会为自己的新发现而欣喜;为掌握了某项技能而自豪;为自己完成了任务而激动;为悬念的解开而兴奋;为紧张活跃的竞赛而难以自禁……此时幼儿的整个意识处于异常

[①] 赵伶俐《课堂教学的技术与艺术》西南师范大学出版社1993年10月出版,第334页。

"觉醒"和高度兴奋状态,富于创造的激情和成功的体验,教师的教学艺术便达到至高审美的境界。

(二)高潮艺术应遵循的要求

1. 情绪兴奋性

在教学高潮时,幼儿的情绪高涨,兴奋难抑,并伴随系列的外部表征:动作夸张、语言丰富且紊乱、面部表情愉悦。幼儿体育游戏"穿鞋走路",教师准备成人穿的运动鞋、高帮套鞋、皮鞋各一双,放在场地起点线后,场地上隔几步放大积木一块,在5米远处插旗。将幼儿分成三组,各成一队站在某双鞋的后面,老师令下,排头幼儿穿上成人鞋走路,走到大积木块前时要求踩上去走过,到达对面白线后绕旗回走,回到点上时脱鞋,如此往返,看哪一队先走完。幼儿在参加这一活动中,走路者摇摇晃晃,颤颤巍巍;助威者或高声呼喊,或捧腹大笑,或兴奋大跳……高潮由此而成,幼儿的情绪兴奋性亦表露无遗。

2. 智力活跃性

"最好的学习,也是真正的学习都包含有智力、行动、放松、兴奋和兴趣。"[1]教学高潮就是要达到让幼儿"最好的学习"状态,让幼儿有成功的体验,"体验到自己在追求真理,进行脑力活动的自豪感,体验到知识、智力生活是他的一种道德尊严"。这时的智力活动,不仅包括了幼儿内在丰富的想象、敏捷的思维;还包括了外显动手操作活动,即完全达到"手脑并用,智行合一"的境界。如一位教师组织的科学活动"有趣的热膨胀"中,有一个小制作"喷泉"。教师提供材料有:每名幼儿一个带橡皮塞的玻

---

[1] 何克抗《现代教育技术》北京师范大学出版社1998年出版,第63页。

璃瓶,一根吸管;每组幼儿一大杯颜色水,一盆热水。要求幼儿制作五彩"喷泉"。活动中,幼儿将颜色水倒入瓶中,盖上橡皮塞,将吸管插入瓶中,再将瓶放进热水盆中。有的幼儿瓶中的水即刻从吸管中"喷"出来了,对自己的成功兴奋不已;有的幼儿则失败了,失败了的幼儿或拔出吸管用嘴吹一吹,看看吸管是否被堵塞;或取下瓶塞检查是否漏气;或叫老师添加热水……整个课堂沸腾起来。全班幼儿身心都投入活动中,高潮随之达到顶峰,幼儿的智力活跃性得到充分体现。

3. 审美艺术性

正如高明的戏剧家总是善于精心设计戏剧中的高潮情节,有经验的教师在成功地导课后,总是牢牢抓住幼儿的注意力,不失时机地制造小高潮,并全力推向大高潮,达到教学审美境界,这就是教学高潮中的审美艺术化。一位教师组织的一节音乐歌唱活动"胡说歌",导课后,教师教唱新歌,滑稽的歌词"你把裤子穿在耳朵上吗?"孩子的学习兴趣一下子被激发起来;在接下来的环节中,教师又启发幼儿想出每句歌词末的衬词和滑稽有趣的动作,小朋友想出了"叽叽"、"嘘嘘"、"嘀嘀"等众多衬词,或者用"拉两下耳朵、眨两次眼睛、捏两下鼻子……"等滑稽动作,师生之间的互动创造性表露无遗,教学高潮即将达到顶峰;最后,教师又启发幼儿想象生活中其他违反常规的事情,并能独立地即兴创编歌词,且按曲即兴唱出,小朋友编了"你把袜子穿在脑袋上吗?裤子穿在你的脑袋上吗?""你把戒指套在脚趾上吗?戒指套在你的脚趾上吗?"……此时,幼儿的想象、思维活动极为活跃,课堂气氛达到高潮,教者欣然,学者释然,观者畅然,这就是教学高潮中的审美艺术境界。

4. 高度效益性

教学过程所要实现的知识技能目标就是突出重点，克服难点，即教学活动的重心操作。"重心操作是教学内容的核心，必须让学生以最佳学习心态来接受教师的重心操作，以达到对一堂课知识要害的透彻把握。"[1]教学高潮是为重心操作服务的，如果高潮激起的活跃心态有碍于重心操作效果，为气氛造气氛，为热闹而热闹，产生不了应有教育效益，是不可取的。如一位教师组织的小班教学活动"认识5以内的数量"基本环节中，教师设计了"给点卡送动物"、"动物排队吃点心"两个智力游戏活动，操作活动"穿木珠"及"给和数一样多的物体涂色"一系列的活动。活动中，幼儿参与的积极性很高，情绪也很高涨；教师设计的系列活动个个精彩，但凑在一起，使人感觉到只见热闹，不见效果；幼儿在活动中紧随着教师的指挥而忙于应付，教师的快捷节奏，整堂活动始终难以达到艺术化的高潮。

(三)高潮艺术的类型

1. 紧张竞赛中的高潮

"大脑处于竞赛状态时的效率要比无竞赛时的效率高得多，即使对毫无直接兴趣的智力活动，学生因热望竞赛取胜而产生的间接兴趣，也会使他们忘记事情本身的乏味而兴致勃勃地投入到竞赛中去。"[2]在教学中运用恰当竞赛的手段制造高潮，符合幼儿身心发展的特点。

幼儿园体育、语言、科学(数学和常识)、音乐等学科都可运

---

[1] 赵伶俐《课堂教学技术与艺术》西南师范大学出版社1993年版，第398页。
[2] 钱苗灿《在认知冲突中实现目标》《河南教育》1990年，第2期。

用这种方式达到教学高潮。一位教师组织中班数学活动"复习认识几何图形",其中开展了一个竞赛游戏"看谁站得快又对"。游戏规则和玩法:将幼儿分成人数大致相等的四组分队,每对前面小椅上放若干纸片(纸片上分别有△、▱、□、○四种几何图形),每对前方5米远处地面画上如右边示意图形。幼儿得令后,每组幼儿依次拿一纸片跑到对面指定的图形里,比一比哪组幼儿做得又快又对。这一活动,幼儿不仅要能够正确认识几何图形,又要在极短时间内思考手中的几何图形与地面哪一图形对应。幼儿活动参与性、积极性、兴趣性高涨,如此就形成了本来对几何图形无直接兴趣的认识活动转化为通过竞赛而产生间接兴趣的智力活动,这样有助于形成"紧张而活跃"的高潮气氛,提高教学的效率和质量。

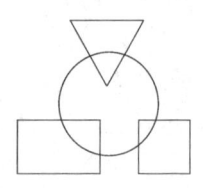

2. 参与表演中的高潮

人本主义教育心理学家罗杰斯认为:真实的问题情景和活动是最能引起态度和个性情绪的学习方式。让幼儿身临其境和参与到教学活动中来,不仅能体现幼儿在教学过程中的主体性,还能增加教学的趣味性。中班音乐歌唱活动"小花猫和小老鼠",教唱新歌时,教师创设情景:一只小老鼠悄悄地出了门,东看西看,上看下看,见没有小花猫,很是得意,高兴地唱起了歌(一只小老鼠,蹬着小眼珠,支着两只小牙,长着八字胡);正在小老鼠乐滋滋偷吃粮食时,只听"喵喵喵"几声,小老鼠吓得连滚带爬跑回了家(歌声起:一只小花猫,喵喵喵喵喵,吓得老鼠赶快往回跑)。幼儿在这样的情景中学习新歌,生动形象逗趣,幼儿易理解,效果显著。活动临结束时,教师设计了"猫捉老鼠"的游戏:先由教师当小花猫,幼儿扮小老鼠,游戏开始,要求小老鼠一边唱着歌(第一段歌词)一边创造性地表现小老鼠;等到扮演小花猫唱完"吓得老鼠赶快往回跑"后,老鼠方可以跑回家,小花猫抓到谁,谁就当小花猫,游戏继续进行。这一游戏活动,幼儿在玩中学,乐中学,加上富有情趣,生动活现的表演,幼儿的情绪达到新的高度,课堂教学形成高潮。

3. 奇特操作中的高潮

好奇心是幼儿一大心理特点,教学过程中利用新颖奇特的教学玩具材料操作活动激发幼儿学习兴趣,可以形成高潮状态。如幼儿园科学活动"认识酸碱反应",其中一个教学环节就是让幼儿自己制作别致的"跳跳糖",材料有柠檬酸、苏打、从市场买的棉花糖。在教师示范制作后,幼儿自己动手操作,先将两小匙柠檬酸和一小匙苏打粉舀入小碗中,充分搅拌,再将一小节棉花糖放入碗中使其沾满酸碱混合物,别致风味的糖就制好了,再放入口中感觉自制的这种糖是否在嘴里"跳"。活动中有的幼儿做出的糖味道新鲜别致,于是津津有味地吃起来;有的幼儿做出的糖非酸即涩,不住地咂嘴甩头;成功了的幼儿又马上投入到重新制作中去,还将做出的糖分给其他小朋友和客人品尝,脸上喜形于色;没成功的幼儿也重新投入到新制作中去,认真而谨慎,当成功了,欢呼雀跃。这一活动,棉花糖、苏打、柠檬酸等材料对幼儿是新奇的,操作是自动的,更关键的是幼儿能即刻享受到自己的成果,体验成功的喜悦,这对形成教学高潮起了很大作用。

4. 循循启导中的高潮

教学高潮的意境,往往是由教学的主导者教师"拨、导"而达成的,善于点拨、启导有方的教师,总是能"循循然善诱人"。小班童话故事《胆小先生》(故事命名好,幼儿对故事名就有浓厚兴趣),这个故事十分诙谐幽默且充满生活哲理。在讲述过程中,教师分主次向幼儿提问:①大老鼠闯进胆小先生家,胆小先生怎么做的？胆小先生为什么让大老鼠住进地下室？（鼓励幼儿用口语和体态语言表现出来）；②大老鼠和胆小先生换房子，大老鼠是怎样做的？胆小先生又是怎样做的？房子换成后，大老鼠又是怎样做的？（幼儿表现大老鼠凶狠、快乐的样子以及胆小先生害怕的样子）；③大老鼠要赶走胆小先生，这下胆小先生怎么样了？（幼儿创造性地表现胆小先生愤怒的样子和追打老鼠的勇敢行为）。这一活动通过教师巧妙的循循诱导和层层点拨，通过幼儿身入故事的行为、情感体验，围绕胆小先生和老鼠之间关系的变化，让幼儿在胆小先生的勇敢精神中得到启迪"我是很有力量的！"达到教学高潮。

5. 情动感染中的高潮

优秀的幼儿教师总是在教学的关键处，凝理注情，动人心灵，设法使幼儿入情以获得强烈的情感体验。使幼儿入情，最根本之处在于教师要动情，当然，教师的这种感情必须是真挚的，庄子说："不精不诚，不能感人"，即是此理。如一首甜美轻柔的幼儿诗歌"轻轻"的教学活动（该诗歌内容在前面导入训练中）。这位教师配以图片内容，在音乐《春江花月夜》（片段）的伴奏下，用柔和甜美悠悠的声音朗诵诗歌（幼儿凝神陶醉）；然后学习理解诗歌内容；最后引导幼儿仿编诗歌，教师启发幼儿："天上的云彩是轻轻的，风也是轻轻的；小船是轻轻的，划起来也是轻轻的。那么，还有哪些东西也是轻轻的？它们动起来也是轻轻的？"教师引导幼儿先用叙述性语言表达自己的想法，然后在教师帮助下形成诗句。（幼儿创编出的诗句："轻轻的摇篮轻轻地摇"、"轻轻的鱼儿轻轻地游"、"轻轻的浪花轻轻地翻"、"轻轻的风儿轻轻地吹"等等）。最后教师与幼儿一起用情用轻的语味朗诵幼儿自编的儿歌。整堂教学活动没有欢歌笑语，没有大起大落的环节，没有紧张和刺激，只有师生的一片陶醉，但强烈的心灵感染难用言述。该教师说她在设计这一活动方案时,是用情去拟写的。正是如此,她才在组织幼儿学习时奏出了教学的最强音。

6. 逼人悬念中的高潮

在心理学上,悬念是指人们急切期待的心理状态,教学中它可以使幼儿集中注意力,唤起学习兴趣,激发探究知识的欲望,产生"逼人期待"的教学效果。如一位教师组织幼儿学习"6、7、8的相邻数"。教师设计了一个游戏"摸彩票",在黑板左、中、右处分别贴上一个醒目的数字6、7、8,对应每个数字黑板下方设一"彩票箱",里面有若干数字1~9卡片。活动玩法是:每次上来三个幼儿分别在每个"彩票箱"里摸出三张"彩票",若有本箱上面的相邻数就贴在该数左侧或右侧,正确就获奖一百万(奖给幼儿一朵小红花)。活动中,摸奖的幼儿既紧张兴奋又有一种期盼,没摸奖的幼儿在下面兴奋莫名,口中喊到:"一百万、一百万"。每当幼儿摸到某数的相邻数但贴错了位置,下面的幼儿就为他叹息;有的幼儿全部中了,下面的幼儿又为他感到高兴,课堂气氛极为热烈。这位教师在教学中成功地引进社会上"摸彩票"并将其改版为幼儿的一个智力游戏活动,将幼儿欲知后事如何的迫切期待心理与游戏结合起来,让幼儿心理产生一种悬念,引起参与活动的强烈动机,这就形成了一个气氛热烈的教学高潮。

7. 随机应变中的高潮

一个高明的教师,在教学进行中,面对课堂中出现的"突发事件",即使这一事件对课堂教学结构起破坏作用,她也能随机应变,出奇制胜,也能形成教学活动的高潮。幼儿期儿童以无意注意为主,在活动中其注意力往往容易分散,也容易被某一声响,某一新事物,某一新情景所吸引。优秀的幼儿园老师常常能够凭自己的经验和机智将幼儿的无意注意转向于正题或转化为教学所用的有意注意。如正在进行教学活动,一只蝴蝶飞进了教室,幼儿的注意一下集中在翩翩飞舞的蝴蝶身上,教师只要这样说:"小朋友啊,这只蝴蝶是孙悟空变的。孙悟空今天到我们这里来作客,他要看看哪个小朋友最认真听讲,最积极回答老师的问题呢!"这一偶发事件所造成的消极影响即不复存在。有一位幼儿园优秀教师正组织幼儿开展科技活动"制作汽水",小朋友们制好后正津津有味地品尝自己的成果,一位小朋友突然惊喜地叫起来:"看,看,玉米在跳舞!"老师过去一看,这位小朋友不想喝汽水,就将玉米放进了他自制的汽水杯里(玉米是上午种植活动时,这位小朋友偷偷留下的),玉米正在杯里上浮下沉呢。老师见此后非但没有责怪这位小朋友,还表扬了他,随即叫保育教师快去厨房找来一些豆子,这堂活动随即转入小实验"豆豆跳舞"(名称是课后取的)。本来在"制作汽水"活动中没出现的教学高潮没料到在后面的小实验活动里出现了,小朋友兴趣高涨地观察着豆子上下沉浮。这一活动中出现的偶发事件本是对课堂教学起消极作用的,经这位老师妙手就势转化为课堂教学的有机组成部分,使这一活动平添几分抑扬和灵气。要达到这样的艺术效果,教师的随机应变和创新思维是不可缺的。

(四)高潮艺术的训练和评价

1. 训练目的

在教学活动中要达到高潮境界,并非单凭上面所讲的任何一种方法就能达成,而实际上是教师将情绪、智力、审美、效益、个人风格以及教学态度等要素注入某一教学方法并借助这种方法将高潮推上去的。因此,要真正掌握教学中的高潮艺术并熟悉自如地运用这些艺术,还必须具有分析自己和他人尤其是自己进行综合操作的能力,因而也必须有相应的综合训练。

2. 训练内容

(1)请为"导入训练内容"第"1"类训练中的"小班语言——听说游戏'拉大锯'"、"小班数学——按大小排序"、"大班体育——鸡毛信"、"小班社会——不做小糊涂"等活动内容选一最恰当的方法并设计出教学高潮的组织。

(2)请为"导入训练内容"第"2"类训练中的"中班绘画——树叶印画"、"大班体育——垫上角力游戏"、"大班科学——空气污染"、"大班社会:不说话的戏剧—哑剧"等活动设计几种高潮法并进行比较,将你认为最满意的进行实作。

(3)从你或他人组织的观摩教学活动中或从报刊书籍里收集的三四例成功的或不成功的教学高潮组织进行分析。

(4)从你收集或观摩他人组织过的成功的高潮教学中选出一例进行实作。

(5)翻出你自己的教案本,分析这些活动的高潮设计,并重新设计你不满意的活动。

活动实例及评析[①]

学习"正号"和"负号"(大班)

活动目标:

1. 幼儿能了解"正号、负号"含义。

2. 激发幼儿对数学符号的学习兴趣。

活动过程:

导入环节:"今天,黎老师从广州带来了两个朋友给小朋友们,一个是重庆的小当当,一个是广州的小叮叮。"

[①] 根据黎泳文老师教学录音整理。

"他们要给你们出一个谜语,让你们猜一猜,好吗?'身体透明肚子长,一条红线肚里藏,冷了红线就缩短,热了红线就伸长。'"(温度计)

"老师表扬你们,这一下老师考到你们没有啊?"(没有)

"温度计有什么用啊?"(治病)

"温度计是测量——?"(天气)

"小朋友想不想玩一个天气预报的游戏? 想不想?!"(想!)

"在玩之前,小朋友告诉老师这个温度计的'0'是在温度计的上面、中间还是下面?"(中间)

"小朋友肚子上也有一个'0',来,小朋友们摸一摸,在哪里?是什么?"(愉快地:肚脐眼)

"来,小朋友们摸着自己的肚脐眼,齐声说'0'、'0'。"

"好啦,小叮叮要预报广州的气温,看一看,广州的气温是——0,0 上几度?"(5度)

"0 上5 度就是0 往上走几步啊? 来一位小朋友,试一试,我们其他小朋友来指挥他。"(上台幼儿先找到'0',师生共同报数1、2、3、4、5)

"0 上5 度,用一个什么数字来表示它啊? 老师这儿有没有5 啊? 来一位小朋友找一找,将它送给小叮叮,好不好?"(一幼儿将5 贴在小叮叮旁边)

"好极了! 这一下,谁却不高兴了?"(小当当)

"为什么啊?"(幼儿在教师演示贴绒教具下回答:小叮叮热,小当当冷;两人都是5)

"小当当说:我这么冷,你那么热,怎么我用5 表示,你也用5 表示啊,不行。那怎么区分得了啊?"(一个8,一个5)

"那零下8 度才用8 表示嘛,但现在这儿是零下5 度,用什么办法来区分开?"(一个高,一个矮)

"那两个 5 一样高怎么办？再想一想有没有好办法？"（幼儿沉默）

"你们认不认识这两位朋友呢？"（教师出示卡片"十"、"一"、幼儿回答"10"、"1"）

"中国汉字中是念'10'和'1'，如果是加法、减法——"（幼儿立即接话"加"、"减"）

"我们另外用一个方法表示；它（正号）表示零上的，它（负号）表示零下的，好不好？叫什么名字呢？"（减、加）

"我们将它们用在天气预报上，给它们取一个新名字，好不好？"（不假思索地抢答：加、减）

"我们用它（正号）表示零上的温度，叫正号（幼儿自觉念'正号'），用它（负号）表示零下的温度，叫负号（幼儿自觉念'负号'），好不好？"（好）

"那么零上 1 度就是＋1，零上 2 度就是＋2……零上 5 度就是——"（＋5）

（叫一幼儿用正号贴在广州温度前面，并读出来）

"再看小当当这里，我们也用一个符号表示零下的温度，它（负号）是什么"（负号）

"那零下 1 度就是－1……零下 5 度就是——"（－5）

（叫一幼儿用负号贴在重庆温度前面，并读出来）

"这一下，小叮叮，小当当两人的难题解决了没有啊？"（解决了）

"来，小朋友起立。"（"我起立"）

"我们来玩一个游戏：小朋友找到自己的肚脐眼，表示'0'，零上就是——"（正）

"来，一起说 0、＋1、＋2……＋10"（师生边做手势边数数）

"＋100 到哪里去了？"（天上）

"往下,0、-1、-2……-10"(师生边做手势边数数)

"-100到哪里去了?"(地下)

"很好,请坐下。我们又来玩一个游戏,这是什么啊?"(楼房)

"这是什么房间呢?"(零号房间)

"零号房间住着谁啊?"(小乌龟)

"它想到楼上的大象家去玩,它不知道从'0'往上走,该走正或是负哦?"(正)

"正几呢? 数一数。"(+1、+2、+3)

(叫一小朋友用"+3"贴在大象家)

"小乌龟回到家里,又怎么啦?"(又孤独啦)

"它又想到谁家去玩啦?"(海豹)

"看一看海豹家,可小乌龟又忘了从'0'往下走,该走正还是负啊?"(负)

"负几呢? 数一数。"(-1、-2、-3、-4)

(叫一小朋友用"-4"贴在海豹家)

"好了。那我们到街上去玩,站在'0'这里,向前走,是正还是负?"(正)

(叫小朋友走一走)

"站在'0'这里往后退,是——?"(负)

(小朋友们走一走)

"好啦,小朋友,再见!"(老师再见)

评析:

正数、负数学习是儿童进入初中开始学习的,在幼儿阶段让幼儿学习正、负数中的基础知识"正、负号",内容的难度性可想而知。联系到我们幼儿园的个别教师,组织幼儿将"1、2、3、4、5"5个数字正确排序,活动完了,一个班居然有一半的幼儿达不到目标。但黎老师却能成功让幼儿掌握"正负号",这值得我们去探索和分析。

首先,黎老师善于用情绪去感染幼儿,在现场教学中善用自己身体姿势和手势等体态语和有声语言的语气、语调变化来制造课堂气氛;我们即便从上面的书面文字记录中也能感受到这种感染力。正因为这种强烈的感染力存在,幼儿才表现出强烈的学习兴趣和高度的注意力,这是本堂活动成功的心理前提。

其次,推波助澜和高潮迭起也是本堂教学活动成功的一大原因。可以说,黎老师在幼儿认知特点的基础上精心设计的环节丝丝相扣,推波助澜,从谜语"温度计"——温度计中的"0"——"0"上"0"下的区分——"+"和"-"的引出—形成、巩固正号、负号概念。每一步骤、每一活动无不精彩纷呈,高潮迭起。

最后,悬念和启导的运用恰到好处,也是其成功的重要因素。如:如何区别"零上5度"和"零下5度","+"和"-"的新含义都让幼儿产生了一种"逼人期待的悬念";至于启导的运用,可谓自始而终,这大大激活了幼儿的思维,同时也达到了审美艺术化的境界。

黎老师教学的成功,并不仅是让幼儿初步了解正号、负号的含义,还是教学艺术的成功体现。

激发了幼儿对数学符号的学习兴趣,更在于成功地再现了幼儿园教学的艺术。

高潮艺术评价指标:

1. 活跃的思维
2. 高涨的情绪
3. 高度的注意力
4. 强烈的兴趣趋向
5. 艺术化的审美享受
6. 最大的教育效益

三、结束艺术及训练

（一）结束艺术的含义及意义

教学活动的结束艺术是指在教学中完成一定的内容或活动后，教师对知识技能进行归纳总结并转化升华的一种操作方式。

教学活动结尾设计、组织的好坏，也是衡量教师教学艺术水平高低的标志之一。如果一堂课仅有引人入胜的开头和环环相扣的中间及高潮出现，而缺少耐人寻味的结尾，将直接影响教学效果，也算不上完美的教学活动。结尾只有比开始和中间部分更吸引人才能促人一振，将幼儿的学习思维推向高峰，完善地结束，达到"言有尽有意无穷，余言尽在不言中"的境界。

一位高明的教师，常把重要的、有趣的东西放在"终场"演出，用以激活幼儿头脑中的信息。激活信息以加强学习，结束环节应是一个激活过程。正如《学习的革命》一书提出的："我们的学习课程中最丰富的一个组成部分是激活部分，这占了大约75％到85％的时间，我们下棋、打牌，我们玩球、我们玩纸娃娃、我们玩随音乐抢椅子的游戏、我们玩彩色美术纸。它们很像你能在玩具店中买到的游戏用具，只是被改造成适合愉快学习的用具。"[①]一节教学活动的结束还有另一方面的作用，即评价。"评价是更高的思维的一个工具：反省、分析、综合、然后判断。同伴之间的评价和指导者的评价也是使一门课达到预点的重要部分，但是自我评价是最重要的。"[①]

---

① ［美］珍尼特·沃斯《学习的革命》上海三联书店第314页、第315页。

(二)结束艺术应遵循的要求

1. 首尾照应、结构完整

活动结束部分应紧扣教学内容,使其成为整个课堂教学艺术的有机组成部分,做到与活动导入遥相呼应,尤其是有些活动的结尾实际上就是对导入设疑的总结性回答,或是导入内容的进一步延续和升华。如一位教师为大班幼儿设计的"认识国徽"活动,活动开始,教师以提问的方式引导幼儿认识国徽及国徽代表的意义:小朋友,你们知道国旗代表中国,那么,还有什么代表中国呢?国徽代表什么?活动结束环节,展示有国徽的物品:如人民币、纪念币、奖状、证书等,让幼儿找出上面的国徽,幼儿边看边讲国徽上面有什么?国徽代表的意义?教师告诉幼儿,国徽代表我们伟大的中华人民共和国,我们要热爱它,爱护它。这种结课照应了开头,做到了首尾相连,使结语好似一条金线,能使幼儿将零散的知识串联起来,形成完整的知识结构。

2. 演透勿绝,延伸拓展

演戏很讲究演透则不演绝,只有演透,思想内容才能发挥得淋漓尽致,人物的性格、情感才能刻画得尽其精妙,但若一演绝,就断送了艺术。教学艺术也是一样,不能讲绝,讲绝就失去了启发想象的效果。这是因为幼儿园教学时间短、内容粗浅,幼儿理解能力有限,因此,更需要教师有"点睛之笔",将本次活动延伸到以后的活动中去,拓展幼儿的视野和知识面,与现实生活紧密联系起来。如大班社会"海陆空三军"。一位教师在组织结束时只说了一句话(布置任务):"小朋友,下课后我们亲自动手制作一件礼物,明天我们去军营送给解放军叔叔,好不好?"其设计的活动延伸有:①组织幼儿到军营与解放军联欢,并把自己制作的礼物送给解放军;②学习歌曲《我是解放军》;③组织幼儿看一部战争电影(VCD影碟),讲一个解放军的故事;④智力游戏"看谁配得对"。准备一组图片:三种军帽、三套军服,海陆空军武器(冲锋枪、战舰、坦克、战斗机、潜水艇模型),幼儿搭配摆放,看哪个小朋友搭配得又快又好。这种"重在转化,贵在拓展"是幼儿园教学活动结束艺术的杰作。

3. 水到渠成,适可而止

教学活动结束是一堂课发展的必然结果,它既反映了教学内容的客观要求,又是教学自身科学性的必然体现。所谓"常行于所当行,止于所不可不止",不能在内容上画蛇添足,在时间上拖堂,打疲劳战,这既不符合幼儿身心特点,又对幼儿造成思维惰性。如教学活动"认识各种各样的风"。当基本活动结束后,一教师是这样结课的:"今天,我们知道了各种各样的风,风对我们是既有好处,又有害处的。现在我们到外面去找一找,风在哪里?吹在身上是什么感觉?"这样的结束方式顺理成章、自然而然,而且承上启下,为下一活动的进行交代了任务,体现了活动的连续性。

(三)结束艺术的类型

1. 总结归纳式结束

在教学活动结束时,教师用准确简练的语言,把教学中的主要内容加以总结概括归纳,使幼儿加深对所学知识、技能的印象。总结可以由教师概括归纳,也可以先启发幼儿自评和他评,教师再加以补充、小结。总结归纳的方式,可视具体情况灵活变化,可用简明扼要的语言复述讲解要点;也可启发幼儿回忆复述要点;还可以运用儿歌、游戏等形式形象化地总结。如一位教师教完幼儿认识了8以内的数字后,为了使幼儿便于记忆,根据每个数的形状把它编成如下儿歌:"1像小棍细条条,2像小鸭水上漂,3像耳朵要听话,4像小旗迎风飘,5像钩钩来钓鱼,6像豆芽笑哈哈,7像小锄挖青草,8像麻花绞一遭"。这样的结束生动有趣,将机械识记转化为意义识记,效果显著。再如科学活动"找空气",通过幼儿亲手操作塑料口袋、玻璃瓶等材料后,在活动结束总结时,教师的结语是:"空气无处不在,只要有空隙的地方就有空气。"这样的结束简练,容易让幼儿记住一个知识点,是幼儿园教学中常用的结课法。

2. 自然渠成式结束

自然渠成地结束教学活动,是按照教学内容的顺序,根据幼儿认知规律一步一步地进行,最后自然地收尾。这种结束方式要求教师精心设计教学内容及其结构,准确把握教学的进程和时间,才能有效地达到预期的结果,这种方式看上去顺理成章,水到渠成,似乎不讲究任何技巧就可使用这种方式,其实却往往是只有那些教学艺术纯熟的教师,才能高水平地驾驭它并使之达到艺术的境界。前面列举的活动实例"水族馆"采用的就是这种结束方式,没有幼儿的评价,也没有教师的总结,但同样的让幼儿成功地完成了学习目标。又如,一位教师组织的音乐欣赏教学活动"啤酒桶波尔卡",其结束部分是这样开展的:教师帮助幼儿分角色随音乐做动作。将幼儿人数一分为二,一半人扮演小老鼠,一半人扮"啤酒桶"。启发"小老鼠"找一个"啤酒桶",并和它一块跳舞,互相逗乐。幼儿在"乐"中结束了活动。这种组织形式避免了常规活动中教师突然地中断幼儿活动并说一些画蛇添足的话,大煞风景。

3. 操作练习式结束

在教学活动结束时,教师可采用多种多样的活动操作、练习方式进行,这既可巩固幼儿所学知识,也可帮助幼儿形成操作技能技巧。如一中班教师为科技制作活动"好玩的纸陀螺"安排的结束活动是叫幼儿互换纸陀螺玩耍。幼儿在玩耍中了解他人的制作方法,有的幼儿还对他人的陀螺进行了改进,同时在玩的过程中,不仅掌握了纸陀螺的多样制作样式,还巩固了制作的方法、技能。再如中班数学活动"复习巩固几何图形",活动结束环节,教师设计的是结构游戏:幼儿用大型图形积木根据自己的想象建筑物体,搭好后大家观察欣赏并说出自己用了什么形状的积木搭成的。这种设计同样也是让幼儿在动手操作活动中潜移默化地感知几何图形,达到复习巩固的目的。

4. 延伸扩展式结束

有的教学活动结束以后,并不是幼儿学习这一方面内容的结束,而是把这次活动作为导线,将幼儿的学习引入下面或以后的活动中去,这便是教学活动的延伸与扩展。幼儿园的主题教学活动、活动区活动及某些特殊教学内容常常采用这种形式。如一位教师为科学活动"认识时钟"设计了如下延伸活动内容:①建议家长在周末带孩子参观商店里各式各样的钟;②要求幼儿学习用数目字记下自己几点钟睡觉,几点钟起床,几点钟上幼儿园;③"美劳角"内提供硬纸片等材料,指导幼儿制作自己喜爱的钟。又如大班童话教学活动"乡下老鼠和城里老鼠",可以扩展成如下一些相应活动:①根据故事情节内容用玩具材料布置城市一角和乡村一角;②根据故事内容开展表演游戏活动;③鼓励幼儿大胆想象,改编故事内容。这样的延伸扩展可以帮助幼儿更深入全面地理解和掌握某一教学内容,而且采用多种活动形式和方法更能激发幼儿的兴趣,巩固所学知识。

5. 游戏表演式结束

有时幼儿上完一节课,身心已很疲劳,用提问、复述、总结、评价等单调的方式巩固复习所学知识,效果往往不好。因此活动结束部分应尽量组织得生动活泼一些,用游戏表演形式结束活动就适合幼儿身心需要。如中班歌唱活动"表情歌",教师是这样组织结束活动的:教师说出"难过、高兴、生气、着急"等表情名称,幼儿即兴创编新歌词及相关动作,教师再引导幼儿根据创编的新词、动作进行歌表演,领唱者由创编新歌词的幼儿担任。幼儿创编出了如:"我难过我难过,我就呜呜哭"、"我高兴我高兴,我就哈哈笑"、"我生气我生气,我就跺跺脚"等歌词,然后全班幼儿进行歌表演。再如大班儿歌"乒板儿"教学活动。幼儿学会了儿歌内容后,教师组织幼儿开展游戏表演活动,要求幼儿两两相对将儿歌内容游戏化,用动作将儿歌表演出来。

乒板儿,乒板儿(自拍一下,双方右手对拍一下;自拍一下,双方左手对拍一下。)

乒乒板板(自拍两下,双方左右手同时对拍两下。)

上上下下(两手在自己头上对拍两下;在自己的腿上对拍两下。)

前前后后(胸前自拍两下,身后自拍两下。)

左左右右(在自己的左右侧各拍两下。)

轱辘轱辘(在胸前绕半圈后,伸出拳头。)

轱辘轱辘剪(在胸前绕半圈后,伸出食指和中指做剪刀状。)

轱辘轱辘一(在胸前绕半圈后,伸出食指。)

轱辘轱辘三(在胸前绕半圈后,伸出食指、中指和无名指。)

看谁最能干(在胸前自拍一下,然后伸臂摊开两手。)

这样的结束组织形式,既检验、巩固了幼儿所学知识,又极富于娱乐趣味,在轻松、愉快的气氛中结束活动,这是幼儿园教学中组织结束部分活动很好且常用的一种方式。

(四)结束艺术的训练与评价

1. 训练目的

教学活动有一个好的结尾,能给人以美感和艺术上的享受,但这不是教师只凭灵机一动就能达到的效果,而应该增强对教学结束的设计、创新意识,不断提高教学结束的艺术水平。但"结尾无定法,妙在巧用中"。精彩绝妙的结尾是教学内容与艺术形式的完美结合。为此,应重视对教学结束艺术的学习与研究,总结经验,善于分析并能达到创造性地设计和运用的能力。

2. 训练内容

(1)请为"导入训练内容"第"1"项中的五个教学活动选一最恰当的结束方法并设计出结束环节的组织。

(2)请为"导入训练内容"第"2"项中的五个教学活动设计几种结束法并进行比较,将你认为最满意的进行实作。

(3)从你或他人组织的观摩教学活动中或从报刊书籍里收集的三四例成功或不成功的教学结束组织进行分析。

(4)从你收集或观摩他人组织过的成功的教学结束中选出一例进行实作。

(5)翻出你自己的教案本,分析这些活动的结束设计,并重新设计你不满意的活动。

(6)下列教学活动,你能否创造性地设计结尾?试一试。

中班早期阅读"一二三四五,上山打老虎"

活动目标:①通过儿歌、游戏等活动,教会幼儿认读汉字一、二、三、四、五;

②初步了解所认读汉字表示的意义及其结构;

③培养幼儿主动学习常见字的兴趣。

附:游戏儿歌——上山打老虎

一二三四五,上山打老虎。

老虎没打着,打着小松鼠。

松鼠有几只?让我数一数。

数来又数去,一二三四五。

大班数学——学习二等分

活动目标:①幼儿能知道一个物体分成一样大的两份叫二等分,知道原来的物体比二等分的每一份大,等分后的每一份比原来的物体小。

②学会等分的方法:折叠法、目测法。

③发展幼儿的观察比较能力。

小班绘画——泡泡画

活动目标:①引导幼儿用三种颜色吹泡泡,并用吹泡泡的方法作画。

②引导幼儿体验美术活动的乐趣。

③培养幼儿良好的卫生习惯。

活动案例

大班文学活动——蜗牛城的故事[①]

活动目标:

1. 让幼儿在系列活动中理解作品内容,重点把握作品人物形象的特点,并感受文学作品语言艺术的美。

2. 进一步发展幼儿的想象力和动手力。

3. 为幼儿提供交往机会,促进幼儿交往能力的发展。

活动准备:手偶、制作各种通讯设备的材料。

---

① 赵寄石主编《幼儿园课程指导丛书·语言》南京师范大学出版社,第172页。

活动过程：

活动一 童话教学

1. 教师有表情地讲述故事,帮助幼儿理解作品内容,利用教具演示,激发幼儿兴趣。

2. 提问:开始时蜗牛城是什么样的,居民们怎样联系的?结果怎样?有了电话以后生活又是怎样的?引发幼儿对作品内容的思考。

3. 分析蜗牛姑娘的性格特征,帮助幼儿了解作品中电话出现的过程,是如何安装的?小朋友家的电话又是如何安装的?

活动二 理解体验作品

1. 组织幼儿参观电报电话大楼、邮电大楼、电视塔、飞机场、火车站等,了解现代化设施优越性,为幼儿讲述其发明过程。

2. 幼儿亲自打一打电话,体验运用现代通讯工具的滋味。

3. 引导幼儿认识喇叭花与电话之间的关系。

活动三 制作"现代化交通通讯设备"

1. 为幼儿提供材料,鼓励幼儿大胆、创造地制作高科技作品。

2. 可分成各组:①通讯类:电话、手机、寻呼机、传真机、电脑等;②交通类:飞机、宇宙飞船、空中列车、摩托车等;③其他高科技作品。

3. 教师为幼儿提供各种便利,适时地给予技术指导。

活动四 去蜗牛城游玩

1. 教师可饰"蜗牛城"的居民,与幼儿交流。居民还可以请个别幼儿扮演,分散游戏时可以让幼儿自己设定角色,开展"打电话"游戏。了解"蜗牛城"居民的生活状况,与它们交朋友,打电话时要有礼貌,吐词清楚,语言准确。

2. 把自制的作品送给"蜗牛城"的居民们,并向"蜗牛城"的居民介绍自己的作品。介绍时,要求幼儿说明其名称、用途,重点介绍使用方法。

3. 在"蜗牛城"办个展览,陈列出幼儿的作品,互相观赏评价。

附:

蜗牛城的故事(冰波)

有一个蜗牛城,城里住着的都是蜗牛。

蜗牛城里很安静,很干净,环境也很美。可是就是有一样不好,这里的时间好像过得太快了。

城南的荷花开了,蜗牛小伙子写信请城北的蜗牛姑娘来看荷花,蜗牛姑娘立刻赶到那里,可是没有看到荷花,而是看到梅花,因为那里已是冬天了。

城北的蜗牛姑娘请城南的蜗牛小伙子来吃葡萄。等小伙子赶到,葡萄早没了,吃到的是冬天的青菜。

为了这些事,蜗牛们常常会吵架。后来,聪明的蜗牛姑娘终于明白了,不是时间过得太快,而是蜗牛爬得太慢,联系起来很不方便。

于是,这个蜗牛姑娘就到远方爸爸那里,要了一颗花籽。这是一颗神秘的花籽。

蜗牛姑娘一回到家,就把它种了下去。花籽发芽了,藤长出来了。藤很快地生长,沿着一户户人家攀爬着。到了夏天,藤上开出很多喇叭花,每一户蜗牛家的窗口都开了朵花。

蜗牛姑娘对着一朵花叫一声:"喂——"每一朵花里都响起这个声音:"喂——"。

蜗牛姑娘对自己说:"太棒了!"她爬到牵牛花的根部,开始忙起来。她忙什么呢?她在装电话,把藤的根部,改装成一部电话。

忙了三天,电话总机装好了。全蜗牛城的电话都可以接通。

蜗牛城里到处是牵牛花电话。有了电话,什么事都不会耽误了。

就是因为有了电话联系,城南的那个小伙子,后来和城北的那个蜗牛姑娘结婚了。

那个发明牵牛花电话的蜗牛姑娘,还是每天忙着在总机接电话。

评析:

童话《蜗牛城的故事》采用拟人手法,勾勒出一个城市形象,一群可爱的市民形象,以及它们渴望现代文明的心理。作品重点塑造了蜗牛姑娘,它积极利用现代化手段,使居民加深了联系,也体味到联系的好处。

该教师在设计这一童话故事教学时,采用系列小活动,通过"欣赏理解—参观体验—动手制作—作品展览"来帮助幼儿理解作品内容,了解现代文明。四个小活动紧密相扣,这种联系是通过上一活动结束与下一活动主题来进行的。如"活动一"采用的是总结归纳式结束,并将幼儿从虚幻的作品中引导入实际中去;"活动二"采用的是自然渠成式结束,又将幼儿从实际直观中引入制作活动;"活动三"采用的是操作练习式结束,再将幼儿从操作活动引出作品展览最后又到总结归纳,幼儿互评,全部活动结束。整个系列活动紧扣主题,丝丝相连,因此,这一活动方案的设计是成功的。

结束艺术评价指标:

1. 达成目标;
2. 巩固新知;
3. 拓展升华;
4. 时间得当;

5. 呼应主题；
6. 精炼简洁；
7. 留有余味。
8. 生动有趣。

四、节奏艺术及训练

(一)节奏艺术的含义及意义

教学活动的节奏艺术,是指教师教学活动的组织富有美感的规律性变化。幼儿的生理心理活动是有规律和节奏的,如肌肉松紧、神经张弛,有意性和无意性的转化等,这就要求幼儿园的教学活动必须重视节奏效应和节奏美感。"节奏是一切艺术的灵魂"(朱光潜),一堂成功的教学活动课犹如奏乐,按照主旋律,曲调抑扬顿挫,音节疏密相间,节奏明快和谐,各个环节紧扣相连,整堂活动的节奏体现音乐性,就会给人以艺术享受。如果教师一堂活动课都用一个音调,平铺直叙,幼儿会感到乏味;音调太高太尖,会刺耳;太低又听不清;语速过快过慢,容易使幼儿疲倦。因此,教学作为一门艺术,要提高效率,增强感染力,不能不注意教学的节奏。

教学节奏能赋予教学活动特有的艺术魅力。教师在教学中借用重复、突转、强弱、曲折、缓急、间歇、复沓、交替、明暗、动静、交换等艺术手法,形成起伏有致、张弛交错的教学节奏,能使师生双方情感发展波澜起伏,此消彼长,构成教学艺术内在动律,使教学产生一种韵律、流动之美,具有撼人心弦的艺术魅力,达到教学审美心理共鸣。

(二)节奏艺术应遵循的要求

1. 快慢得宜,疏密相间

教学节奏中的快和慢是就教学进程中的速度,疏和密是就教学内容的密度而言的。教学速度的快慢安排,应根据教学内容各部分、教学活动各步骤的时间分配比率,以及教学重难点安排而定,最理想的效果是"快节奏加慢镜头",张弛相间,快而有度,稳而有序。以引导幼儿时停、时续、时急、时缓,不断激起思维的波澜。幼儿易懂的内容可以一带而过,重难点内容则应放慢速度;两个小步骤之间的过渡可以快些,而两个大步骤之间的过渡则需慢些;一般内容要交代,则简洁地讲;活动引入,结束宜快,时间不能拖得太长。教学中的快慢节奏交替出现可以使教学组织结构顺畅自然,如行云流水。

为了更好地帮助幼儿接受教学内容,教师课堂教学内容的密度也应注意疏密相间。"疏可走马,密不透风",是不适应幼儿园教学的,因为构成教学节奏的疏和密,将影响幼儿心理感受的变化。间隔大、频率小、速度慢的节奏,给人以徐缓、轻松的感觉;间隔小、频率大、速度快的节奏,给人以急促、紧张的感觉。这样的疏密相间,则会给幼儿带来有张有弛的节律,保持旺盛的精力。

2. 动静结合,调节气氛

幼儿园教学活动的动静交替是被普遍运用且适合幼儿身心特点的一种外部表现形式,它有助于消除幼儿疲劳,保持注意力,提高教学效率。教师组织教学时,要巧于安排教学方式,使之有动有静、动静结合,如把教师讲幼儿听,幼儿操作教师指导、教师演示幼儿观察,幼儿自学教师辅助,教师设问幼儿回答,教师提问幼儿讨论等教学双边活动,按照科学有机组合搭配起来,使教学活动在动静交替中有节奏地进行,通常是静在前,动在后,小动在前,大动在后。针对幼儿特点,教学活动中设计游戏、儿歌、儿童歌曲、小实验、小制作、表演等活动,来调节幼儿大脑,使其在紧张而又愉快的气氛中学到更多的知识技能。

3. 起伏有致,抑扬顿挫

教学过程贵在曲折起伏,跌宕有致,才能富于变化、引人入胜,而如果只是一味地平铺直叙,那就乏味了;但如果让幼儿较长时间处于兴奋激动水平,又会影响学习效果。为此,教师要精心安排教学的开始、发展、高潮和结束,以使教学过程呈现波浪式状态。这种起伏状态与教师教学中的语言关系密切,教学语言尤其是抑扬顿挫的语言可明显增强表达力和感染力。研究表明:人在一种单调的声音刺激下,大脑皮层会很快进入抑制状态。而抑扬顿挫、具有节奏感的教学语言,则是打破这种单调的催眠刺激,提高教学效率的有效手段。但教师教学语言的抑扬顿挫要有适当的调控,不致过强过弱,过急过缓,做到流畅连贯、富有动感,才是真正的艺术体现。

4. 起承转合,整体和谐

教学活动起承转合中的每一细节,都应精心设计、组织,才能真正将一堂课打造成精美的艺术品。课堂教学的节奏艺术必须综合考虑,巧妙安排,使内容与手段、方式与方法、环节与步骤搭配合理,衔接统一,融洽有序,以构成整体节奏的和谐美。教学活动的节奏还应存在于由始而终的渐变之中,符合一种有生气的变化规律,体现出一种流动美,使整个教学活动节奏分明,充满活力。具有整体和谐的教学节奏艺术的教学活动,可以给幼儿美妙的艺术享受,在愉悦状态中接受深刻的教育,同时也体现了教学艺术的水平。

(三)节奏艺术的类型

1. 教学内容节奏

内容节奏是指教学内容各部分的安排和节奏调节的一种组织形式。教学节奏的形式是为数学内容服务的,不同的教学内容,可以采取不同的教学节奏,有的教学内容可采取活泼、欢快、轻松的教学节奏,有的则采用端庄、紧凑的教学节奏,在具体教学过程中,教师可通过教学的速度、密度、力度、强度和激情度等有规律地穿插复沓、交替呈现来实现教学内容的重点。如小班科技活动"冷冷的冰"。该教师根据冰的属性分四个层次设计,每个层次既重点突出,层次与层次之间又注意有机的过渡,层层推进,形成起伏有致、动静相生、起承转合的教学节奏。教师首先出示小朋友前一天放进冰箱里的果冻盒,让幼儿摸摸、玩玩小冰块,说说有什么感觉(静——动——静)。教师接着强化教学节奏,使幼儿大脑进入紧张状态:请幼儿探索冰融解成水的方法。任务完成后,教师又进一步加强教学强度:比较纯水冰和盐水冰溶解的速度。当幼儿通过操作、观察发现答案后,幼儿又一次放松,教学节奏又一次舒缓,教师再一次加强教学节奏:调制冷饮,幼儿再一次紧张而又兴奋地调制、品尝冷饮。这样一张一弛往前推,幼儿的操作能力和思维也不断地得到调动,直到活动结束时,幼儿仍不停地摆弄冰块,学习兴味仍浓。

2. 教学时间节奏

时间节奏是指数学过程的时间分配,在最佳时间用最少、最巧时间完成教学活动主次任务和轻重点的一种组织形式。幼儿园教学活动时间短,更需注重时间效益,每一活动的导入、基本、结束部分不应一个基调,相同节拍,而应该在力度、速度、密度以及激情度等方面有所侧重，有所区别。每一部分要形成相应的教学节奏，并与整体教学节奏相协调，使整个教学节奏井然有序，错落有致，这样才能体现出部分教学节奏功能之和大于整体教学节奏功能，产生"1＋1＞2"的教育效益。如一大班教师组织的科学活动"有趣的热膨胀"。教师给每组幼儿发一个瘪乒乓球，幼儿马上嚷起来；"瘪的，不能打"。教师引导幼儿将乒乓球放进热水杯里，"乒乓球不瘪了"，在幼儿的惊奇和兴趣中，教师顺势引出热膨胀现象（该环节约4分钟）。第二个环节是"看一看，讲一讲"活动（时间约5分钟），教师放幻灯片，要求幼儿根据幻灯片内容联系实际讲述原因，然后教师小结。这两个环节在力度、强度上趋于平缓，环节转换也很自然，教师的出发点是让幼儿尽量多地了解热膨胀现象，为教学高潮的形成作铺垫。当幼儿了解了热膨胀现象后，教师将活动引入第三环节"小制作：五彩喷泉"（时间约6分钟），幼儿用现有材料、物品等自己动手做实验，直接感知热膨胀现象，教师小结。教学节奏明显由缓转急，由弱转强，由静转动，由松转紧，教学高潮也由此形成。在幼儿兴奋中进入第四环节活动，联系生活中的热膨胀现象，如温度计、铁轨等请小朋友谈谈自己的认识（时间约4分钟）。教学节奏又由强转弱，由急转缓，幼儿对热膨胀现象有了更进一步的认识，最后一环节活动"爆玉米花"（时间约5分钟），教师告诉幼儿：我们都吃过玉米花，今天我们自己来爆玉米花吃。小朋友兴趣一下又被调动起来，当教师从微波炉里取出胀鼓鼓的袋子时，小朋友惊奇万分。活动在幼儿品尝中结束。教学节奏由松转紧、由弱转强，形成一个教学小高潮。整个活动过程教师没有刻意去设计导入和结束，而是通过环节的巧妙转换形成起伏有致，张弛交错的教学节奏。每一个环节功能各异，合在一起就产生了一种整体功能。

3. 教师语言节奏

语言节奏是指教师运用口头语言和身体语言的变化、转换来形成教学节奏的一种组织形式,教师的教学语言,要做到抑扬顿挫,有教学节奏感。在教学时语速要有变化,对于幼儿难以理解及重要的教学内容要慢。反之则要适当加快,语调也要有变化,需强调的或重要的内容,语调可略高,其他内容可略低,具体到每一句话,也要根据具体情况,重要的词语可说得更响亮一些,以引起幼儿的注意;语调是话语间的高低、强弱、快慢、升降、停顿、重音等综合作用的结果,教师语调富于变化,易于形成教学节奏。语气也是教学语言中增强教学节奏感的重要一环,可用于教师表达感情和教学内容以及自己意图。此外,教师还借助眼神、表情、手势、身体动作等身体语言配合口头语言来形成教学节奏,如教师口语低沉缓慢时,神情要庄重,动作幅度不宜过大;教师口语欢快轻松时,神情要愉快,动作也要轻盈活泼;教师语气突然停顿,动作也要静止少动;教师语调升高,动作亦应随之而生。两者相互促进,相得益彰,教学节奏动感十足,体现一种动态美。黎泳文老师组织的教学活动《学习正号和负号》就是应用教学语言来调整教学节奏的,如说"零下1度就是-1……零下5度就是——"这种停顿就比说"零下5度是什么"效果就好多了;当师生边做手势边数"+1,+2……+10"时,小朋友还拖着余音,老师突地高声发问"+100到哪里去了"?这一高推让小朋友为之一振,一缓一急,宛如"嘈嘈切切错杂弹,大珠小珠落玉盘";再如,用慢而略沉的声音说"小乌龟想到楼上的大象家去玩,它不知道从'0'往上走,该走正还是负哦?"接着用快而高的声音追问"正几呢?数一数"。这种借用语言的突转、强弱、缓急、中断、快慢、升降的艺术手法,形成起伏有致的教学节奏,使教学产生出一种韵律之美、流动之美。

4. 幼儿学习节奏

学习节奏是指在幼儿学习活动中教师根据幼儿的身心年龄特征来形成教学节奏的一种组织形式。这种形式更多地考虑到幼儿本身的生理特征和心理特征的规律，是科学儿童观和教育观的体现。在教学活动中，教师应根据幼儿大脑分工特点来调整教学节奏。幼儿大脑左、右半球各有不同功能，左半球以逻辑思维为主，右半球以形象思维为主，两者既有分工又是一个整体。如果教师教学时，习惯于让幼儿用一半边大脑思维，幼儿很快会乏味的；如果某一活动偏助于某一半边大脑思维，教师可用一些方法、手段让另一半边大脑也活跃起来，是有利于幼儿学习的。因此，音乐教学活动不能单纯是唱歌或者欣赏，可加入表演、游戏、儿歌学习等活动；数学教学活动不能单纯是数概念、几何图形的教学，可穿插游戏、操作、歌唱、制作等活动；体育教学活动也不应单纯开展身体动作训练或学习体操，可辅以儿歌、音乐、游戏等活动。让幼儿大脑两半球交替思维，通过节奏交换来增加幼儿学习兴趣，提高教学效率。

此外，幼儿自控能力差，有意注意时间短，兴奋性强，好奇好动，长时单调的学习易厌倦疲劳，幼儿的这些心理特点决定了教学节奏须做到鲜明活泼，进程变化快，有一定的跳跃变化，适当增加教学密度，而不能始终为慢节奏。如果通过教学节奏，使幼儿学习的外部教学的节律与幼儿心理节律、特点尽可能一致，节拍尽可能达到和谐，这样便可以减少幼儿身心疲劳，有利于产生最佳教育效益。

(四) 节奏艺术的训练与评价

1. 训练目的

一个不争的事实是：教学活动进程是有节奏的；另一个不争

的事实是:多数教师感到这种节奏艺术可望而不可即,体验不到教学节奏艺术掌握所产生的乐趣,来自这种艺术的引力不能转化成教师自身的动力。教学节奏艺术是教学过程中各种可比成分如教学的强度、力度、速度、密度、重点度、激情度、转换度等和教师本身素质(知识、能力、水平)以及教师创造性等众多因素综合作用的结晶。这种艺术包括了掌握、创造、表现节奏艺术,它实际是一种创造性的能力与方法,任何能力与方法都是可以被掌握并表现出来的。为此,必须精心构思教育意图,设计教学环节与步骤,科学把握教学节奏的要求与特点,积累经验,不断提高自身素质,将掌握的节奏艺术知识与教学实践完美结合起来。

2. 训练内容:

(1)请认真研究一下大班数学《学习"正号和负号"》("高潮艺术"活动实例)、大班科学"水族馆"("导入艺术"活动案例)。结合所讲的教学节奏艺术知识和你的教学特点,重新设计适合于自己的教学艺术。

(2)观摩他人成功的教学活动,试从教学节奏艺术方面进行分析,取舍加工后,你自己在教学中实作一次并再次自我分析。

(3)从你自己成功的教学活动中选出一例,分析教学节奏艺术的运用,再实作一次。

(4)下面几例幼儿园教学活动,请从教学内容节奏、教学时间节奏、教师语言节奏、幼儿学习节奏艺术或它们的综合运用方面进行构思、设计教育活动方案,并实作。

①大班社会"我怎么办"

活动目标:培养幼儿初步的处理突发事件的能力和初步的应变能力。

②中班美术"树叶印画"

活动目标:

a.引导幼儿学习在树叶上较均匀地涂色并印画的技能;

b.鼓励幼儿多动脑筋,用树叶印出多种形象;

c.引导幼儿养成良好的操作习惯。

③大班语言——文学活动"亮石头"

附:童话　亮石头

森林里,一堆篝火刚刚熄灭,火堆旁有一块亮晶晶的石头。小猴子走过这里,踩着石头滑了一跤。他奇怪地捡起石头,真怪!只见石头里一只小猴冲他直笑。天亮了,猴子手上的石头被太阳照得变成一个特别亮的白点,树上的小鸟们看见了挺生气,飞过来用嘴拼命地啄白点。小松鼠被吵醒了,也跑过来举起小爪子使劲地抓白点,山猫看见了,也敏捷地去抓,怎么也抓不到。

小猴子看着他们的样子,哈哈地笑啦。他抖着手腕,东晃西照。大伙这下才发现了白点的秘密,都拥上来抢石头。混乱中,亮石头掉在地上,啪的一声,摔成了碎片。这亮石头原来是猎人丢失的一面小镜子!

活动案例及评析

活动名称:不做糊涂蛋

活动班次:小班

活动目标:

通过在活动中听听、讲讲、做做,让幼儿学习简单的生活经验,增强自我保护意识。

活动准备:

用立体活动教具设置情景,卡通人物"糊涂蛋"大卡片(造型与《白雪公主》中一小矮人叫糊涂蛋的类似),各种食物和玩具。

活动过程:

一、介绍小客人"糊涂蛋",引起幼儿兴趣。

教师出示"糊涂蛋"卡片。提问:你们看过动画片"白雪公主"吗?知道这个小矮人叫什么吗?为什么叫他糊涂蛋呢?

二、创设情景,教师边操作活动教具边引导幼儿讨论。

1. 情景(一)

早上空气真正好,糊涂蛋呀起得早,穿着拖鞋去晨跑,一二一,一二一,哎呀呀……

提问:

①猜猜发生了什么事?

②糊涂蛋能跑快跑远吗?为什么?

③为什么不能穿拖鞋跑步?

④跑步时应穿什么鞋?

⑤其他的鞋子应该什么时候穿?

小结:小朋友爱动脑,知道什么时候穿什么鞋。我们跑步时就应穿上运动鞋,又舒服又跑得快。糊涂蛋呀真糊涂,穿着拖鞋去跑步,快快换上运动鞋,锻炼身体真舒服。

情景(二)

糊涂蛋回家路上,看见许多小鸟在天上飞来飞去,真快乐!天上是什么样子呀?我也想飞到天上去玩玩。他搬来椅子爬上去,张开双臂,闭上眼睛,一二三,飞啦!只听"哎哟"一声……

提问:

①猜猜糊涂蛋怎么样了?

②糊涂蛋能飞到天上去吗?为什么?

③谁能飞到天上去?

④人有什么好办法也能飞到天上去?

小结:小朋友动脑筋,想出那么多好办法,真是小机灵。糊涂蛋呀真糊涂,想学小鸟飞上天,结果摔个大跟斗。

情景(三)

糊涂蛋来到幼儿园,看见红红的玩具大苹果,肯定又香又甜吧?糊涂蛋张开大嘴,"啊呜"一口咬下去……

提问:

①这个大苹果为什么不能吃?

②(出示脏苹果)这个苹果能不能吃?为什么?吃了会怎样?

③还有什么东西不能吃?

小结:玩具、脏东西都不能吃,糊涂蛋呀真糊涂,"啊呜"一口咬苹果,牙齿碰痛直甩头。

三、练习活动

1. 今天老师带来许多东西,有的是食品,可以吃;有的是玩具,不能吃。小朋友动动脑筋找一找,什么可以吃,什么不可以吃。

2. 小结:小朋友呀真聪明,吃东西前想一想,玩具、脏东西不能吃,我们不做糊涂蛋。

(改选自重庆幼师《幼儿园教育活动参考〈社会〉》)

评析:

《不做糊涂蛋》是根据小班幼儿的生活经验和认识水平选材设计的。活动通过几个有趣的情景、可爱的人物造型及简洁明快的儿歌语气,让孩子在听听、讲讲、做做的轻松气氛中,学习简单正确的生活经验,增强、提高幼儿的自我保护意识与能力。

这个活动方案的精彩设计,得益于设计者对教学节奏艺术的深刻领会与操作。无论是从教学内容、教师语言、时间分配还是从幼儿学习特点把握方面都体现出了节奏艺术,即是说设计者将内容节奏、语言节奏、时间节奏、幼儿学习节奏综合运用起来形成整体和谐、错落有致的富于美感的节奏艺术。再从方案设计本身看,三个情景活动和一个练习活动,设计者采用松—紧—松、缓—急—缓、静—动—静、弱—强—弱的方式运行并伴以转折、间歇、交替、变换的艺术手法形成张弛交错、此消彼长的教学节奏,构成了教学艺术的内在动律。整个活动过程主线突出、层次清晰,融情、趣、动、静为一体,生动活泼而富有新意。

节奏艺术评价指标:

1. 速度—快慢得宜
2. 密度—疏密相间
3. 环节—起伏有致
4. 语言—抑扬顿挫
5. 结构—整体和谐
6. 审美—动态艺术
7. 情感—心理共鸣
8. 效果—高度效益

第三章

幼儿园教学方法的选用艺术

迄今为止,人们对教学方法的认识不尽统一,给教学方法下的定义也各不相同,但在以下几点上却是取得了共识的:(1)教学方法与教学目标相联系,是实现目标不可缺少的工具;(2)教学方法是师生共同完成教学活动所采用的手段,而并非单指教师的工作方法,是"教"法与"学"法的统一;(3)教学方法的功能是多方面的,既可凭借教学方法使学生掌握知识、技能,也可凭借教学方法使学生形成思想品质和审美观点,发展他们的能力和创造素质;(4)教学方法是师生活动的方式、步骤、手段和技术。因此,本书中将教学方法界定为:教学方法是指在教育教学活动过程中师幼双方为实现一定活动目的而共同进行并相互作用的活动方式的总称。

教学方法是构成教学活动的重要因素之一,教学方法的选用有重要的意义：

首先，教学方法是联结教师与幼儿的重要纽带。正是通过有效的教学方法而将教师的教学活动与幼儿的学习活动有机地联系起来，使教师与幼儿共同为实现教学目标而活动。

其次，教学方法的选用直接关系着教学目标的有效达成。恰当的教学方法能提高教学活动的质量和效率，好的方法可以使人们"免得走无穷无尽的弯路，并节省在错误方向上浪费的无法计算的时间和劳动"（恩格斯），有效地达成目标。

第三，教学方法的选用直接影响着幼儿身心的健康发展和良好师幼关系的建立，正如皮亚杰所指出的："良好的方法可以增进学生的效能，乃至加速他们的心理成长而无所损害。"而不好的教学方法则可能会使学校成为"才智的屠宰场"。[①] 因此提高教师教学方法的选用艺术，是提高幼儿园教学活动质量的关键。

一、幼儿园常用的教学方法

（一）启发式教学法

1. 启发式教学法的含义及特点

启发式是指教师在教学过程中，依据学习过程的客观规律，最大限度地调动幼儿的思维和学习积极性的教学方式。

例如，在一次玩"墨迹图"的活动中，教师先引导幼儿自制墨迹图，然后启发幼儿：看一看，说一说墨迹图像什么？转动墨迹图，变换角度看看它还像什么？谁能和别人想得不同，说得不

---

① 田慧生，李如密著《教学论》，河北教育出版社1996年12月版，第208页。

同？最后教师让幼儿做出多个墨迹图,启发幼儿将这些墨迹图组合在一起,再编出一个好听的故事。幼儿在这一活动过程中做了还想做,讲了还想讲,获得极大的满足。

从以上活动实例看出,启发式教学法具有以下特点:

(1)注重激发幼儿的学习兴趣和参与活动的主动性、积极性,使幼儿愉快地参与到活动之中。

(2)注重调动幼儿的心智活动,提供给幼儿一种自我探索、自我思考、自我表现的机会。

(3)注重建立民主、和谐的师生关系,师生双方相互尊重、相互信任、相互配合、相互促进。

2. 启发式教学法的类型及操作要求

(1)比喻启发

比喻启发指教师用具体形象、幼儿熟知的事物作比喻,激发联想,引导进行对照,启迪思维的一种启发式方法。比如,在学习"相邻数"的活动中,教师为了让幼儿理解"相邻"的含义,用邻居来作比喻,这样,能化难为易,幼儿容易掌握、理解。

使用比喻启发应注意以下要求:

①在讲解较抽象的概念、道理时需要借助比喻,以帮助幼儿理解。

②比喻的事例选择要形象、贴切、恰当,为幼儿所理解。

③讲述比喻时要生动。

(2)故事启发

故事启发指教师通过故事启发幼儿想象和思维,让幼儿明事理和进行行为模仿的一种启发式方法。比如,要教育幼儿爱护环境卫生,教师可通过故事让幼儿明白道理,并模仿故事中人物的行为,这样能克服枯燥说教的做法,寓情寓理于故事中,使幼儿受到生动形象的教育。使用故事启发时应注意:

①故事要典型、生动,为幼儿所喜爱和接受。如,要让幼儿知道节约用水,保护水源的道理,教师可将动物拟人化,讲"森林里的动物"的故事。通过森林里动物们在有水和缺水的情形下生活的情况,使幼儿受到生动的保护水源教育。

②讲故事的方式可多样化,如:情景表演、木偶戏等,还可以配图片、幻灯、电视等。

③讲故事后应根据目标和故事主题提出思考性问题,以帮助幼儿进一步明事理并达到目标要求。例如,小班社会活动"我们不上当"主要目标是:能不随意离开集体和成人,不接受陌生人的玩具、食品,有初步的自我保护意识。活动采用了故事启发的方法,在用木偶戏的方式讲述故事"冬冬不上当"后,教师提问:陌生人给冬冬玩具、食品时,冬冬是怎么做的?陌生人要抱冬冬走,冬冬又是怎么做的?以后小朋友遇到陌生人应该怎么做?通过这样的提问和讨论,有效地达到了目标,在后面的模拟游戏中,幼儿都能像冬冬那样不上陌生人的当。

(3)直观演示启发

直观演示启发是指教师通过展示直观教具、实物或进行实验演示,启发幼儿观察并获得感性经验的方法。采用这种方法可以使幼儿获得丰富的感性材料,加深对事物的印象,同时可以激发幼儿的兴趣,集中注意力。

直观演示大体可分为四种:图片、贴绒教具演示;实物、标本、模型演示;幻灯、录像、多媒体演示;实验演示。

运用直观演示启发法应注意以下要求:

①要使全体幼儿都能看清演示对象,在幼儿头脑中形成比较鲜明的事物表象。演示的教具或实物不能太小,否则影响幼儿观察;演示时教师站的位置和手势动作都不要遮挡幼儿的视线。

②在演示过程中,要善于启发幼儿观察演示的内容,尽可能启发幼儿运用多种感官感知事物,发现事物的主要特征及联系。

③演示要与讲解和讨论相结合,启发幼儿边观察边思考,引导幼儿思维由形象向抽象发展。如,在综合活动"扩散"中,要让幼儿了解气味这一无形物体的扩散现象,教师拿出一瓶香水,打开瓶盖喷出一点并提问引导幼儿讨论:你们闻到了什么气味?为什么香水瓶上的小孔喷出的香味我们大家都能闻到呢?还有哪些气味可以扩散?这样演示与讨论结合,促进了幼儿积极的思维活动,能有效地达到目标。

④演示操作要熟练。如果教师操作不熟练,甚至操作有误,会让幼儿形成错误的认识。

(4)设疑启发

设疑启发是指教师通过设置问题情景或提出疑问,启发幼儿思考并解决问题的方法。

例如,在体育活动——"好玩的报纸"中,每位幼儿有一张旧报纸,教师提出疑问:报纸能不能用来锻炼身体?有哪些玩法呢?带着这些疑问,幼儿进行尝试,结果发现报纸可以用作锻炼身体的器具,可用它做跳、跑、投、踢、平衡等活动。

又如,在社会活动——"大家一起玩"中,教师让幼儿分别玩风筝、小汽车,并设置问题情景:风筝、小汽车个数少于幼儿人数,玩耍时一些幼儿没有玩具。怎么让大家都能玩得高兴呢?在这样的问题情景中,幼儿找到了解决问题的办法,他们两人一起玩、轮流玩,大家都开心。

从以上两个例子我们看出,设疑启发通过创设悬念,造成幼儿认知冲突,能激发起探究的欲望,调动幼儿活动的积极性,并体验到惊奇、欢乐和自豪。

运用设疑启发方法时应注意以下要求:

①提出的疑问或创设的问题情景应能有效达成活动主要目标,如果问题情景与目标相距甚远,那么再好的问题情景也是无意义的。如,在"我是小小设计家"的活动中,教师预定的主要目标是:能选用喜爱的方法画出自己心中的家乡,有与别人想得不同、画得不同的愿望。而在活动开始时,教师提出的疑问是:你在街上看到了什么?如果你想看到海底世界、宇宙太空怎么办?这一疑问显然与主要目标毫无关系,对于达成目标没有一点启发意义。

②疑问提出后要给幼儿充分思考、讨论、尝试、探索的机会,并引导他们自己解决问题,这是设疑启发的关键。但我们往往看到有的教师提出疑问后,不等幼儿思考、讨论,马上就说出结论或告诉幼儿该怎么做。例如,在认识了解"空气"的科学活动中,教师请幼儿玩耍塑料袋,让塑料袋鼓起来,然后教师提出疑问:"塑料袋为什么鼓起来了?"不等幼儿回答,教师又接着说:"我们的周围有空气,塑料袋里也装进了空气,是不是?"这本应是幼儿经过思考、讨论得出的结论,却让教师包办代替了。

③一个活动中提出的疑问和创设的问题情景不宜太多,否则满堂疑问解不完,会影响幼儿参与活动的积极性。

(5)类比启发

类比启发指教师利用幼儿的感性经验,通过对两种事物的概括化认识,引导幼儿由此及彼,举一反三,触类旁通地获得对其他事物的认识的方法。

在幼儿园,教师经常运用事物的种属关系、因果关系、场所关系、整体与局部关系、相反关系以及事物的外形和功能进行类比启发,以调动幼儿思维的积极性,培养迁移能力,促进幼儿初步逻辑思维的发展。例如,在认识交通工具的活动中,教师出示图片:

汽车	飞机	轮船	火车
公路	天空	?	?

引导幼儿观察前两组图片的关系,然后请幼儿在画有立交桥、河、草地、铁轨、救火车的图片中选出与前两组图片关系一致的图片摆在空格里。

又如,在"小金鱼浮起来"的科学活动中,教师为每个幼儿准备了一瓶清水、一只胡豆做的小金鱼、糖、盐,请幼儿运用这些材料让小金鱼在水里浮起来。在一些幼儿感到困惑时,教师用以前玩过的在水里加盐或糖,把鸡蛋放在水中浮起来的游戏启发他们,引导他们运用这一经验做小金鱼浮起来的实验,有效地培养了幼儿的经验迁移能力。

运用类比启发时应注意:

①根据幼儿年龄特点,类比启发时应选用贴近幼儿生活经验的内容,并辅以直观教具。

②运用的事例要典型,能唤起幼儿的联想去解决问题。

③引导幼儿观察两组事物时,注意概括出它们的关系。如,在智力学具活动中,幼儿玩"找朋友"的游戏,有这样几幅图:

玉兰花	香蕉	椰子	菊花
梅花	?	桃子	?

鹰	虎	黄鹂	狮
燕	鹿	猫头鹰	?

教师应注意引导幼儿观察每两组图片的排列关系,概括出

它们的排列规律，以启发幼儿推想出有问号的空格该摆什么画面。

(6)点拨启发

点拨启发指在活动过程中，幼儿思维受阻引起认知过程中断时，教师给予指点、启发的方法。这一方法的采用，可以开阔幼儿思维，帮助其排除思维障碍，培养逆向思维和多角度思维能力。下面是语言活动——"用'喜欢'说一句话"的片段实录，我们看看这位教师是怎样点拨启发的：

师：请小朋友说一说，你喜欢什么？

儿：我喜欢小白兔，它白白的毛摸起来很舒服。

儿：我喜欢小狗，它最愿意我去逗它玩。

儿：我喜欢小猫，它要抓老鼠。

儿：我喜欢我家的小鸟，它的嘴是红红的，叫起来声音很好听。

师：小朋友都很喜欢小动物，除了小动物以外，你们还喜欢什么？

儿：我喜欢过生日，因为过生日可以吃生日蛋糕。

儿：我喜欢妈妈给我买的新衣服，穿起来很漂亮。

儿：爸爸给我买了一本《奥特曼》的书，我很喜欢。

师：小朋友还喜欢做什么事呢？

儿：我最喜欢到公园去玩，那里有很多好玩的玩具。

儿：我喜欢跟爸爸妈妈到河边去放风筝。

儿：我喜欢和哥哥去踢足球，我和哥哥轮流当守门员，他比我踢得好。

我们可以从以上例子看出，在教师的启发点拨下，幼儿的思维逐渐开阔，谈话的内容也逐渐丰富。

又如，在一次分类活动中，每位幼儿有 4 红(两长两短)、4

黄(两长两短)的纸棒,教师请小朋友试一试将这些纸棒分成两组,有哪些分法?有两位小朋友坐在那儿不知该怎么办,这时教师启发他们"看看纸棒有几种颜色,比比纸棒的长短,想想可以怎么分"。幼儿的思维在教师的启发点拨下豁然开朗。

运用点拨启发方法时要注意:

①点拨启发应在关键处,应在确实幼儿思维受阻时,否则会成为包办代替。

②点拨启发的语言要简明扼要,不要啰嗦拉杂。

③可在不同类型的活动中,选用归纳点拨法,即:对幼儿的讨论发言从类别等方面给予归纳,并进行点拨启发的方法;对比点拨法,即:通过正与反或同类、异类事物之间的对比,进行点拨启发的方法;典型经验点拨法,即:从幼儿发言中提取出有价值的部分或运用教学中典型范例进行点拨启发的方法;联想发散点拨法,即:对某一内容要点,引导幼儿进行联想和发散性思维的点拨启发方法。

3. 运用启发法练习及评价

实例一:[①]

班　　级:大班

活动名称:健康领域活动——这些食品要少吃

活动目标:

1. 让幼儿知道糖果、巧克力等甜食吃多了会影响食欲,诱发龋齿,罐头食品和腌制品对人体有一定的副作用。

2. 培养幼儿初步地控制饮食的能力。

活动过程:

---

① 张慧和、顾荣芳主编"幼儿园课程指导丛书"《健康》(大班),南京师范大学出版社,第56页。

1. 教师和两名幼儿一起表演"猴妈妈上街回来":

妈妈拎着包回来了,敲门。猴弟弟:"妈妈买了这么多的糖果和巧克力,我真想吃。"猴弟弟吃糖,还递给姐姐一块。吃完后,猴弟弟又连吃两块,姐姐说:"我就吃一块。"妈妈说:"对,只能吃一块,吃多了牙齿会变坏的。"

猴弟弟吃完糖,又去拿巧克力,自己吃一块,又给姐姐一块。吃完后,舔舔嘴唇,说:"巧克力真好吃,我再吃两块,姐姐想不想再吃?"姐姐说:"我也想吃,但吃多了,饭就吃不下去,我还是不吃了吧。"妈妈说:"姐姐说得对,巧克力吃多了饭就吃不下去,就会影响身体。"可小猴弟弟还是忍不住,他吃完了三块巧克力。

2. 启发讨论:

(1) 应该表扬猴弟弟还是猴姐姐?为什么?

(2) 糖果和巧克力为什么不能多吃?

(3) 还有哪些东西和糖果、巧克力一样不能多吃?

3. 出示水果罐头、香肠,引导幼儿讨论:这些东西能不能多吃?为什么?

思考:这个活动采用了哪些启发法?如果请你重新设计第三个活动环节,你可以采用什么启发法?

实例二:[①]

班　　级:大班

活动名称:数学活动——比比、看看

活动目标:感知物品整体与部分的等量关系与包含关系,知道整体可以分成若干部分,若干部分合起来等于整体,整体比每一部分大,每一部分比整体小。

---

① 申毅主编《幼儿数学智能起跑线》活动95,西南师范大学出版社,1998年版。

活动过程:

1. 游戏:一杯水变四杯水。

(1) 出示两个同样大的水杯,让幼儿感知两个同样大的杯子里盛的水是一样多。

(2) 将一大杯水倒入四个小杯子中,提问:①一大杯水分成了几小杯?②是原来的一大杯水多还是分成的这一小杯水多?

(3) 演示将四小杯水倒回大杯中,提问:四只小杯子的水加在一起与大杯子中的水比一比,谁多谁少?为什么?

2. 引导幼儿运用刚才获得的经验进行操作活动:"一变几"。

(1) 请幼儿将纸条或泥团"一变几"。

(2) 提问:你把什么东西变成了几份?其中一份比原来的怎样?变成的几份合起来和原来的东西还一样大(重、长、宽)吗?

思考:请对这一活动采用的是什么启发法以及它的作用进行点评。

实例三:

班　　级:大班

活动名称:语言——仿编诗歌《家》

活动目标:

1. 通过欣赏了解诗歌《家》的结构和语句特点,并能仿照原作品的结构仿编出新的诗句。

2. 体验仿编活动的成功与喜悦。

活动过程:

1. 欣赏诗歌《家》,了解语句特点和结构。

(1) 教师朗诵,并配以图片。

(2) 提问:①诗歌里说了谁的家?是怎么说的?②蓝色的大海是谁的家?③黑色的云朵是谁的家?④密密的森林是谁的家?

2.幼儿仿编诗歌。①教师示范编一句诗歌。②请个别幼儿仿编。③幼儿自由仿编,教师个别指导。④请幼儿把仿编的诗歌朗诵给大家听。

思考:活动第一个环节,教师的提问是否是真正的启发?提的问是否能引导幼儿了解诗歌的结构和语句特点?请根据目标重新设计此活动。

实例四:

班　　级:小班

活动名称:绘画——公共汽车

活动目标:引导幼儿观察并表现公共汽车的基本结构,培养幼儿大胆作画的习惯。

思考:请根据以上目标,运用启发法设计活动过程。

实例五:[①]

班　　级:大班

活动名称:社会活动——团结果

活动目标:

1. 能从群体或对抗性活动中初步感知团结齐心力量大。

2. 能体验到团结合作带来的成功与喜悦。

活动过程:1.拔河游戏:(1)请一位叔叔与一位小朋友拔河,提问:叔叔力气大,还是小朋友力气大?(2)请一位叔叔与几位小朋友拔河,提问:为什么力气小的小朋友还战胜了力气大的叔叔?

2.故事辨析。请小朋友听故事《蟋蟀、螳螂过河》,提问:

---

① 赵同康、李平主编《现代幼儿素质教育课程实施》第449页,四川民族出版社2000年4月版。

(1)为什么蟋蟀能很快过河,而螳螂却不能过河?(2)团结力量大是不是人多力量大?力量大是不是力气大?

3. 设难活动:(1)劳动活动:剥蚕豆。出示一篮蚕豆,提问:怎样才能又快又好地把一篮蚕豆剥完?请小朋友动手体验。(2)引导幼儿讲一讲有哪些团结力量大的事例。

4. 看录像《众人划桨开大船》,跟唱歌曲,体会众人划桨开大船团结的愉悦。

思考:这一活动运用了哪些启发法?它对于达到目标有何作用?

启发法运用的评价标准:

1. 能根据目标、内容以及幼儿的年龄特点恰当地选择启发的方式方法。

2. 启发提问要紧扣目标,并能有效达到目标。提问要给幼儿留有思考的空间、时间。

3. 启发要得当,能充分调动幼儿活动中的积极性、主动性和创新性。

4. 多种启发方法配合使用。

(二)情境教学法

情境教学法指教师在教学过程中为幼儿创设一个具体、生动、形象的学习情景,并通过合适的方式把幼儿完全带入这个情境之中,让幼儿在具体情境的连续不断的启发下有效地进行学习。情境法的使用,考虑了幼儿具体、形象思维的特点和假想特点,能有效地调动幼儿的活动积极性,让幼儿在玩玩耍耍中获得发展。

在幼儿园教学中一般把情境分为真实情境、模拟情境两类。

真实情境指幼儿生活周围的自然、社会情境,利用自然、社会环境进行教学,让幼儿感受大自然和社会的美好及变化,使其产生一定的情感体验。例如,在"春天多么美"的活动中,教师将幼儿带到大自然的怀抱中去观察、寻找花、草、树,让幼儿在大自然的怀抱中嬉戏玩耍,感受大自然的美好。模拟情境指运用音乐、图画、实物、戏剧、幻灯片、录像、多媒体画面等来创设或再现某一情境,让幼儿有身临其境的感受,从而唤起情感体验。这是幼儿园教学中常用的一种方法。例如,在健康教育活动中,为让小班幼儿了解蔬菜、水果的营养价值,教师创设了菜店和水果店的情景,在参观和买卖蔬菜、水果的游戏中,幼儿不但认识了一些蔬菜、水果,还了解了食用它们的好处。又如,在学习"测量"的数学活动中,教师创设了一个家具店情景并提供了多种测量工具,幼儿自己选择测量工具去测量想买的家具,在这一情境中幼儿之间、师幼之间相互讨论、学习,掌握了测量的方法。

1. 运用情境教学法应注意以下问题

(1)要让幼儿身临其境,在情境中观察、感知、操作、体验,在具体情境的感染下产生欢乐或苦恼、爱或恨、喜悦或愤怒等情感。如,社会活动——"做个有礼貌的小客人",教师创设了家的情景,让幼儿去做客,在身临其境中学会有礼貌地敲门、问好、道谢、不大声吵闹、不乱拿主人的东西、道别。又如,小班体育活动——"有趣的爬",为了让幼儿学会两手、两膝着地爬,教师创设了有草地、小路、花、树的公园情景,让幼儿扮成小"乌龟",到公园去玩。在这样的情景中,幼儿玩得高兴,玩得快乐,也学会了两手、两膝着地爬。

(2)创设的模拟情境在形式上要新颖,新奇的刺激容易引起幼儿的注意,容易唤起幼儿的求知欲;在内容上要有实用性,创设的情境要能有效地达到目标,不搞花架子。例如,小班感知上下、前后、里外空间方位的活动"小老鼠在哪里",教师创设了有桌椅、大树、篮子、盒子、伞等器械的情景,在这些器械的上下、前后、里外放了玩具和鸡蛋。活动的主要过程是这样的:

①全体幼儿扮"警士",在情景中去寻找被老鼠偷走的玩具,边找边说在什么地方找到的,并报告"警长"(教师)。

②到情景中寻找被老鼠偷走的鸡蛋,边找边说在什么地方找到的,并报告"警长"。

③准备抓老鼠。"警士"躲在器械的上下、前后、里外,并采取个别、集体的方式向"警长"报告躲在什么地方。

从以上可以看出,这一活动的情景新颖、有趣、实用,能激发小班幼儿的兴趣。活动中情景利用充分,有效地达到了目标。

(3)在运用情境教学法时,教师要根据需要做启发讲解、点拨总结,以帮助幼儿将获得的感性经验进行概括、提取。

(4)要在情境中给予幼儿充分表达、表现的机会和交往的机会,使他们成为活动的主体。

2. 情境教学法的运用练习及评价

实例一[①]

班　　级:小班

活动名称:体育游戏——小乌龟去游玩

活动目标:

1. 体验学乌龟爬行的乐趣。

2. 能较协调地两手两膝着地爬,遵守游戏规则。

活动准备:

创设公园情景;制作小乌龟壳,每人一个。

---

① 此活动由重庆渝中区第三托儿所黄亚琴设计。

活动过程:

1. 教师扮"龟妈妈",幼儿扮"小乌龟"。起床了,"龟妈妈"带着"小乌龟"做早操,准备到公园去玩。

2. 来到草地上,"小乌龟"自由地练习两手两膝着地爬,体验学乌龟爬行的乐趣。"龟妈妈"进行个别指导。

3. 游戏:摸摸大树(石头)爬回来。"龟妈妈"和"小乌龟"一起念儿歌:"小龟、小龟真能干,摸摸大树(石头)爬回来"。"小乌龟"按照儿歌的指示游戏。

4. 游戏:找玩具。"龟妈妈"请"小乌龟"爬到花、树、石头的后面找玩具。

5. 放松活动。

思考:请运用教育理论观点,结合这一活动实例,谈谈情境法运用的意义。

实例二:

班　　级:中班

活动名称:科学活动——秋季的水果

活动目标:1. 能运用多种感官感知秋季水果的品种多、颜色和外形美、味道好。

2. 了解水果的营养价值,喜欢吃各种水果。

思考:请运用真实情景或模拟情景设计活动过程。

实例三:

班　　级:大班

活动名称:数学——复习5以内的加法

活动目标:

进一步理解加法的意义,能熟练运算5以内加法。

活动过程:

1. 复习5的组成。幼儿开着火车到数学乐园去,经过"山洞"、"平原"、"桥"时,每人要抽取一道组成题,并计算。

2. 复习5以内的加法。

(1)每人拿一盒图形,用大小、颜色不同的图形摆出5以内的加法算式,并计算。

(2)游戏"掷骰子"。每两人为一组,用"掷骰子"的方法编算式并计算。

(3)看图片列算式并计算。

思考:活动中第一个环节采用的情景法是否恰当?为什么?

实例四:[①]

班　　级:大班

活动名称:综合活动——小侦探

活动目标:

1. 有充当小侦探的积极愿望,对侦破案件产生兴趣。

2. 能主动、仔细地寻找线索,展开积极的思维活动,并大胆地用完整、清楚的语言表述自己的想法。

3. 能根据线索和已有的认知经验,大胆展开争论,体验解决问题后的愉悦。

活动准备:

1. 认知经验准备:看《黑猫警长》和《柯南》动画片,了解破案的方法;了解动物的生活习性。

2. 布置"兔姐姐"家被盗的情景;准备侦察工具和动物照片等。

活动过程:

1. 激发兴趣,明确任务。幼儿当小侦探,教师当警长。接到兔姐姐的报警电话,警长提出要求,小侦探带上侦察工具到兔

---

① 选自重庆市沙坪坝区实验幼儿园周丽教师设计的活动。

姐姐家。

2. 亲临现场,寻找线索。小侦探来到兔姐姐家,观察被盗物品,寻找可疑线索。鼓励小侦探仔细寻找,把可疑线索用图画的方式记下来。

3. 汇报情况,寻找案犯。引导小侦探共同讨论:你发现兔姐姐家丢失了什么?有些什么可疑的线索?

4. 案情分析,确定案犯。出示嫌疑对象的照片,引导小侦探运用已有动物生活习性的经验进行争论,并运用排除法确定案犯。

5. 总结经验,捉拿案犯。引导小侦探总结侦破经验,捉拿案犯。

思考:此活动在情景法使用上有何特点?请根据情境教学法的使用要求,对此活动进行点评。

实例五:[①]

班　　级:小班

活动名称:唱歌活动——搓汤圆

活动目标:

1. 感知歌曲欢快的情绪特征,会完整地唱歌曲《搓汤圆》。

2. 体验在一定情景中学唱歌曲的快乐。

活动过程:

1. 引入情景,激发兴趣,进入唱歌准备活动。

(1) 带幼儿来到模拟的"娃娃餐厅"情景中,闻菜香(均匀吸气)、吹凉(均匀呼气)。

(2) 练声,并熟悉歌曲旋律。让幼儿模仿敲击盘、盆的声音

[①] 赵同康、李平主编《现代幼儿素质教育课程实施》第524页,四川民族出版社2000年4月版。

唱歌曲中的第一、第二句旋律。

2. 进入情景,学唱歌曲。

(1)熟悉歌词。幼儿边搓汤圆边在歌曲旋律伴奏下念歌词。

(2)感知歌曲情绪特征。请幼儿听音乐,并用动作表现自己对歌曲情绪特征的感受。

(3)幼儿跟着教师唱、自己边做动作边唱。

(4)幼儿自由结伴表演唱。

思考:此活动运用情景教学法的好处有哪些?在情景利用上有何独到之处?

运用情境教学法的评价标准:

1. 情景创设能为达到目标服务,有针对性、实用性。

2. 情景利用充分,并能使景与情交融。

3. 情景中幼儿有操作、表达、表现、体验、交往的机会。

(三)活动操作法

活动操作法指教师根据教学目标提供物质材料,引导幼儿在操作物质材料的活动中充分动手、动脑、动口,从而获得经验的方法。儿童的智慧起源于对客体的操作,起源于主体和客体之间的相互作用,这是近、现代心理学家、教育学家无数的研究结果所证明了的原理。因此,这种方法的使用符合幼儿的认知特点,能有效地改变一些幼儿园存在的"教师讲,幼儿听,教师演示,幼儿看"的弊端,使幼儿在操作摆弄实物、材料中发现问题,解决问题,成为活动的主体。

1. 运用活动操作法应注意的问题

(1)在操作中,要引导幼儿运用多种感官去获取经验,如通过摸、看、闻、尝、听等方法,获取对事物的认识。例如,在科学活动"有趣的石头"中,为了让幼儿了解石头的种类、形状、颜色,教师请每个幼儿拿着自己采集的石头看一看、摸一摸、掂一掂、碰一碰,通过比较,获得了有关石头的感性经验。

(2)应为每个幼儿提供充分操作材料的机会,让他们自己发现问题,并引导他们解决问题。

(3)增强操作活动的有意性,让幼儿带着问题,有目的进行操作。如在数学活动量的守恒中,要让幼儿不受物体外部形式的干扰,正确判断物体的量,教师为每个幼儿提供了一样长的绳两根,提出要求:比比两根绳是不是一样长?再把其中一根绳变成其他形状,这时两根绳还是不是一样长?在教师的提问引导下,幼儿带着问题进行操作,有效地达到了目的。

(4)操作后要引导幼儿讨论,让他们把自己在操作中的发现告诉同伴,在讨论的基础上,教师帮助他们总结提取出经验。

(5)在操作活动中注意培养幼儿的创造性,鼓励他们的新发现、新想法、新做法。

2. 活动操作法运用练习及评价

实例一:[①]

班　　级:大班

活动名称:科学活动——小袋子飞起来

活动目标:

1. 培养幼儿主动参加科学活动的兴趣。

2. 探索风会让轻的物体飞起来。

3. 培养幼儿动手操作的灵活性和仔细观察的习惯。

活动准备:各种颜色的小塑料袋若干,风筝一个,"Y"形绳、

---

① 此活动由重庆市渝北区渝北幼儿园周秦老师设计。

长绳、短绳若干,各色彩条若干。

活动过程:

1. 说一说。鼓励幼儿说出自己知道的天上飞的东西。

2. 想一想。教师出示小袋子,提出问题:"想一想,小袋子会飞吗?为什么?"

3. 试一试。幼儿选择自己喜欢的小袋子进行试验,看看小袋子到底能不能飞起来。提问:你的小袋子飞起来了吗?你用的什么方法?小袋子能飞多久?

4. 比一比。教师出示风筝,让幼儿观察风筝飞的情形。并提问讨论:风筝为什么没有落下来?小袋子怎样才不会落下来呢?

5. 做一做、玩一玩。幼儿选用绳子连接小袋子,让小袋子飞起来。

6. 讨论:为什么小袋子和风筝能飞起来?风还会让什么东西飞起来?

思考:此活动最大的特点是什么?对照"运用活动操作法应注意的问题"看看此活动设计哪些方面做得好,还可以怎样改进?

实例二:[1]

班　　级:大班

活动名称:数学活动——还是一个样

活动目标:

1. 能体验量的多种变化形式的乐趣。

2. 能不受物体外部形式的干扰,正确判断物体的量,并能从各种量的多种变式中,感知到物体外部形式发生变化后,总量

---

[1] 申毅主编《幼儿数学智能起跑线》活动97,西南师范大学出版社1998年版。

不变。

活动过程:

1. 每个幼儿两根同样长的短绳,请他们将其中一根绳任意弯曲。提问:现在这两根绳是一样长,还是不一样长?讨论后,教师引导幼儿将弯曲的绳拉直,与原形量作比较,以证实它们是一样长的。

2. 每个幼儿两团一样大的橡皮泥团,请他们将两团橡皮泥变成不同的形状,提问:现在这两团橡皮泥还是一样大吗?讨论后,引导幼儿将两团橡皮泥团成团作比较,感知其体积一样。

3. 每个幼儿2个~3个同样大但形状不同的容器,自己装沙或水,感知容量守恒。

思考:这一活动运用活动操作法有何好处?请运用认知理论和活动理论加以说明。

实例三:

班　　级:中班

活动名称:数学活动——5以内的序数

活动目标:基本了解序数的意义,初步掌握5以内的序数。

活动过程:

1. 观察桌面教具。出示桌面教具:一座房子。提问:请小朋友数数,这座房子有几层?第一层住着谁?第二层住着谁?第三层住着谁?第四层住着谁?第五层住着谁?

2. 看幻灯:小动物捉迷藏。提问:第一棵树上藏着谁?第二棵树上藏着谁?……谁藏在第三棵树上?谁藏在第五棵树上?

3. 游戏:小动物找家。请幼儿扮成小动物,拿着数字卡片去找自己的家。

思考:这一活动设计存在什么问题?请运用活动操作法重

新设计这一活动。

实例四：

班　　级：大班

活动名称：美术活动——会变的颜色

活动目标：

1. 探索发现色彩混合变化后的美，能获得有趣、惊奇的审美情绪体验。

2. 能用视觉感知色彩混合变化，会用两种原色混合成另一种颜色，并能用语言清楚表述操作过程及结果。

3. 能认真进行实验操作。

活动过程：

方案一：①

1. 幼儿玩颜色胶片，感知色彩变化。每个幼儿有红、黄、绿三种颜色的胶片，请他们将两张不同色的胶片重叠在一起，看发生了什么变化？

2. 游戏：会变颜色的水。引导幼儿选用两种颜色的水混合在一起，观察颜色水的变化。提问：你变出了些什么颜色的水？是用哪两种颜色合在一起变成的？

3. 自由作画：请幼儿自己变出喜欢的颜色自由作画。

方案二：

1. 教师演示"会变颜色的水"，幼儿观察，并说出观察的情况。

2. 幼儿操作：幼儿选用两种颜色的水混合在一起，观察颜色水的变化。提问：你变出了些什么颜色的水？是用哪两种颜

---

① 赵同康、李平主编《现代幼儿素质教育课程实施》第251页，四川民族出版社2000年4月版。

色合在一起变成的?

3. 玩色活动:出示没有颜色的图片,请幼儿自己变出喜欢的颜色装饰图中的画。

思考:两个活动方案各体现了什么思想?两个方案中的第二个环节都是幼儿在操作,这两种操作的实质一样吗?为什么?

实例五:[①]

班　　级:大班

活动名称:社会活动——我的名片

活动目标:

1. 有参加名片制作活动的兴趣,并能用剪贴、绘画等技能制作名片。

2. 能正确认识自我,了解自己的特点,并大胆设计名片,有自信心。

活动过程:

1. 出示成人名片,引起幼儿制作名片的兴趣。讨论:名片上有哪些内容?你想怎么设计自己的名片,想怎么介绍自己?鼓励幼儿大胆设想。

2. 幼儿制作名片。(1)名片正面要贴上自己的照片,写上姓名、年龄、生日、家庭电话等。(2)名片背面用剪贴或绘画的形式介绍自己的特点或特长。

3. 相互欣赏和介绍名片。

4. 名片统计:每个月过生日的小朋友有多少?喜欢吃(干、听、看、做)的小朋友有多少?等等。

思考:请对照"活动操作法评价标准"对此活动进行点评。

---

① 赵同康、李平主编《现代幼儿素质教育课程实施》第384页,四川民族出版社2000年4月版。

运用活动操作法的评价标准：

1. 为每个幼儿提供了操作材料和充分的操作机会。
2. 能调动幼儿的多种感官参与活动。
3. 在感知操作后能引导幼儿概括提取经验，引导思维的发展。
4. 鼓励幼儿在操作中创新。

(四)暗示教学法

暗示教学法是保加利亚心理学博士洛扎诺夫首创的。暗示教学法是运用心理学、生理学、精神病治疗学有关知识和规律，精心设计教学环境，通过暗示、联想与想象、智力活动、体力活动、练习、音乐等方式的综合运用，巧妙地利用无意识的心理活动，激发个人的心理潜力，使儿童在轻松愉快的情况下学习的方法。暗示教学的原理是整体性原理。它认为，参与学习过程的不仅有大脑，还有身体；不仅有大脑左半球，还有大脑右半球；不仅有有意识活动，还有无意识活动；不仅有理智活动，还有情感活动。它们是一个不可分割的统一体。暗示教学法就是把这几部分有机整合起来，发挥整体的功能，通过暗示，建立无意识心理倾向，激发儿童的学习兴趣和良好的情绪体验，在愉快、放松的状态下进行学习，大大提高学习效果。

暗示教学法主要采用的暗示手段有：权威、情景、游戏、音乐、节拍、声调等。它利用这些情绪刺激和外围知觉，激发幼儿的学习兴趣，创造适宜于有效发挥幼儿学习潜力的学习气氛，通过非理性因素打动幼儿的身心，从而轻松有效地学习。

1. 运用暗示教学法要注意

(1)暗示必须要有明确的目的，要根据教学目标和内容选择恰当的暗示手段。

(2)创设好暗示的环境,使幼儿在愉快、轻松的氛围中展开无需强记的无意识活动。

(3)暗示的内容必须具体,使幼儿的无意识心理活动能产生教师预期的效果。

(4)把握好暗示的时机,使幼儿的无意识心理活动有利于向有意识心理活动转化。

(5)重视教学中教师行为、观念、态度、教学方法和教学环境对幼儿可能发生的潜移默化的暗示作用,发挥其积极影响,消除不利影响。

2. 暗示教学法运用练习与评价

实例一:

班　级:大班

活动名称:仿编诗歌——吹泡泡

活动目标:

1. 能根据诗歌《吹泡泡》的句式特点选择事物进行仿编。

2. 能大胆想象和仿编,有初步的求异意识。

活动准备:在活动室周围张贴草地与花朵、西瓜与瓜子、葡萄藤与葡萄、大海与许多船、公路与来来往往的汽车等等"一与许多"有关联的事物的图片。

活动过程:

1. 欣赏诗歌《吹泡泡》,了解诗歌内容和句式特点。

2. 仿编诗歌《吹泡泡》。采用幼儿自由仿编、两人合作仿编、全班交流等方式进行仿编。幼儿仿编时,引导他们看图仿编和想象图以外的事物进行仿编。

3. 仿编并作画。引导幼儿把自己仿编的诗歌画下来与同伴交流。

思考:这一活动为什么要在活动室周围贴上图片?它能起

到什么作用?

实例二:

班　　级:大　　班

活动名称:健康领域活动——洗手巾

活动过程:

1. 故事辨析。讲故事《冬冬的手巾》,提问:为什么冬冬最后没有手巾用? 我们手巾脏了应该怎么办?

2. 学习洗手巾的方法。

3. 洗手巾。每个幼儿一个小盆,洗自己的手巾或毛巾。录音机播放《洗手巾》、《我们爱卫生》的歌曲。

思考:活动中哪个环节采用的是暗示教学法,它能起到什么作用?

实例三:

班　　级:小班

活动名称:美工活动——一盆花

活动目标:

1. 幼儿初步会选用自己喜爱的颜色并用撕纸、粘贴的技能做盆花。

2. 有对美工活动的兴趣。

活动准备:幼儿观察过"花店";各色纸条若干;活动室周围张贴有各种盆花的照片、图片。

活动过程:

1. 导入活动,引起兴趣。让幼儿说一说:花店里的花是怎样的? 有些什么颜色的花?

2. 引导幼儿观察花的撕贴。教师示范撕贴的方法,边示范边念儿歌:彩纸条儿手里拿,长长尾巴手中藏,伸出头儿变花朵,花朵开在花盆上。

3. 幼儿制作,教师个别指导,启发幼儿撕贴出多种颜色和多种形状的花朵。

4. 幼儿相互观看,说一说自己的作品。

思考:本活动哪些环节运用了暗示教学法?如果在大、中班的美术活动中运用同样的暗示手段是否恰当?为什么?

实例四:

班　　级:小班或中班

活动名称:音乐游戏——种葵花

活动目标:能听辨音乐的强弱,按音乐进行游戏,并遵守游戏规则。

游戏玩法:幼儿围坐成圆形或半圆形。请一个儿童作找葵花的人,先到室外等着。另请一个幼儿作种葵花的人。第1遍音乐起,坐着的幼儿自由做动作,种葵花的人手拿葵花子(可用小物代替)去种,音乐结束前将葵花子放在任何一个儿童手中,表示种好了。第2遍音乐开始,找葵花的人走进教室,随音乐强弱在圈内找葵花子。当找葵花的儿童走到拿葵花子的儿童面前时,音乐要加强。

思考:请点评这一游戏活动暗示手段采用的好处,并请你运用暗示法设计一个游戏活动。

实例五:

班　　级:大班

活动名称:社会活动——我叫轻轻

活动目标:能在别人休息、学习、工作时不妨碍别人,做个讲文明的好孩子。

活动准备:创设情景:图书室、娃娃家。

活动过程:

1. 看木偶戏《我是小轻轻》。提问:小轻轻在什么时候、什么地方要小声说话,他为什么要这样做?你遇到过这种情况吗?你是怎么做的?

2.模拟行为练习。(1)到图书室看图书,引导幼儿不要干扰和影响别人。(2)到娃娃家做客,正遇到娃娃在睡觉,观察小朋友是怎么做的。

思考:该活动采用了什么暗示手段?它有什么作用?请你根据目标再设计几种情景。

运用暗示教学法的评价标准:

1. 暗示手段恰当、巧妙,能有效促进目标的达成。
2. 暗示时机恰到好处。
3. 暗示具有启发性,能调动幼儿活动的积极性和主动性。

(五)发现法

发现法指教师在引导学生学习概念和原理时,只给他们一些事实和问题,让学生积极思考,独立探究,自行发现并掌握相应的原理和结论的一种方法。发现法的使用有利于形成学习者的内部动机,激发他们探究的积极性;有助于形成学习者的迁移能力,培养他们发现问题、解决问题的能力;有利于培养学习者的创造性和增强他们的自信心。

在幼儿园教学中,发现法的运用主要是在教师提供的环境材料中,幼儿通过动手、动脑,自己发现问题解决问题。例如,在"会变的颜色"活动中,教师先为每个幼儿提供了红、黄、绿三张透明胶片,让幼儿到户外把两张胶片重叠在一起,看看周围是什么颜色。幼儿在玩耍中发现两张不同颜色的胶片重叠在一起就变成了另一种颜色。这时,教师引导幼儿去进一步验证自己的发现,让他们到活动区去玩颜色,用红、黄、绿三种颜色调配出各种颜色来。这一活动真正把幼儿放在了主体地位,幼儿在自己探索、发现的过程中得到极大的满足。

1. 在幼儿园运用发现法的一般步骤

(1)确定让幼儿去发现的问题。比如在"会变的颜色"活动中,教师首先确定要让幼儿发现两种颜色混合在一起能变成另一种颜色。

(2)提供环境或幼儿操作的材料。

(3)提出问题,让幼儿有目的地进行探索。

(4)组织讨论,引导幼儿把自己的发现告诉同伴。

(5)进行验证或迁移操作。

(6)将幼儿的探索、发现进行归纳,提取出经验。

2. 运用发现法应注意的问题

(1)确定让幼儿发现的问题应是幼儿探究力所能及的。

(2)鼓励幼儿,使他们相信自己能够发现问题、解决问题。

(3)幼儿独立探索与教师的个别指导相结合,要指导幼儿找出他们正在研究的事物之间的联系,指导他们进行对比思考,促成幼儿的发现,避免包办代替。

(4)提供的环境材料要有利于幼儿的探索发现。

(5)要指导幼儿讨论评价。通过讨论评价,让幼儿充分发表意见并得出结论。

3. 发现法运用练习与评价标准

实例一:[①]

班　　级:大班

活动名称:科学活动——向下落的物体

---

① 此活动由重庆市南岸区龙门浩幼儿园郑瑜设计。

活动目标：

1. 在活动中让幼儿发现物体在空中会自由下落，不同物体下落的速度有快有慢。

2. 幼儿学会动手试验和比较观察。

3. 激发幼儿探索科学现象的兴趣。

活动过程：

1. 在活动中幼儿通过比较观察发现物体在空中会自由下落，不同物体同时下落的速度有快有慢。

（1）幼儿任选两种不同物体，双手平举对着地面同时松开。说一说它们会怎么样？落下来时你发现了什么？

（2）讨论：为什么两种不同物体同时下落，会一个快，一个慢？引导幼儿再操作，并动手感受物体的轻、重与下落时的速度有关。

（3）教师、幼儿共同小结实验结果，并共同给物体下落的两种情况（快、慢）做上标记。

（4）启发幼儿寻找生活中落得快和慢的物体。

2. 引导幼儿进一步探索相同物体形状不同同时下落的速度也不同。

（1）教师出示两张大小一样的纸，幼儿观察它们同时下落的情况。

（2）提出问题：怎样让一张纸落得快一些，另一张纸落得慢一些？引导幼儿实验，在过程中发现纸的形状变化会影响下落速度。

3. 启发幼儿探索让物体在空中慢慢落下来或不马上落下来的办法，并引导幼儿相互交流、玩耍。

思考：请对此活动设计的特点和发现法的成功运用进行点评。

实例二:[①]
班　　级:大班
活动名称:美术活动——奇妙的折痕画
活动目标:
1. 能根据折痕产生自然图形组合构图想象,发展幼儿图形想象力。
2. 能按折痕勾画、涂染,制作折痕画。有与别人想得不同、做得不同的愿望,体验图形想象的乐趣。
活动过程:
1. 折折说说,引导幼儿发现通过折叠会产生折痕和不同的图形。
提问:请把折好的纸打开,发现了什么?这些折痕是怎么来的?
2. 想想、画画、变变,引导幼儿按折痕进行组合构图想象。
(1) 提问:你们能看出这些折痕中藏了些什么吗?
(2) 幼儿尝试运用折痕进行勾画,争取想得多、画得多。
3. 涂涂、染染,引导幼儿合理搭配颜色,感受折痕画的美。
4. 看看、说说,引导幼儿互相欣赏作品和评价作品。
思考:这一活动在哪些环节上使用了发现法?发现法的使用在本次活动中有哪些独特的作用?
实例三:
班　　级:小班
活动名称:感知活动——我用小手摸一摸
活动目标:
1. 能用手发现物体的冷热、软硬特征,并能用语言说出自

[①] 此活动由重庆市江北区江城艺术幼儿园蒋婕设计。

己的感受。

2. 有用手触摸、感知物体的兴趣。

活动过程:

1. 每个幼儿有两杯水,提问:这两杯水有一杯是热的,有一杯是冷的,请你找一找哪是热的?哪是冷的?你是用什么发现的?

2. 提供玻璃球、棉花团、玩具汽车、泡沫块等,提问:请你找一找这些东西中哪些是硬的?哪些是软的?你是用什么发现的?

3. 到户外去寻找硬的物品、软的物品。

思考:请点评此活动,并结合这一活动谈谈在小班使用发现法应注意什么?

实例四:[①]

班　　级:大班

活动名称:数学活动——形体娃娃

活动目标:

1. 能用触觉和视觉感知球体和圆柱体的特征,比较它们的异同,并说出形体的正确名称。

2. 能根据形体特征进行类似联想。

3. 能根据形体特征进行推理游戏。

活动过程:

1. 感知发现活动:摸一摸、滚一滚。

每个幼儿拿两块球体和圆柱体积木。提问:(1)请小朋友团一团、搓一搓这两块积木,感觉有什么不同?(2)再请你滚一滚这两块积木,看看它们有什么不同?(3)再看看它们的样子有什

---

① 申毅主编《幼儿数学智能起跑线》,西南师范大学出版社1998年版。

么不同？猜猜它们的名字叫什么？

2. 辨别活动：找一找。

(1) 教师说形体特征，幼儿取出相应的形体积木，并说出名称。

(2) 教师说形体的名称，幼儿取出相应的形体积木。

3. 观察判断：什么东西堆得稳。

出示图片，上面画有两个足球重叠在一起，三个易拉罐筒重叠在一起，两块正方体积木重叠在一起。请幼儿根据形体的特征进行判断"什么东西堆得稳？"

4. 操作活动：添添画画。

请幼儿在画有大小、粗细不同的球体和圆柱体的图上进行添画。

思考：这一活动设计与传统教法比有何特点和作用？请根据发现法运用应注意的几个问题对此活动进行评价。

实例五：[①]

班　　级：大班

活动名称：科学活动——生鸡蛋、熟鸡蛋

活动目标：

1. 有用小实验探索事物现象的兴趣。

2. 能主动运用旋转、摇晃、观察光照等方式寻找生、熟鸡蛋。

3. 有较好的观察、操作、记录的习惯。

活动过程：

1. 猜谜语，激发幼儿参加实验的兴趣。

[①] 赵同康、李平主编《现代幼儿素质教育课程实施》第164页，四川民族出版社2000年4月版。

(1) 教师说谜语让幼儿猜,引出鸡蛋。

(2) 每个幼儿拿两个鸡蛋,教师提问:这两个鸡蛋中有一个是生的,有一个熟的。如果不敲开蛋壳,你们能分辨出哪个是生的,哪个是熟的吗? 我们现在做一做实验来分辨生鸡蛋和熟鸡蛋。

2. 教师和幼儿共同做实验。

(1) 引导幼儿在软垫上分别旋转两个鸡蛋,仔细观察鸡蛋旋转的情况。

提问:你们发现了什么? 让幼儿用彩笔在转动速度慢的鸡蛋上作记号。

(2) 引导幼儿把两个鸡蛋分别放在耳边用力摇晃,提问:你们发现了什么? 让幼儿用彩笔在有响声的鸡蛋上作记号。

(3) 引导幼儿把两个鸡蛋同时放在灯箱上(或阳光下),仔细观察两个鸡蛋有什么不同。

提问:你们又发现了什么? 让幼儿在有反光的鸡蛋上作记号。

3. 比较观察两个鸡蛋,看看哪个鸡蛋作的记号多,为什么作这些记号。

4. 揭开生、熟鸡蛋的秘密。

(1) 请幼儿将两个鸡蛋分别敲开,放在两个碗里。提问:作记号的是生鸡蛋还是熟鸡蛋? 以后如果不敲开蛋壳,你能分辨生鸡蛋、熟鸡蛋了吗? 怎么分辨?

(2) 请幼儿把生鸡蛋送到厨房;洗净了手吃熟鸡蛋。

思考:此活动运用发现法注意了什么? 同时在培养幼儿能力上有什么独到之处?

运用发现法的评价标准:

1. 提供的情景或材料目的性强,有利于幼儿探索发现。

2. 幼儿探索发现有明确的目的。

3. 教师能给予幼儿必要、恰当的指导。

4. 能激励幼儿大胆探索发现，并大胆讲述发现的情况。

二、教学方法的选用

(一)教学方法选用的要求

1. 依据教学目标和内容的性质、特征选用教学方法

教学方法是实现教学目标的手段，教学方法的选用要依据目标。如，主要目标是发展幼儿的观察能力，则适合选用直观演示启发、活动操作法、情境教学法、点拨启发法；主要目标是发展幼儿思维能力，则适合选用类比启发、发现法、设疑启发、暗示教学法、讨论法等；主要目标是发展幼儿语言能力，则适合选用谈话法、情境教学法、暗示教学法、观察法等；主要目标是培养幼儿社会性情感和良好行为，则适合选用故事启发、比喻启发、情境教学法、暗示教学法、活动交往法等。

教学方法选用还要考虑内容的性质和特征，一般说来幼儿园教学内容有的实践性较强，如：体育、美术、科学等；有的情感性较强，如：社会性活动、音乐等；有的逻辑性较强，如：数学、语言等。只有选用的教学方法与教学内容的性质和特征相符合，才能使教学内容发挥出更大的效益。

2. 选用教学方法要尊重幼儿年龄特点和发展差异

幼儿不同的年龄、个性、兴趣、能力、习惯等要求教师采用不同的教学方法。年龄越小的幼儿，教学方法越要游戏化、情趣化。比如，语言活动，中班、大班多用观察法、谈话法、情景讲述法等，而小班则宜采用游戏模仿法、情景谈话法等。另外，同一年龄段幼儿也要根据其能力、个性等方面的不同发展情况分别

采用不同的教学方法进行教学。比如,数学活动"分成一样大",教师把幼儿按能力发展分成两组,能力强的一组采用发现法、活动操作法,能力较弱的一组采用直观演示启发、活动操作法,这样有效地促进了不同发展水平的幼儿都得到发展。

3. 选用的教学方法应体现先进性

教学方法是一定教育观念的体现,教学方法的选用要求教师必须树立正确的教育思想,革除传统教学中教师讲幼儿听、教师灌幼儿记、教师演示幼儿看的做法,注重以动育人,通过幼儿自身与周围环境的相互作用去获得发展,比如让幼儿在活动中亲自体验、观察、操作、发现、思考,给他们提供充分与物质材料、与人交互作用的机会,在动手、动脑、动口的活动中去获得经验;以情育人,调动幼儿情感因素参与活动。人的认识与情感不可分割地联系着,积极的情感对认识具有动力功能,比如通过情景激情、演示激情、音乐渲染激情、语言情景激情等方法,可以使教学活动变得易、趣、活,使幼儿在轻松、愉快的氛围中积极主动地得到发展;以美育人,教学方法应该符合美的规律和原则,通过创设美的环境,提供美的材料,以美的语言、美的音乐给幼儿带来美的感受,同时注意寓教于乐,使幼儿在不知不觉中受到深刻的教育。

在活动中,由于观念不同,活动采用的方法不同效果也完全不同。例如在"洗手帕"[①]这一韵律活动中,一般传统模式是:

(1)用图片或情景谈话引起兴趣。

(2)请幼儿观看教师的示范。

(3)请幼儿跟随教师的示范进行模仿。

---

① 许卓娅、孔起英主编《艺术》南京师范大学出版社1997年版,第66页、第67页。

(4)组织幼儿反复练习。

预知学习模式是:

(1)在晨间抹椅子的劳动后组织幼儿学习怎样洗抹布。

(2)回忆洗抹布过程中的各种动作。

(3)引导幼儿特别表现和感受:用劲洗和轻轻洗。

(4)请幼儿倾听音乐,要求听出音乐中的表现用劲洗和轻轻洗的部分。

(5)鼓励幼儿自己根据音乐的轻重不同做出轻轻洗和用劲洗的动作。

(6)鼓励幼儿轮流担任小老师带领大家练习,教师根据每个小老师的具体情况分别给予必要的帮助。

又如,在音乐游戏"堆雪人"中,一般传统模式是:

(1)用图片或情景谈话引起兴趣。

(2)教幼儿学唱游戏歌曲。

(3)教幼儿学做歌表演动作。

(4)向幼儿介绍表现春风的音乐并示范雪人融化的动作和小朋友表示难过的动作。

(5)用边示范边讲解边组织练习的方法教幼儿学会玩这个游戏。

(6)完整地反复玩这个游戏。

预知学习的模式是:

(1)用图片或情景谈话引出主题。

(2)鼓励幼儿根据这个线索自由提出表现堆雪人的活动方案:团体活动或小组活动或配对活动;表演设计好的动作方案或即兴表演。

(3)组织引导幼儿尝试跟随教师演唱的歌曲做动作表演。

(4)提供"春风"的音乐并鼓励幼儿表现雪人在春风中可能

发生的变化。

(5) 组织幼儿完整地跟随歌曲《堆雪人》和《春风》的音乐做表演游戏。

(6) 鼓励幼儿根据在前面的游戏活动中反复听过的歌曲的印象将歌曲唱出来并指导幼儿尽量将该歌曲唱得更好。

(7) 鼓励幼儿边唱边游戏。

比较以上活动方法的选用看出,传统模式中幼儿学得被动,以模仿为主;而预知学习模式中幼儿学得主动积极,能够运用已有经验自己来解决新问题,提高了活动效益。

4. 教学方法的优化组合和创造更新

教学方法多种多样,各种方法各具功能,各有特点,具有各自的适用范围和条件,同时又有各自的优点和局限性。比如发现法,它有利于发挥幼儿的主体作用,培养其创造力和自信心,但它对教师要求较高,适宜于中、大班,单独使用很难发挥其功能。而多样化的综合使用各种方法,实现方法的优化组合,使这些方法围绕一定目标和内容整合在一起,相互取长补短,才能发挥其整体功能。如发现法与点拨启发、情景激趣、讨论分享等方法综合使用,定会取得好的教学效果。当然,实现教学方法的优化组合并不意味着单独追求其多样化,要防止把教学活动变成变幻多端的万花筒,搞花架子。

教学方法选用时还要注意灵活性和创造性,不能把方法公式化,比如同样的教学目标和内容,某教师可用这样的方法,而另一位教师还可以用另一种教学方法,都可以取得良好的教学效果。因此,教师要善于根据幼儿身心变化特点和兴趣、习惯等特点,根据教师自身的优势和长处,创造性地、灵活地选用教学方法。同时在教学实践中,还应创造性地对教学方法进行艺术加工,对某一种方法创造出多种变式,恰当处理"有法"与"无定法"的矛盾，以取得最佳的教学效果。

(二)探索最优化的教学方法

最优化的教学方法只能产生并成熟于教师广泛而深入的教学艺术实践，离开这个活的源泉，最优化的教学方法就只能是一句空话。一般说来，最优化的方法具备以下条件：

1. 认同感。一种教学方法能否被接受者认同，直接影响到其作用能否卓有成效地发挥出来，因此最优化的方法应该是为幼儿所喜爱和接受。

2. 参与度。最优化的教学方法应有较高的教师和幼儿的参与度，较好地体现出教学的民主性。尤为重要的是在一种方法的使用过程中，幼儿是否能参与其中，能否与教师达到思维共振、情感共鸣，能否动手、动脑、动口，教师与幼儿能否很好地交流、合作，这是衡量教学方法最优化的重要标准。

3. 综合化。最优化的教学方法必须是克服了每种类型方法的局限性，而在其功能、效果、手段等方面呈现出综合化的特点。正因为它综合了各种方法的优点和长处，所以才能发挥出整体最优的功能。

4. 审美值。最优化的方法应该符合美的规律和原则，能给幼儿带来美的感受，寓教于乐，使幼儿在轻松愉快的活动中，不知不觉中接受教育。

三、教学方法选用的训练与评价

(一) 教学方法的选用训练

1. 训练目的

(1)能根据具体教学目标和内容选用恰当、适宜的教学方法,掌握教学方法选用要求,提高教师选用教学方法的艺术。

(2)进一步掌握各种教学方法的特点、功能。

2. 训练内容

(1)请对下面的教学活动设计进行评析。

实例一:

班　　级:小班

活动名称:数学活动——圆圆方方

主要目标:能用视觉、触角感知圆形、正方形、长方形、椭圆形物体的轮廓特征。

(1)主要采用活动操作法、游戏法、谈话法。

①幼儿在户外自由玩圆形、正方形、长方形、椭圆形的物体,引导他们摸一摸、看一看、滚一滚。

②引导幼儿谈话:哪些东西能滚动,它的边是怎样的?哪些东西不能滚动?它的边是怎样的?

③游戏:奇妙的口袋。请幼儿从口袋里摸出有尖尖角、直直边不能滚动的东西和没有角、能滚动的东西。

(2)主要采用观察法、游戏法。

①在活动室内每个幼儿一套圆形、正方形、长方形、椭圆形的物体,教师引导他们看一看、摸一摸、说一说。

②游戏:奇妙的口袋。(方法同上)

思考:以上两位教师设计的活动,谁选用的方法恰当?为什么?

提示:活动操作法比观察法更适宜于小班幼儿,因为小班幼儿是直觉行动思维,在具体的操作活动中,更能使他们了解图形的轮廓特征。同时在玩耍中更能激发他们对图形的兴趣。

实例二:

班　　级:大班

活动名称:排图讲述——小狐狸

主要目标:让幼儿按自己的意愿排列图片讲述故事,能正确运用词语,语句较连贯。

活动过程:

(1)教师出示可任意排列的四幅图片,激发讲述兴趣。

(2)教师示范排图编故事。

(3)每个幼儿一套图片,按自己意愿排图编故事。

(4)请部分幼儿讲述自己编的故事。

思考:以上教学活动用了哪些方法?这些方法是否符合现代教育思想?如果你将使用这个教材,你准备采用哪些方法?

提示:本节排图讲述是幼儿任意排列图片,自由想象、讲述的活动,因此示范讲解的方法采用不恰当;语言活动中幼儿间的交流、合作学习很重要,可在过程中采用互动交流法,让幼儿自由结伴相互交流;排图讲述应引导幼儿发现图片间的一些逻辑联系,因此教师可采用点拨启发、相互评价的方法,在讲述的过程中发展幼儿的逻辑思维。

实例三:

班　　级:大班

活动名称:体育活动——报纸真好玩

主要目标:能运用报纸进行跑、跳、平衡、投掷等活动,体验一物多玩的乐趣。

活动设计:

1. 情景观察:观察另一大班小朋友用报纸进行锻炼活动,激发幼儿玩报纸的兴趣。

2. 活动练习:幼儿自由运用报纸进行跑、跳、平衡、投掷等活动。

3. 游戏:炸碉堡。用报纸综合进行跑、跳、平衡、投掷等动作的练习。

思考：你认为这一体育活动中采用了哪些方法？这些方法是否都恰当？有没有值得改进的地方？

实例四：

班　　级：中班

活动名称：家乡的特产

主要目标：了解家乡的特色产品和科技新成果，有爱家乡的情感。

活动设计：

1. 教师运用实物、图片介绍家乡特产和科技新成果。

2. 幼儿讨论：说说自己知道的或带来的家乡特产。

3. 分享表现活动：(1)幼儿分享品尝自己带来的家乡特产。(2)制作或绘画家乡特产。

思考：这一活动设计哪些方法运用好，哪些方法不恰当，为什么？你认为应如何改进？

实例五：[①]

班　　级：大班

活动名称：操作活动——扎染

活动目标：

1. 积极参与扎染活动，感受不同方法扎染的各种图案，体验操作的乐趣，成功的喜悦。

2. 探索用不同的扎染方法扎染花布，并能对扎染出的各种图案进行想象。

3. 会有序地操作，注意安全。

---

① 此活动由重庆市渝中区区级机关幼儿园庞青设计。

活动准备:

1. 物质材料准备:白布若干;红黄蓝绿四种染料水;橡皮筋、胶线、透明胶、鹅卵石等材料。

2. 预知经验准备:幼儿有染色布的经验。

活动过程:

1. 感知活动:美丽的扎染服饰,激发幼儿扎染的愿望。

出示扎染服饰和幼儿自己染的色布,引导幼儿对比观察。

提问:(1)做这些服饰的布和小朋友染的布有什么不同?哪种布更漂亮,为什么?

(2)怎样才能让布上有花纹呢?

(3)染花布的方法和小朋友染色布的方法会不会是一样的?

2. 探索活动:扎结白布,引导幼儿尝试不同的扎结方法。

(1)请幼儿运用提供的材料,探索在布上扎结,引导使用不同的材料和不同的方法。

(2)幼儿扎结后提问:你用了什么材料、什么方法在布上扎结?请幼儿相互交流、讨论。

3. 染花布。

(1)请幼儿自主选择颜色,进行染色活动。提示注意安全。

(2)染好后引导幼儿解开结子,把花布挂在绳子上。

4. 欣赏想象活动:美丽的花布。提问:你扎染的花布图案像什么?还像什么?引导幼儿相互欣赏、交流。

思考:这一活动采用了哪些方法?这些方法的组合对调动幼儿在活动中的主动性、积极性有何作用?

实例六:[①]

班　　级:中班

---

① 此活动由西南师范大学附属幼儿园宋武设计。

活动名称：音乐活动——我的头和我的肩

活动目标：

1. 能轻松愉快地感受、表现歌曲的快慢变化。

2. 能在学习将视觉材料与歌曲演唱速度相匹配的基础上创编出其他的方案进行歌唱活动，发展幼儿的创造力。

3. 培养幼儿的注意力、控制力，并充分享受歌唱活动的快乐。

活动过程：

1. 导入部分

（1）幼儿听音乐自由动作，要求能与音乐的速度基本一致。

（2）教师带领幼儿一边听音乐一边做与新歌歌词相符的动作，并引出歌词。

（3）教师带领幼儿按歌词和节奏从慢速到快速进行练习。

2. 展开部分

（1）学唱新歌《我的头和我的肩》，用整体听唱法从慢速到快速学唱新歌。

（2）初步学习将视觉材料与演唱速度相匹配进行歌唱活动，体验歌曲快慢带来的快乐。

方法：

出示图片，提问：

①刚才我们唱歌的时候速度有没有变化？是怎样变化的？

②这两根线条哪一根表示快快地唱？哪一根表示慢慢地唱？为什么？

③这根线条表示我们怎么唱歌？

（3）幼儿操作音乐卡进行自由创编，发展幼儿创造力。

方法：幼儿用音乐卡创编快慢速度不同的演唱方案，与同伴相互交流并演唱歌曲《我的头和我的肩》。

3. 结束部分

幼儿结伴游戏,让幼儿充分享受歌唱活动的快乐。

方法:幼儿两人一组,在音乐声中边唱边做"我的头……"或"你的头……"等。

思考:这一音乐活动设计有何独到之处?请对活动中方法的选用进行评价。

实例七:[①]

班　　级:大班

活动名称:健康领域活动——写在脸上的情绪

活动目标:

1. 能感知高兴、生气的面部表情特征,辨认不同情绪。

2. 有关注他人情绪和体验自我情绪的意识。

3. 能大胆运用各种方式表达自己的情绪。

活动过程:

1. 听《表情歌》,幼儿两两做动作,调动幼儿对表情已有的感性经验。

2. 观察情绪图片,引导幼儿感知面部表情特征,辨认不同情绪。

(1)教师出示各种高兴、生气的脸谱,引导幼儿观察。提问:这些小朋友是什么表情?请你说一说他们的眼睛、眉毛、嘴巴是怎样的?他为什么笑(为什么哭)?

(2)幼儿玩表情娃娃,辨认生气和高兴细致的面部表情特征。

①每位幼儿选择一个表情娃娃,边看边学,并讲述其表情特征。

[①] 此活动由重庆市九龙坡区杨家坪幼儿园李捷设计。

②幼儿把表情娃娃分类粘贴到黑板上。

③幼儿一起模仿每一种情绪不同的面部表情。

3. 听录音和看图片,学习关注他人情绪和体验自我情绪。

(1)出示图片并听录音:笑声。提问:他心情怎样?猜一猜,因为什么事他很高兴?你在什么时候高兴过?

(2)听歌曲《拉拉勾》第一段。提问:他的心情怎样?猜一猜。他因为什么事生气?你在什么时候会生气?

4. 听音乐和歌曲,用各种方式表达自己的情绪。

(1)听音乐《金蛇狂舞》,请幼儿把听到音乐时的心情用动作、表情表达出来。

(2)听歌曲《拉拉勾》,请幼儿把听到音乐时的心情用动作、表情表达出来。

5. 师生齐唱《快乐歌》,边唱边做动作。

思考:这一活动采用了什么方法让幼儿感知和体验不同的情绪?你认为这些方法有效吗,为什么?

实例八:[①]

班　　级:小班或中班

活动名称:美术活动——会跳舞的长线

活动目标:

1. 能用视觉感知长线细长、弯曲、轻柔的美。

2. 对手部运动与线条轨迹变化感兴趣。

3. 能大胆使用粉笔表现长线的美,会调换使用不同的颜色。

活动过程:

[①] 赵伶俐、申毅主编《幼儿综合美育操作活动及指导200例》活动65,西南师大出版社1996年版。

1. 教师随乐曲舞动长绸带,幼儿观赏飘舞的长绸带。

(1)提问:老师手中的绸带是怎样的?长长的绸带是怎样飘的,它飘得轻还是重?柔还是有力?是弯曲还是直直的?(让飘动的绸带轻抚幼儿脸蛋)绸带飘到脸蛋上感觉怎样?这长长的、弯曲的、柔柔飘动的绸带像什么?

(2)请幼儿观察老师的手臂动作的运动轨迹及手腕的动作,并指导幼儿放松手腕忽上忽下、忽左忽右随意地挥动手臂模仿老师舞动绸带的动作。

2. 幼儿在悠扬的乐曲中一边尝试大胆地手舞彩带,一边观赏彩带飘动时形成的轻柔、弯曲、流畅的长线。

3. 幼儿在悠扬的乐曲中用粉笔在地面进行长线涂鸦练习。启发幼儿说说自己画的长线像什么?

思考:这一活动为了达到目标采用了哪些方法?你认为这些方法在组合上有何特点?

实例九:[①]

班　　级:小班或中班

活动名称:科学活动——想站立的蛋宝宝

活动目标:引导幼儿探索使蛋站立起来的多种方法,激发幼儿的好奇心,发展幼儿的思维能力与动手能力。

活动准备:

1. 熟蛋若干个,事先让幼儿用蜡光纸剪贴五官,装饰成蛋宝宝。

2. 沙盘、瓶盖、玻璃瓶、积木、沙包、旧手帕、碎布等辅助材料若干。

---

① 《幼儿教育》1999年11期,第16页。

活动过程:

1. 激发幼儿兴趣

(1)幼儿做律动《学做解放军》。

(2)教师出示蛋宝宝说:蛋宝宝也想学解放军做立正的动作,你们认为蛋宝宝能行吗?

2. 引导幼儿探索在平面上让蛋站立的方法

(1)让每个幼儿拿一个蛋宝宝,引导他们通过操作,探索让鸡蛋在平面上站立的方法。

(2)请幼儿介绍自己的操作结果。

(3)提问:许多小朋友都认为只有将蛋宝宝磕一个小洞,才能使蛋宝宝站起来。如果不将蛋宝宝弄破,有什么方法可以让它站起来呢?

3. 引导幼儿借助辅助材料探索使蛋站立的方法

(1)我们请材料王国的朋友们来帮助蛋宝宝站立起来,好吗?

(2)引导幼儿观察各种辅助材料,并说出它们的名称。

(3)鼓励幼儿大胆使用各种辅助材料,自由探索使蛋站立的方法。

(4)请幼儿介绍并演示自己是用哪几种方法使蛋宝宝站立起来的,使其体验成功的乐趣。

思考:这一活动设计有何特点?请运用教学方法的有关理论进行点评。

实例十:[①]

班　　级:小班

活动名称:语言活动——可爱的小动物

---

① 周兢主编《幼儿园语言教育活动设计与组织》第193页,人民教育出版社1996年4月版。

活动目标：

1. 教会幼儿正确地说出小动物的名称，准确地发出"咕""汪""蹦"各音，并协调地做手势动作。

2. 要求幼儿喜欢与老师、小朋友做听说游戏，知道在集体面前说话要响亮。

3. 教幼儿学会倾听老师讲解游戏要求和规则，掌握游戏方法，遵守游戏规则进行游戏。

活动过程：

1. 出示小木偶，引起幼儿兴趣以及对儿歌的回忆。教师以游戏"小动物来做客"引出小动物，从而激起幼儿的兴趣，并启发幼儿回忆儿歌《可爱的小动物》，集体复习朗诵。在幼儿念儿歌的同时，教师出示相应的小动物木偶。

2. 幼儿在教师引导下学习用手势来表现小动物的形象，边念儿歌边配合手势。

3. 做游戏。教师报出小动物的名字（即儿歌的前半句）之后，要求幼儿立即正确说出该动物的叫声或动作并做手势。待幼儿熟悉玩法后，可适当加快速度。

4. 教师对此游戏略加改动。教师说出小动物的叫声或动作并做手势之后，幼儿正确说出这种小动物的名字。游戏的速度可由慢到快。

5. 幼儿自由结伴玩游戏。幼儿可两人、三人组合玩游戏，游戏方法可让幼儿选择。

思考：这一小班语言活动设计在方法选择上有何成功之处？你认为哪些方法用得好？为什么？

实例十一：[1]

班　　级：大班

活动名称：美术活动——可爱的小鸟

活动目标：

观察小鸟并画出鸟的不同姿态，能力弱的幼儿能画出鸟的基本特征；提高审美及想象能力。

活动过程：

1. 播放鸟叫的录音，引起幼儿兴趣。让幼儿说说平时见过哪些鸟。

2. 感知鸟的外形特征。

（1）欣赏录像，引导幼儿欣赏鸟的各种姿态及美丽的色彩，使幼儿对鸟有整体上的认识。

（2）观察图片——许多不同姿态的鸟。让幼儿描述鸟各部位的特征，提问：小鸟的身体是由哪几部分组成的？小鸟的头是什么形状的？小鸟的身体像什么？小鸟的翅膀停着时和飞时有什么不同？小鸟的尾羽是什么样的？小鸟的脚和什么动物的脚差不多？（根据幼儿的回答出示相应的分解图。）

3. 拼摆小鸟。启发幼儿用小鸟的各部分分解图组合成不同姿态，并说说拼摆的顺序。

4. 幼儿作画。

（1）出示大幅森林图片，激发幼儿兴趣。

（2）要求幼儿画出不同姿态的小鸟，鼓励能力弱的幼儿大胆作画，画出小鸟的基本特征。

5. 评讲。展览幼儿的作品，启发幼儿讲讲自己最喜欢哪幅作品中的小鸟，为什么？用贴五角星的办法选出最佳小鸟。

---

[1] 《学前教育》1999年第3期，第23页。

思考:这一美术活动与以前的美术活动在方法上有什么不同?你认为这些不同体现了什么教育思想?

(2)翻出你的教案本,重新审视你已拟订的活动方案,分析其成功与失败,并结合工作实际重新进行活动设计。

(二) 教学方法选用的评价指标

1. 教学方法符合教学活动目标和内容特点,并能有效地达到目标。

2. 方法选用符合本班幼儿年龄特点,为幼儿所喜爱。

3. 方法选用灵活多样,合理综合,有创新。

4. 选用的方法符合现代教育思想,体现情趣性、操作性、直观形象性、审美性。

第四章

幼儿园教学语言的艺术

　　幼儿园教学语言是教学信息的载体,它是幼儿园教师完成教学任务,实现教学目标的主要工具。幼儿园教学语言艺术水平的高低直接影响教育教学效果,它是教师提高教育教学质量的基本技能;也是构成幼儿园教学艺术的关键因素,正如前苏联教育家苏霍姆林斯基说:"教师的语言修养在极大程度上决定着学生在课堂上的智力劳动效果。"[①]

一、幼儿园教学语言艺术的含义及作用

　　幼儿园教学中的有声语言即是幼儿园教学语言。所谓幼儿园教学语言艺术指幼儿园教师在教学过程中遵循教学规律,语

---

① 苏霍姆林斯基《给教师的建议》(下),教育科学出版社,1981年,第289页。

言生动、规范、流畅、正确有效地传递教育教学内容的语言艺术。在此主要指幼儿园教学口头语言。优化的幼儿园教学语言艺术有助于激活幼儿心智活动,启迪幼儿思维;有利于培养幼儿良好的品质,有效促进幼儿能力的发展。如:活动——"星球故事多"教学中,教师放一段宇宙录像后,说:"录像中有黄色、蓝色还有许多宝贝在发光,多漂亮。你知道这些是什么吗?"教师用好奇的语言激发幼儿的求知欲和想象力,娓娓动听的语言深深地吸引幼儿注意力,将抽象的宇宙知识变成生动可见的画面,易使幼儿产生想学、乐学。又如:音乐活动——"音乐阶梯"①,为了让幼儿能生动、形象了解音阶,设计如下:①教师在钢琴的伴奏下讲述故事"有一天,一只小老鼠肚子饿了,想偷东西吃。它悄悄地溜进一栋房子里,找呀找,一会儿跑到楼上(弹奏或刮奏上行音阶);一会儿跑到楼下(弹奏或刮奏下行音阶)。这时机灵的小花猫发现了,扑过去捉老鼠(奏重叠的大三和弦),它们逃呀追呀(弹奏或刮奏下行音阶,并在音的末端紧接着奏重叠的大三和弦)"。提问:现在它们在楼上还是在楼下?小花猫在哪里捉到了老鼠?你怎么知道的?②启发幼儿进行相似联想。提问:刚才钢琴键盘比作了什么?钢琴键盘同楼梯有什么相似的地方?教师小结:都是一级一级的,楼梯越往上越高,键盘越往上音越高。③提问诱导幼儿感知音阶逐级滚动的美感。提问:小老鼠怎样上楼下楼的?那么老师又是怎样在钢琴上往上往下弹奏的?这种声音听起来感觉怎样?后面环节略。该活动本来很抽象,但教师以猫在楼上楼下捉老鼠的情境语言将抽象的知识变成具体可感的形象知识,深深地吸引幼儿。在活动中幼儿

---

① 赵伶俐等主编《幼儿园综合美育操作活动及指导200例》西南师范大学出版社。

思维十分活跃,学习的积极性、主动性强,教学重难点迅速突破,顺利完成教学任务。

总之,优化的幼儿园教学语言艺术能促进幼儿素质全面发展甚至影响幼儿终生。

二、幼儿园教学语言艺术应遵循的基本原则

(一)情感性原则

1. 情感性原则的基本含义及作用

幼儿园教学语言的情感性指在教学过程中,教师以饱满的激情、抑扬顿挫的语气传递教学信息,实现教育目标的语言艺术。幼儿年龄小,情感发展以情绪占主导地位,具有易感性,即听到伤心的故事会情不自禁地哭,听到低沉的语调会感到害怕,听到欢快的语调会手舞足蹈。如综合活动——"扩散":观察一滴颜料滴在水里的变化,教师用富有激情好奇的语调说:"小朋友仔细看一小滴颜料滴进水里会有什么变化?"接着把一滴红色颜料滴进瓶里的水中,看到红颜料在水中慢慢扩散,教师很自然地惊叹:"哇!多美呀!"此时幼儿情不自禁地鼓掌,脸上露出兴奋的神情,有的幼儿还争着说"老师我要做。"教师富有感染力的语言就像磁铁一样牢牢吸着幼儿,使幼儿的情感随着教师语言的变化而起伏,促使整个课堂师幼情感交融,产生共鸣。因此幼儿园教学语言应有情感性,以此拨动幼儿心弦,调动幼儿感情,快速有效实现教育教学目标。

2. 遵循情感性原则应注意

(1)教师以真情实感的教学语言感染幼儿。

(2)掌握好情感的力度,切忌过分和做作。

(二)形象性原则

1. 形象性原则的基本含义及作用

幼儿园教学语言的形象性原则指教师运用生动形象、娓娓动听的语言传递教学信息,将抽象定义变成具体形象可理解的知识,变枯燥为有趣,从而达成教学目标的语言艺术。幼儿期幼儿的思维以具体形象为主,思考问题凭借具体形象或表象,这就要求幼儿教师在课堂教学中教学语言要带有形象性。无论是对实物演示的说明还是对探索过程的指导以及讲述事件都应选择幼儿易理解、形象直观的语句,才能变繁为简,变枯燥为有趣。形象的教学语言能产生对幼儿的说服力和感染力,吸引幼儿注意,激发幼儿的学习兴趣,启迪幼儿思维。如:数学活动——"认识数字4",为了帮助幼儿记住抽象的数字,学习时教师问幼儿:"4这个图形像什么?"幼儿回答:"像一面小旗",教师:"像小旗一样的数字叫'4'"。教师形象的语言让幼儿很快就掌握了教学要求。

2. 遵循形象性原则应注意

(1)教学语言生动、形象

幼儿园教学语言的形象性应是生动形象的,它应使幼儿将学的知识变成"看得见,摸得着"的认知效果。课堂上常发现有的教师讲课生动形象,幼儿听得津津有味,兴趣盎然,课堂气氛愉快、轻松;而有的教师讲课照本宣科,课堂气氛死气沉沉,幼儿无精打采,自己玩自己的。因此,教师教学语言是否生动、形象直接影响教学效果。幼儿园教学语言只能根据幼儿年龄特点及感性经验设计直观语言,深入浅出,才能取得好的效果。如:美工活动——"撕撕贴贴"①的引入"春天来到了,大树妈妈穿上漂亮的衣裳。"(师出示范图)"你们看大树妈妈美丽的衣裳用什么做的?用多少片树叶做成?这许多树叶是大还是小?""大树妈妈说:'我的宝宝还没有衣服,请你们给我的宝宝做和我一样的漂亮的衣服,好吗?'。"幼儿争先恐后地说:"老师,我要给树宝宝撕贴花衣服。""我要给树宝宝撕贴五颜六色的衣服。""我要给树宝宝穿方形衣服。"生动形象的教学语言充分激活了幼儿的心智活动,利于教学目标的实现。

(2)善于修辞

幼儿园教学语言要可感、可理解,常常借助于修辞。幼儿园常用的修辞手法有比喻、拟人、夸张等。例如常听幼儿园教师上课时说:"……就像……"、"像……",这便是使用修辞帮助幼儿理解,有效实现教学目标。如音乐活动"七个好兄弟"②为了达成"幼儿能感受 c~b 的七个固定音高逐级上升的乐音美"的目标,设计了这样的引入:边演示音符图卡边讲童话故事"在一个美丽的小村庄,有一个音乐之家,家里有 7 个儿子,它们的嗓子特别好,都很喜欢唱歌。它们的名字叫 1、2、3、4、5、6、7。每天它们很早就起来练声,歌声很美。听,现在是谁在唱歌?"逐一放录音,然后让幼儿模拟。提问:"这七个好兄弟叫什么名字?"小结:我们平时唱的、听到的歌曲都是由这七个音组成的,都是这七个好兄弟编成的故事。现在我们来唱唱这"七个好兄弟"编成的歌。该环节将音阶赋予生命,采用拟人修辞手法,幼儿易掌握抽象的音阶。

---

① 赵伶俐等主编《幼儿园综合美育操作活动及指导 200 例》,西南师范大学出版社。

② 赵伶俐等主编《幼儿园综合美育操作活动及指导 200 例》,西南师范大学出版社。

(三) 启发性原则

1. 启发性原则的基本含义及作用

幼儿园教学语言的启发性原则是指教师用充分激发幼儿学习的内部诱因，调动幼儿学习主动性和积极性的语言有效传递教学信息，完成教学任务的语言艺术。

幼儿园教学语言遵循启发性原则既能激发幼儿学习兴趣和求知欲，又能激活幼儿思维，使幼儿在整个活动过程中积极去听、去看、去想，甚至还会使幼儿体验到积极思考的乐趣，致使幼儿在活动中感觉轻松愉快，从而产生好学、乐学的审美情趣。如：语言活动看图编故事——"救小鸭"，①教师出示（遮着下半部分）图片，让幼儿仔细观察和想象"森林里的动物可能在干什么?"幼儿自由讲述。②引导幼儿观察动物的表情，"动物们焦急的神情说明森林里可能发生了什么事，请你们猜一猜。"幼儿自由编情节。③出示被遮着的图片："原来小鸭掉进坑里了，请你们想办法救出小鸭。"于是幼儿围绕"救小鸭"编了各种各样的故事。该设计语言层层递进，具有启发性。而有的教师认为启发性教学语言即是要多问几个问题，课堂上就连珠炮似问幼儿"是不是""对不对"，这种一问一答不经幼儿思考的教学语言毫无启发性，也不可能很好地完成教学任务。如常识活动"认识小兔"中引导幼儿认识小白兔的外形特征及用途一环：

师：小兔头上有没有嘴巴？

幼儿：有。

师：有没有鼻子？可以干什么？

幼儿：有，闻萝卜、青菜。

师：有几只眼睛？眼睛可以看什么？

幼儿：有两只眼睛。看萝卜。

师:小兔的耳朵是长还是短?摸一摸小兔的皮毛感觉是软还是硬?数一数有几只脚?

从上例看出教师的教学语言只是为了机械地完成教学环节,毫无启发性,幼儿被动接受,这种单一、枯燥的语言最终导致幼儿思维呆板,毁灭幼儿本身的学习兴趣和求知欲望。

2. 遵循启发性原则应注意

(1)语言应激疑、析疑。

(2)鼓励幼儿质疑和释疑。教师通过启发语言的点拨、引导、引发,目的是激发幼儿主动积极发现问题、解决问题,从而发展幼儿的思维能力、想象能力,学会求知。因此,幼儿园教学语言的启发性应贯穿课堂始终。

(四)逻辑性原则

1. 逻辑性原则的基本含义及作用

幼儿园教学语言逻辑性原则指教学过程中语言连贯、层次清楚,准确地表述概念,严密地进行推理,语词语句环环相扣的语言艺术。幼儿园教学语言的逻辑性有利于培养幼儿的逻辑思维能力,有助于幼儿掌握传递的信息以及发展幼儿语言的连贯性、完整性。如:

语言活动仿编诗歌——"家"。[1]

教学目标:

1. 引导幼儿说自己对家的感受。

2. 感知诗句结构的特点。

---

[1] 教案提供者:河南新乡育才幼儿园陈玲。

教学环节：

1. 感知诗句中两种事物的相关性。

教师提问：

(1)蓝蓝的天空是谁的家？能不能说蓝天是小鱼的家？为什么？

(2)小鸟生活在哪儿会觉得很舒服？什么地方是小鸟的家？

小结："家"就是我们经常生活的地方，是让我们感到非常舒服、非常温暖的地方。

2. 感知诗句前面的定语修饰。

教师提问："白云、小鸟、小鱼、蝴蝶和小朋友是怎么夸自己的家的？"

3. 感知整句诗的结构。

教师提问："什么样的天空是白云的家？什么样的地方是小鸟的家？"……

4. 根据诗句节奏和结构特点仿编诗句。

(1)天空除了是"蓝蓝的"，还有哪儿美？可以用什么好听的词来夸它呢？

(2)天空除了是"白云"的家，还可以是谁的家？

(3)请你用"什么样的天空是谁的家"编一句优美的诗。

从以上各环节看出：此活动语句简练，环环相扣，逻辑性强，幼儿在教师的层层推进中明确了诗的结构，了解诗句中两事物的联系，结果想象丰富，仿编的诗内容丰富：如裙子是裙子花边的家；衣服是纽扣的家等等。

2. 遵循逻辑性原则应注意

(1)要积累课堂教学常用语言，根据幼儿的理解水平深入浅出讲解。有的教师在课堂教学时出现备课很充分，但站在讲台上，话到嘴边却说不出，课堂教学语言断断续续，吞吞吐吐，无逻辑性,这是由于课堂教学的常用语言积累不够造成。

（2）提高自身逻辑控制力。逻辑控制力差的教师在课堂上无法将自己思路说出来,想说的说不出来,说出来的却不是想说的,即使再作补充幼儿仍不理解,表现为语无伦次,翻来覆去,不得要领,这是由于语言思路混乱所致。为此,教学时教师的每段话都应明确表述一个中心,每句话都为了说明这一中心而排列有序,形成环环相扣的语言链。例如:美术活动——"我们都穿花花衣"[①],其目标为"能对事物进行多色彩视觉审美感知;能体验五颜六色、五彩缤纷、五光十色等词语中所含的美感……"。其设计是出示"春姑娘"的幻灯片。师:美丽的春天来了,春姑娘穿着花花衣来到森林里和动物们做游戏,动物们看到春姑娘漂亮的花花衣高兴极了,争先恐后地说,春姐姐我要一件花花衣。春姐姐说,好!我听说小一班的小朋友很能干,我就请你们帮助我做许多五颜六色的花花衣送给你们。(师引导幼儿讨论什么样的衣服才美),讨论完后师说:"我给蝴蝶做花衣,先用纸团在红色颜料盘蘸一些颜料,轻轻地印在纸上,把红颜料纸团放进空篮子,然后再取一个纸团蘸我喜欢的蓝色颜料……"教师在和幼儿一起玩色中进行示范。整个活动语言流畅,层次清晰,过渡自然,幼儿在美的语言中不知不觉获取知识,发展能力。

(五)简练性原则

1. 简练性原则的基本含义及作用

幼儿园教学语言的简练性原则指教学过程中教师语言简约、要点不繁,语言简练且突出中心,幼儿能听懂易掌握的语言艺术。

---

① 赵伶俐主编《幼儿园综合美育操作活动及指导200例》,西南师范大学出版社。

幼儿期幼儿有意注意时间短,教师传递信息时应充分把握该特点,用精简易懂的语言在幼儿有意注意时效内传递信息,才能让幼儿学得轻松,有效完成教学任务。

2. 遵循简练性原则应注意

(1)课堂每一环节设计简约有效语言。有的教师为了说明一件事故弄玄虚,拐弯抹角,说了长篇大论才切入主题,幼儿听起来很疲惫,毫无兴趣,而正当教师讲解关键问题时幼儿已无精打采、哈欠连天,严重影响教学效果。如音乐活动——"让座",引入环节:①启发谈话:你去坐车的时候,有时有座位吗?②出示"让座"图片:这是什么地方?你是怎样知道在公共汽车上?老爷爷上车有座位没有?小朋友是怎样做的?③教师小结图片内容,交代新课内容。该活动本是唱歌活动,教师的引入花费了很长时间也未点题,当进入主题时幼儿注意力已分散,教学效果差。从该设计看教师无效语言太多。又如:体育活动——"跳房子"在其基本部分有这样一环:教师将串子分给幼儿,引导幼儿动脑筋进行探索:这个东西像什么?可以怎么玩?比一比,看谁最聪明。(幼儿自由玩)玩后教师小结"刚才小朋友都积极地开动脑筋,为我们手上的东西想了这么多名字、玩法,老师告诉你们,你们手上的东西是由一个个硬硬的珠子、扣子、瓶盖子串在一起的,叫串子,今天我们要用它来玩一个非常好玩的游戏'跳房子'"。教师拐弯抹角说了许多才引出如何玩,幼儿高涨的参与活动的兴趣几经折腾已大减。

(2)克服语病。课堂教学中有的教师每说一句话都要带口语如"啊"、"嗯"、"好不好"等。幼儿模仿性很强,有的幼儿说话不自觉地学会了教师的口语,如:有一幼儿讲孙悟空的故事时说"孙悟空嗯有一根嗯金箍棒。"一句话里有两个"嗯"字,长此下去会影响幼儿一生。

三、幼儿园教学语言艺术的构成

幼儿园教学语言艺术具体体现是课堂口头语言艺术,它要求教师依据教学目标和内容,用连贯、完整语句设计书面教案,并转化为教学过程中幼儿能理解的艺术化口头语言。幼儿园教学语言主要艺术有:

(一)语调术

语调术指课堂上用口语但又不直接依赖语词语句而表达情感和意图的艺术。具体指语言的旋律以及声调的高低、升降起伏变化。语调对课堂教学意图的表达、感情色彩的表现起十分重要的作用,它直接影响幼儿接受信息质量。美国心理学家塞门斯说:"在教师的许多特性中,声调占着一个重要的地位。……有时教师的失败,是由于他的声调太弱,学生听不清他的话,而他不能用他的声调来控制学生的注意。另一方面,有些教师的声调如粗糙的晨号声,听着就非常刺耳。"我国研究者丁传禄等人调查研究资料表明:教师运用高亢型语调、抑制型语调、平缓型语调进行教学,班级学习正确率在59.4%~81.9%左右;而采用变换语调教学的班级,学生的情绪兴奋,注意力集中,反应灵敏,学习成绩正确率达到98%。在教学中有的教师不注意课堂教学的语言语调,从开始到结束语调平淡、语气严肃,有的幼儿一直处于紧张状态,害怕教师训斥,无暇顾及教师讲的内容;有的幼儿易产生疲倦感,课堂上不听教师讲课,自己玩自己的,教学目标无法完成。

幼儿园教学语言的语调调种颇多,有低沉、高昂、平直、曲折等等,各用于表现不同的感情色彩。一般幼儿园教师多使用以上四种语调,每次课堂中不是单一使用每种,而是几种混合使用,有助于师生交流信息,而且对于教学组织,调动幼儿积极性起很重要作用。

(二)修辞术

修辞术是指课堂教学中运用常见修辞方法组合语言,提高语言表达效果的艺术技巧。修辞在口头语言、书面语言都运用颇多,恰当的修辞语言能使语言生辉,增强感染力,收到出乎意料的效果。幼儿园教学语言常用的修辞有比喻、拟人、夸张、摹状。

1. 比喻

比喻就是打比方。它是根据两种不同事物之间的类似特点,把一种事物比作另一种事物的修辞方法。由于幼儿年龄小,知识经验少,有许多抽象的知识不易理解,因此,教师在讲述幼儿不易理解的经验时要求用幼儿易理解的语言讲述,于是往往采用比喻法。例如:散文——"花的沐浴",当教师让幼儿欣赏完散文后,再次欣赏散文时提出"花儿在雨中干什么?""花是怎样沐浴的?"……"你们扮演一朵一朵花在雨中沐浴,用优美的动作和表情,轻轻地、慢慢的表演花儿'洗澡'的愉快感觉。""沐浴"一词比较抽象,教师形象比喻成"洗澡",迅速突破了教学难点。又如:数学活动"时间转转椅",如何让幼儿理解时间的抽象性、流动性、重复性呢?教师采用比喻的方法将时间的抽象特点深入浅出的传递给幼儿,其语言设计如下:

师:(出示"宝宝的一天"图片,指导幼儿按从早到晚的时间顺序给图片接龙,最后拼成一个圆形)宝宝从早到晚地生活,过了一天又一天,"天"像坐转转椅,转了一圈又一圈。你的一天和宝宝一样吗？

幼儿：自由说。

师：还有哪些时间像时钟、天一样转了一圈又一圈？（引出周、年、四季）

幼儿：联想丰富，顺利理解时间的重复性。

2. 拟人

拟人是把非人类的一切有生命、无生命的事物比作人类的修辞方法。幼儿最喜欢拟人手法，在他们想象里，世界的万物都是有生命、有感情、有语言的。教师若能恰当运用拟人修辞法，定会使幼儿学习兴趣浓厚，记忆深刻。怎样才能运用好拟人手法呢？

第一，博览群书，拓宽自己的知识面。无论对有生命还是无生命的物质都应了解，特别是幼儿园涉及最多的动植物、自然现象等有所了解，这样在传递教学内容时才能用准确语句、词汇描述。如语言活动——"米皮皮的敲敲长"[1]：①师讲故事"米皮皮的敲敲长"。提问：米皮皮的敲敲长让哪些东西长大了？为什么要让它们长大？米皮皮让哪些东西缩小了？为什么要让它们缩小？②略。③"敲敲长"真奇妙，如果你有一根神奇的"敲敲长"，你想让什么东西长大或缩小？为什么？幼儿兴趣浓厚，争着说：我要用"敲敲长"把洪水赶走，因为它淹没了我们的家，冲走了庄稼；我用"敲敲长"把操场的石头缩小，免得把我们绊倒；在此不一一列举。教师将一根不会说话的小棒编成有趣的故事，通过故事既发展了幼儿的语言表达能力，又理解了抽象的道理，比单纯的说教效果好得多。由此说明，拟人修辞法是幼儿园教学

---

[1] 活动提供者：重庆市北碚区朝阳幼儿园董琴。

语言艺术的重要组成部分。

第二,根据实际恰当、适时运用拟人手法。如:科学活动——"保护水源",其中一环:出示水没被污染和被污染两幅图,让幼儿仔细观察图上的小鱼生活怎样。观察完后师小结:(第一幅图)"小鱼欢快地说:河水清又清,河水甜又甜,喝了它,我的身体真正棒,喝了它我的心里乐开花。"(第二幅图)"小鱼伤心地说:河水脏,河水臭,河水让我好难受,喝了它我的身体变得差,喝了它憋得我心里直发慌。小朋友们帮帮我,河水为什么会又臭又脏?"教师以小鱼的口吻将幼儿的情感引入两个世界,保护水源的意识在形象生动的语言中萌发。

再如"剪贴水果",教师示范讲解剪果子的方法时说:"小剪刀像运动员在操场的跑道上沿跑道线慢慢地跑,不要跑出线外。"教师边讲边示范剪苹果,幼儿很快掌握了剪水果的技能。

3. 夸张

夸张是指为了增强语言表达的效果,对事物进行扩大或者缩小描述的修辞方法。幼儿好奇心强,运用夸张能激发幼儿的学习兴趣,发展他们的想象力,萌发创新意识。运用夸张手法时,一要注意事物本身的逻辑性,不能为了迎合幼儿兴趣胡编乱造,应考虑教学内容本身的科学性和教育性。二要有针对性。如美术活动"开心先生和生气小姐",其目标"能对夸张的高兴、生气等面部表情形象进行审美感知……"在引出部分,教师首先放映滑稽录像,幼儿边看边大笑,教师及时让幼儿互相观察大笑时嘴、眼的变化。幼儿积极性十分高,七嘴八舌地议论,迅速掌握了夸张的高兴或生气时嘴、眼变化的基本特征。

4. 摹状

摹状是指对客观事物的形状、声音、色彩加以准确、生动描绘的修辞方法。运用摹状修辞方法,不仅能真实地表现事物特征,而且通过气氛渲染可以把事物说得更生动、形象,使人如见其形、如闻其声。摹状修辞法对年幼儿童来说符合其思维特点,能帮助其更好的理解知识。例1:小班美术活动"圈圈、圈圈、圈圈"[1]:①观赏旋转的贴有圆形彩条的伞,引导幼儿感受圆形线条轻快、流畅、旋转、扩张的美。提问:伞上有什么?圈圈看上去是怎样变的?②相似联想,这些越转越快、越转越大的圈圈像什么?(蜘蛛网、睡觉的蛇、蚊香等)③画像这些东西形状一样的圈。幼儿有了具体可感的表象,很容易画。例2:美术"美丽的弧线"中让幼儿能感知弧线弯曲柔软的美感特征;能根据弧线的形象特征进行相似联想。教师设计了"我与月亮打电话"游戏,让幼儿感知弯弯曲曲的电话线引出美丽的弧线,幼儿仔细观察电话线,易理解和掌握画弧线的技能。

例3:大班音乐活动"我们大家一起唱"[2],为了达成"幼儿能体验2~3种声音节奏在相同时值内重叠组合的和谐美,具有较强的节奏感。"教师以幼儿常接触的钟声、表声为典型材料,让幼儿充分感知,然后用碰铃模仿钟报点声、沙球模仿钟摆声、双响筒模仿表秒声。运用摹状手段顺利完成了教学目标。

运用摹状修辞法应注意:

第一,了解幼儿的心理水平。

第二,熟悉儿童语言。

第三,积累各种知识。

---

[1] 赵伶俐主编《幼儿园综合美育操作活动及指导200例》,西南师范大学出版社。

[2] 赵伶俐主编《幼儿园综合美育操作活动及指导200例》,西南师范大学出版社。

(三)停顿术

停顿术指教师传递信息时,根据教学的需要采取语句与语句之间、语段与语段间的恰当停顿的语言艺术。课堂教学语言的停顿术能起到叙述清晰,引起幼儿有意注意和思考的作用,甚至收到"此时无声胜有声"的效果。停顿分为有意停顿、语法停顿、逻辑停顿。

有意停顿是课堂教学中幼儿注意分散时教师停止教学的讲述以引起幼儿注意或在讲述中为了强调某一个语意、某种感情的停顿。如:儿歌"吹泡泡"中为了让幼儿理解该诗歌的句式"……是……的泡泡",即:果子是果子树吹的泡泡,露珠是小草吹的泡泡,雨点是云朵吹的泡泡,星星是月亮吹的泡泡。教师朗诵"是泡泡"时有意停顿,幼儿很快就掌握了诗歌的句式。

语法停顿是语句之间符号的停顿。停顿长短的顺序为:句号、问号、叹号>分号、冒号、逗号>顿号。① 语法停顿对于幼儿掌握关键信息很重要,有的教师在课堂上只顾讲完内容而不管幼儿是否听懂,因此幼儿只听到教师的声音,却不知道讲的内容,由此教师课堂中运用语法停顿十分必要。

逻辑停顿是根据语意之间的联系及强调重点而进行的停顿。例1:活动——"团结果"中有"能从群体或对抗性的活动中初步感知团结齐心力量大的美"的目标。教师组织"拔河游戏"说:"请最高最胖的叔叔和两个小朋友拔河,看谁赢谁输?""咦!叔叔为什么赢了?"(教师在"赢了"停顿);又请了十几个幼儿和叔叔比赛,结果幼儿赢了,师小结:"人多团结齐心力量大",师在

---

① 张茵主编《幼儿教师教育基本能力训练与评估》,东北师范大学出版社,第99页。

团结、齐心、力量大三个地方停顿,强化了教学重点。

总之,停顿术在实际运用时主要把握住暂时和声短气不断两个要领。

(四)重音术

重音术指教师在教学口语表述中为了突出某些语词和情感倾向在声音上特别施加力量的艺术。一句话重音落处不同,包含的意图就不相同,重音实际上是教学语言力度的具体表现。课堂教学语言用重音强调教学重点或关键字词不仅能引起幼儿的注意,还会促其思考和重点记忆。如美术活动——"蹦蹦跳跳的小点点":(让幼儿画点)首先教师在欢快跳跃的乐曲声中,让幼儿观赏闪烁的彩灯。师说:"这是什么?""小彩灯是什么模样的?""它的模样小小的、圆圆的。我们叫它小点点。"教师在小小的、圆圆的、小点点上加重语气,贯穿活动始终加深了幼儿的印象,突破重难点。教师运用重音术时应根据不同的教学内容确定不同的重音;还需要在备课时认真分析教学目标,找准重难点,才能有效发挥重音术的艺术价值。一般幼儿园教学语言的重音常出现在教师的小结语中。

(五)节奏术

节奏术指在教学口语的表述中由语言的快慢、强弱变化而形成的语流态势艺术。有节奏的教学语言能准确、鲜明地体现教学内容和情感。幼儿园的教学内容千差万别,不同的教学内容赋予的节奏不同,如舒缓的内容教学语言缓慢、轻柔;轻快的教学内容教学语言欢快;悲伤的内容教学语言缓慢、低沉。幼儿在千变万化的语言节奏中体验各种意境,获取知识,发展能力。有节奏的教学语言还能使幼儿的心智活动处于最佳状态,教学语言语调速度的变化能吸引幼儿的注意,激发幼儿的学习兴趣,幼儿在学习的过程中不易疲劳。因此,教师掌握好教学语言节奏术能使一节节课犹如一篇篇优美的乐章,幼儿的学习活动犹如步入艺术长河沐浴美的阳光,启智冶情。心理学研究表明:长期处于一种刺激下,大脑皮层会受到抑制,学习效率极低;在课堂教学中节奏单一的语调或一成不变的语速犹如催眠曲,学者无精打采,教者完不成教学目标。由此,幼儿园教学语言节奏变化显得十分重要。

幼儿园教学语言节奏术的运用类型见表4-1。

表4-1 幼儿园教学语言节奏术的运用类型

教学内容的类型	节奏术的运用
欢快、诙谐、幽默的内容	节奏轻快 声音清晰、语势跳跃
庄重、悲痛、沉重的内容	节奏沉稳 语速较缓、语音强有力
宁静、舒缓的内容	节奏舒缓 语速缓慢、音轻而不重
紧张、急迫的内容	节奏强劲 语速快、音重、语势猛
一般内容	节奏平缓 语速不快不慢、音适中、语势自然

运用节奏术应注意:

(1)每个教学活动的教学语言节奏应有变化,节奏在对比中才能发挥其价值,如高低、快慢、轻重等。

(2)一个活动中多种节奏的使用,注意过渡自然,形成流畅美。如:常识活动"轻柔的'舞蹈'"能用视觉感知动物动态轻、慢、柔的美感特征。①观察金鱼的外形美感特征,教师教学语言节奏轻快。②观察金鱼鳍的动态即轻、慢、柔的美,教师教学语言舒缓,语速慢。两个环节目标不同,内容不同,教学语言的节奏不同。然而"轻柔"联结两个环节,使其自然过渡。

(六)语气术

语气术指在教学中用口头语言的力度、幅度、速度和间断来表达自己的感情或暗示某种意图的艺术。

语气术的使用对课堂教学意图的表达,感情色彩的表现以及讲课的生动性、情感性等起十分重要的作用,在课堂中常产生"不明说但有那个意思,明说了未必真有那个意思"的效果。它是课堂教学语言艺术的直接基础。

课堂中根据不同的情境和内容注意语气的变化和使用。首先,语气的使用要准确,不能含糊其辞,也不能用否定的语气表达肯定的意思,避免引起幼儿思维的紊乱。其次,要交叉使用好疑问、感叹、祈使、叙述等几种语气,不能一味平铺直叙,会分散幼儿注意,使幼儿感觉枯燥无味。再次,幼儿园教学中多运用亲切、柔和的语气,尽量避免斥责、讽刺挖苦的语气。幼儿园课堂教学中语气术的好坏直接影响课堂心理气氛。如:一小班教师组织任何教学活动教学语言的语气温柔、亲切,饱含着对幼儿的热爱。当幼儿回答问题出现错误时,她则轻言细语地点拨;当胆怯幼儿举手时她用欢快肯定的语气鼓励,因此该班幼儿个个性格开朗、活泼,心智活跃。

(七)幽默术

幼儿园教学语言幽默术指教学过程中,根据教学内容、目标巧妙运用风趣、机智教学语言的艺术。它是幼儿园教学语言艺术较高水平的体现。

幽默是智慧的火花,是现代人应具的品质。西方有人把幽默作为衡量一位优秀教师的指标。米·斯维特洛夫说:"我一直认为教育家最主要,也是第一位的助手是幽默。"①德国著名演说家海因·雷曼麦说:"用幽默的方式说出严肃的道理,比直截了当提出更能为人接受。"②幽默的教学语言委婉含蓄,意味深长,引人入胜,妙趣横生,令人发笑,同时启迪思维,令人回味。幼儿园教学语言幽默术运用好能强化幼儿的记忆,幼儿长期在幽默语言的熏陶下,有利于心理健康和良好个性养成,同时能启迪智慧。如:大班美术活动"头形变变",导入时放"小小理发师"VCD碟,幼儿一听音乐和歌曲很滑稽,边看边笑边说,思维十分活跃,对各种发型有了初步审美评价。当幼儿自己设计发型时想象十分丰富,千奇百怪的发型都有,结果全班幼儿设计60多种发型。评价作品时全班幼儿笑声不断,幼儿的想象力在这种幽默的氛围得以萌发。

四、幼儿园教学语言艺术的评价与训练

(一)幼儿园教学语言艺术的评价标准

1. 语音准确,语词语句简练,无口语。
2. 语流畅通,富有节奏感。
3. 语句环环紧扣,层次分明、有严密的逻辑性。
4. 语句生动、形象,情感充沛,富有感染力。
5. 语句规范、完整,表述清晰。
6. 语言充满智慧,富有启发性和审美性。

---

① 许遐达"幽默是教育的助手"原载《上海教育》1991年第6期。
② 阎承利《教学最优化艺术》教育科学出版社,第124页。

(二)幼儿园教学语言艺术的训练

1. 根据幼儿园教学语言艺术的评价标准,对以下活动方案进行具体评价。

活动一:

小袋子飞起来[①]——大班科学活动

主要目标:1. 培养孩子主动参加科学的兴趣。
　　　　　2. 探索风会让轻的物体飞起来。

渗透目标:培养孩子动手操作的灵活性和仔细观察的习惯。

活动重点:探索怎样让小袋子飞起来的方法

活动难点:探索袋子为什么会飞起来,学习如何打结。

活动准备:(略)

活动过程:

一、导入部分

1. 教师扮演知识姐姐,孩子们扮演小博士。

知识姐姐:请各位能干的小博士到研究室进行科学研究!

2. 知识姐姐:小博士们,知识姐姐先考考你们,看谁说得又对又快!什么东西会天上飞?鼓励孩子们说出自己知道的天上飞的东西,越多越好。

二、展开部分

1. 想一想:小袋子会飞吗?

(知识姐姐出示小袋子)提出问题:"请小博士们想一想小袋子会飞吗?为什么?"请孩子们说说自己的想法,发表不同的意见。

2. 试一试:小袋子会飞吗?

[①] 此活动方案提供者:重庆渝北区渝北幼儿园周秦。

请孩子们选择自己喜欢的小袋子进行试验小袋子到底能不能飞?(教师了解孩子们探索的方法)"你的小袋子飞起来了吗?""你用的什么方法呢?""小袋子能飞多久?"

3.说一说:小袋子飞起来了吗?

小博士展开"成果交流会"进行讨论,请小博士介绍自己的试验结果:"我的小袋子——,我用的方法是——"。

4.比一比:风筝和小袋子有什么不同?

①出示风筝,提问:风筝能飞多久?为什么?

②知识姐姐边跑边让风筝飞起来,提问:风筝为什么没有落下来呢?请孩子们发表自己的看法。

③小结:因为风筝的纸很薄、很轻,还有长长的线,跑的时候,风就让风筝飞起来。

④提问:小袋子应该怎样才不会落下来呢?小博士试一试:拴上线小袋子能飞多久?

5.做一做:我的小袋子能飞起来!

小博士们用各种形状的绳子连接小袋子,教师注意个别辅导,鼓励小博士之间互相学习,掌握打结的方法并选择自己喜欢的小彩条装饰小袋子。

三、结束部分

1.知识姐姐和小博士们到户外玩一玩,看看自己的小袋子飞得怎么样?知识姐姐和小博士们一起总结:风会让轻的物体飞起来!

2.说一说:风还会让什么东西飞起来?提供材料让幼儿试一试。

思考:1.此活动方案的导入部分中教学口语是否具体、精练和具有启发性,你认为应该怎样设计才有效、可行?

2.活动方案中教学语言是否流畅、逻辑性是否强?请评价展开部分的第4点。

活动二：

数学活动"学习8的组成"

活动目标：

1. 学习8的组成，了解8分成两份有七种不同的分法，学习按序分合。

2. 引导幼儿观察两个部分数之间的互相关系（增1、减1）。

3. 启发幼儿运用互换的方式省略相关的几组分合式。

活动准备：

1. 放大的操作材料，贴绒数字，分合号。

2. 红白两种颜色的片片（每人8片），材料纸若干；彩色笔、铅笔人手各1支，材料纸若干；分隔点图的操作、材料。

活动过程：

一、集体活动

复习7的组成——对数"碰球游戏"。

"今天我们来玩碰球游戏，我报的数和你报的数合起来是7。比如，我唱：嘿嘿，我的1球碰几球，你们就得说：嘿嘿，你的1球碰6球。接下来我唱：嘿嘿，我的2球碰几球，你们就该唱什么了呢？"（在绒纸板上出示贴绒数字7）"7共有几种分法呢？"

"好，复习了7的组成，那比7大1的朋友是谁呢？'8'，你们想同数字8做朋友吗？好，下面我们就一起同数字8做游戏来学习8的组成。老师这儿准备了许多丰富的材料，现在我把它们发到你们的手中。"

二、小组活动

第一组，剪贴格子

"譬如，第一组小朋友玩的是剪贴格子的游戏。首先，我们就应该看看材料上的数字是几，然后就拿有几个格子的长条纸，再把它们剪成两份,把剪开的格子贴在材料纸上,剪一次贴一次,看看8个格子剪成两份共有几种剪法,剪好以后说一说:8个格子可以分成几格和几格,几个格子和几个格子合起来又是8格。"

第二组:翻片片记录

第三组:给圆点涂色记录

三、活动评价

三组中,分别将个别幼儿的操作材料放大贴黑板上,集体检查。

(一)学习8的组成

"我们一起来看看,这些活动完成的对不对。先看看两数合起来是不是8?(如:老师和幼儿一起点数方格子,报总数)那我们再看看,每一组的分合有没有重复?(如,第一组分成了1和7,1和7合起来就是8,第二组……)8分成两份有几种不同的方法?我们一起来数数(7种)。7比8怎么样?少1。前面我们复习7的组成时,也知道了7有几种分法,一起来数数(6种)。6比7怎么样?对,也少1。这就说明,任何数分成的组数都要比总数少1。那好,现在我们知道,8分成两份共有7种不同的分法,7呢?6呢?5呢?……"

"你们再看看哪一组合式是有顺序的。"

教师用贴绒数字将有序的几组分合式记录在绒板上,并请小朋友一起来读两遍。

(二)引导幼儿观察两个部分数之间的互补关系。

"好,下面我们再来看看左边的数,下面一个数比上面一个数怎样?对,多了1。那你们知道这多的1是从哪里来的吗?好,我们再来看右边的数,下面一个数比上面一个数怎么样?少1。噢,现在我们知道了,左边多的那个数是右边少的那个数。"

(三)以互换的形式,启发幼儿省略几组相关的分合式。

"这7种分法中,有哪几组分合式你不写出来,别人也能知道?"教师出示有互换的分合式。(如:8/1\7 就可以想到 8/7\1。)并问幼儿"为什么?"启发它们理解数与数的互换关系,并讨论4和4这组能不能省略不记。

```
    8
  / | \
 1   7
 2   6
 3   5
 4   4
```

四、游戏:

"我们一起来玩8的分组游戏,比比谁拿得准,拿得快。老师出示数字几,小朋友就要快速、正确的拿出它合起来是8的数,比如,我拿3,你们就该快速地取出5,又如老师拿1,你们就该取7,好,下面我们就开始做游戏,请小朋友们准备好,开始……"。

思考:

1. 根据幼儿园教学语言艺术评价标准评价此活动的教学语言。

2. 作为数学活动教学语言该如何设计?请你重新设计。

提示:数学活动的教学语言应精炼准确,逻辑性强,富有启发性。

3. 请翻出你的教案,重新审视你的教学语言,进行教学活动语言设计。

第五章

幼儿园教学的非语言艺术

20世纪70年代以来,教育科学出现了一个新的领域——举止神态学。它运用社会学和心理学的理论知识,研究在教育活动中教师的体态语言即教师的动作、姿态、眼神、目光等非言语信号对教学活动的影响。尤其近30年来,世界各国有成就的教育家、心理学家都非常重视体态语言的研究,把它作为未来教育学和心理学的一个发展方向,并兴起一种专门研究体态动作传达人的思想情感信息的学科——举止神态学。美国伯德惠斯特尔教授写了《举止神态学初步》册子。加拿大著名华裔心理学家江绍伦认为:"在交往中,有时词并不很发挥作用,它们必须辅以非语言的符号,没有它则难以达到理想的效果。"[1]美国心理

---

[1] 俞国良著《教师体态语言的教学功能》,《教育探索》1990年,第4期。

学家艾伯特梅拉宾通过实验提出了一个公式：信息资料的总效果＝7％的词语＋38％的声音＋55％的人体动作、面部表情。由此可见，信息交流中非语言交流的重要性。

幼儿时期，由于心理活动的具体形象性和无意性，非语言的交流占有特殊地位。研究教学活动的非语言艺术是研究幼儿园教学艺术的灵魂。

一、幼儿园教学非语言艺术的含义与作用

(一)幼儿园教学非语言艺术的含义

教学过程本质上是师幼之间有控制的人际沟通过程，沟通的工具有有声语言和无声语言，两种形式互为补充。在幼儿园教育教学中教师不仅使用口头语言传递信息，沟通情感，而且还用无声语言表情传意。这种无声语言即指教学非语言又叫体态语言。所谓教学非语言就是教师通过手势、表情、姿态等传递教学信息的一种无声语言。它主要包括手语、头语、眼语、表情语言、空间语言等几个方面。

(二)幼儿园教学非语言艺术的作用

活动中教师的一举一动都在幼儿的视线之中，不管教师的主观意愿如何，幼儿都会注意模仿教师的举止，因此，教师的举止直接影响教育教学目标的达成度。教师在教学中能准确有效地运用体态言语辅助口头言语，会使课堂收到良好的效果。美国心理学家、哈佛医院儿童心理部主任罗伯特·布鲁克斯曾说："体态语言对于教师帮助学生保持长时注意以便于完成任务而

言,不失为一种强有力的措施。"① 由此说明,体态语言的交流有时是口头语言交流无法取代的,其效果远胜于口头语言。比如教师在课堂上正讲到高潮时发现有的幼儿东张西望或捉弄身边的同伴,教师边讲边走到该幼儿的身边轻轻地抚摸他的头,该幼儿立即会安静、认真听课;如果教师停下来斥责他说:"××小朋友请你不要摸同伴,认真听老师讲课。"这将会产生副作用,一方面影响教学进程,另一方面会伤害幼儿自尊心,所以,在该情景中教师的手语效果远胜口头语言。幼儿园教学非语言艺术的作用具体表现为以下几个方面:

1. 有助于激发幼儿学习兴趣,组织教学

心理学研究表明:幼儿在接受信息时,靠单一的感觉器官易使幼儿感觉疲倦,注意力分散。体态语言将幼儿视听觉有机结合起来,教师传递的信息从不同的角度刺激幼儿的感官,能充分调动幼儿学习的积极性。幼儿时期幼儿的情感具有强烈的感染性,而体态语言具有形象性、情境性、丰富性,能充分调动幼儿的学习兴趣,激发幼儿积极动脑、动口、动手,使课堂中师幼双方产生积极的双向交流,高效地完成教学任务。如教师进入教室精神振奋,炯炯有神的目光环视全班小朋友,幼儿的注意力立刻会被教师的神情吸引。教学过程中,对主动、积极发言的幼儿报以肯定的微笑,投以鼓励的眼神,幼儿的思维会随教学进程的推进而不断活跃;对分心走神的幼儿,教师以专注的目光注视或用手势提醒,他们的注意力会很快集中。如:数学活动"7的组成",当教师让幼儿探索7根小棒分成两组,有几种分法,探索活动完后,教师请幼儿收拾学具,对幼儿的操作结果进行归纳概括,一

---

① "体态语言在组织教学中的运用",原载《教育时报》,1991年10月11日。

幼儿始终埋头玩学具,针对此现象该教师没有中断讲解,走到该幼儿面前,用手轻轻模拟他的头,该幼儿立即停止了玩弄学具,注意听讲。

2. 有助于突出重点,调控教学进程

幼儿时期幼儿感性经验少,有意注意时间短,思维以具体形象为主,由此要求教学时间不能太长,课堂中应辅以直观形象的体态语言。体态语言既有助于补充、强化有声语言的不足,可使有声语言富有感染性和鼓动性,还可以调控教学进程。众所周知,眼神、表情是一个人内心世界的晴雨表,教师对幼儿在教学中学习态度的了解多数靠观察,从幼儿的眼神表情的反映调节教学进度,改变教学方法,增减教学内容。很多时候,有声语言讲解的一些内容较抽象,有时教师费许多口舌幼儿仍听不懂,但辅以相应的手势,幼儿立刻明白。例如:小班美术活动"圈圈、圈圈、圈圈"①,其中一条教育目标是"幼儿能用手腕画圈",教师不能直接给幼儿说"画圈时用手腕画",因为小班的幼儿不懂"手腕"是什么意思。为了突破此难点,设计如下:第一,感知体验。教师穿上有横条纹的彩色裙子由慢到快原地转圈,让幼儿感知圈儿的动态美,并进行审美联想;第二,书空练习。请幼儿伸出食指画圈,幼儿自由地画,教师巡视幼儿运腕画的情况;第三,示范练习。请一位幼儿表演自己是怎么画的,教师说:小朋友仔细看××画圈时手的哪个地方在动。然后,教师夸张手腕画的动作以加深幼儿的理解,结果全班幼儿迅速掌握了此技能。

---

① 赵伶俐等主编《幼儿园综合美育操作活动及指导 200 例》,西南师范大学出版社。

3. 有利于教师与幼儿的感情沟通

教师的体态语言在课堂中对幼儿学习的积极性和沟通师幼情感起催化作用。教师精神饱满、面带微笑、教态亲切自然会营造愉快轻松的教学气氛,幼儿在这种和谐的气氛中就会乐学、好学。如:在教学过程中,教师以鼓励、信任的目光关注胆怯的幼儿,该幼儿会大胆地举手发言;教师以赞赏语气肯定调皮幼儿的成功,幼儿会长时间控制自己的不良行为,专心听教师讲。总之,教师的一个亲切目光、一个赞许微笑、一个肯定点头都会缩短教师与幼儿的心理距离,沟通双方情感,激发幼儿学习热情。反之,教师精神萎靡、表情冷漠或严肃,幼儿会感到害怕、紧张,整个教学气氛冷清,教师只是传授者、导演,幼儿只是接受信息的容器,是观众,导致幼儿在课堂上心不在焉、学习的主体性无从谈起。

二、幼儿园教学非语言艺术的要求

幼儿园教学非语言即体态语言是一门艺术,作为艺术本身,面对不同的观众、题材、背景等,不同的演员有不同的释译。教师同样如此,他既是演员,又是导演,对学习和研究体态语,创造性地发挥体态语的作用具有极大的价值。应用非语言艺术时应注意:

(一)自然、得体

教师的课堂体态语言是教师内心的情感和思想的流露,应随着教学内容、课堂情景的变化而转换。幼儿模仿性强,教师的一举手、一投足、一顾一盼都会成为幼儿效仿的对象。因此,教师课堂上的手势、眼神、表情应根据幼儿的不同年龄、不同教学内容恰如其分,自然、得体,切忌矫揉造作、装腔作势。有的教师在课堂上一动不动,面部表情呆板;有的慌乱不安,六神无主,在教室中间走来走去,手臂不停地挥动;还有的目光固定盯着天花板,不盯幼儿,这些不得体的体态语言直接影响教学效果,有的对幼儿产生负面影响。如:有位教师课堂上手不离铃鼓,组织幼儿安静听,喜欢用铃鼓来指示;当幼儿大声吵闹,注意力分散时,手中的铃鼓"啪、啪、啪"响个不停。该班幼儿在玩角色游戏幼儿园组时,有一幼儿当老师,自始至终手拿铃鼓,时不时使劲敲铃鼓,观看游戏的教师问:"你为什么一直要拍铃鼓?"幼儿答:"我们老师上课就是这样。"试想,不得体的体态语言将会给幼儿多深的影响,有的甚至影响终身。

(二)和谐

幼儿园教学体态语言主要有手势语、眼语、面部表情语言等,这几种体态语言在课堂上可以单独使用,但综合使用的效果更好。综合使用时注意几者的和谐美,这是体态语言的审美要求。体态语言和谐美有两层意思:第一,各种体态语言协调一致即眼语、手语、表情表达的意图要一致,否则会起不好的作用。如有一教师进行故事教学,表情随着故事情节的变化而变化时,忽然发现有一幼儿影响身边的同伴,该教师用眼睛看着他,轻轻地走到他面前,用手抚摸他,此刻的眼语、手语都提醒幼儿听讲,该幼儿马上看着老师专心听讲。又如:散文"花的沐浴"为了让幼儿能体验散文优美意境,有这样一个环节:听录音朗诵,闭上眼睛欣赏,当听到"花在雨中沐浴"时,辅以手在身上轻轻的、柔柔的抚摸,脸上露出愉快的笑容,表情、手语与眼语协调一致幼儿随之体验到优美的意境。

第二,体态语言与有声语言一致。体态语言作为教学语言有其优势,但有不足,在表情达意上不如有声语言简洁明快,特别是幼儿理解力差,如果只有体态语言就可能导致幼儿不理解教师的意图。体态语言和有声语言配合使用,取长补短,那么会取得事半功倍的效果。

(三)适度

幼儿园体态语言运用适度指课堂中体态语言的力度、幅度、频率根据教学内容、目标的需要而定。做到力度适中,幅度不过大,频率不宜多,根据有声语言的需要该用则用,不可滥用。体态语言过多会分散幼儿的注意,影响教学目标的达成,如有的教师在课堂上一会儿扯衣服,一会儿摸头发,一会儿摸教具,手不停地动,幼儿注意教师手的变化,没有专心听讲;还有的教师为了表示自己与幼儿之间距离近,不停在幼儿座位中间走动,一会儿摸这位幼儿,一会儿摸那位幼儿,类似这些不适度的体态语言都会影响教学效果。因此,幼儿园教师课堂教学体态语言要适时、适度、恰到好处。

三、幼儿园教学体态语言的类型及技巧

幼儿园教学体态语言的类型主要包括眼神、表情、手势、空间距离,而这几类体态语言在课堂中的运用则不同。

(一)手势语言类型及技巧

1. 手势语的含义及作用

手势语在生活中应用广泛,表达力很丰富,在某种情景中人们往往情不自禁地用手势语感染他人,增强说服力,特别是演讲者常用手势强调自己的思想情感。如美国总统福特最爱用拳头

表示激愤感情;威尔逊善用手势感染观众;罗斯福则善于借助于手的变化来增强他的演讲力度等。因此手势语在生活中的意义具有其独特作用。学前儿童心理学表明:幼儿时期的记忆以表象记忆为主,教师传递信息辅以手势,幼儿回忆时借助生动形象的手语来联想有声语言,便会牢固记住学习的信息。由此说明,手势语言对幼儿园教学十分重要。

幼儿园教学手语是指教师根据教学内容需要,用手或胳膊的动作来传情达意的体态语言。手势语是幼儿园教学非语言的重要组成部分,它能增强有声语言的说服力和感染力,弥补有声语言的不足,强化幼儿的记忆,促进教学目标的实现。

幼儿园教学手势语一般来说在突出教学重点或难点、表达关键词语或重要意图时使用,其基本要求为:自然得体,恰当准确,目的明确,节奏明快,手势幅度上不过头、下不过胸。在实际教学中有的教师手势语存在不良习惯,如自始至终手都在不停地比划,有的教师要么双手插入裤兜,要么揉眼睛、抠鼻子,要么不停地玩弄教具、衣扣等,过多过大的手势都易分散幼儿的注意力,过小的手势又不能引起幼儿的注意,只有适时、适量、适度的手势才能有效发挥作用。

2. 手势语的类型

幼儿园教学手势语一般分为指示手语、情感手语、形象手语。

(1)指示手语。指示手语指教学中用于组织、指导幼儿学习的手语。一般用于组织教学纪律,引起幼儿注意。指示手语在幼儿园教学中十分必要,幼儿年龄小,控制力差,课堂上常会出现七嘴八舌的热闹场面,这时教师大声喊叫幼儿安静的方法是不恰当的,一方面教师喊叫,幼儿不一定能听到;另一方面教师喊叫会惊吓幼儿。此时如果教师用优美、恰当的手势语则会收到良好的效果,因为手势语给予幼儿视觉刺激,调节听觉的疲劳,幼儿会感觉新奇、兴奋。如:有一位教师执教"我的小手真能干"时,问"你们的手有什么用处?"有些小朋友唧唧喳喳地说,致使教师和幼儿互相听不清,教师请了一个安静举手的幼儿起来回答,并竖起大拇指夸他,其他的幼儿也向他学习,举手发言,课堂立即安静了。又如有一位教师组织活动"认识鸟"的过程中,有一幼儿提出"鸡鸭是鸟类",许多幼儿展开热烈讨论,结果整个课堂热闹非凡无法推进,教师用拍手声的强弱指示幼儿安静,手声强弱弱、强弱弱,结果幼儿在富有节奏美的手声中很快就安静了。

指示手语有翘大拇指表示赞赏、鼓励,翘小拇指表示不行;食指放在紧闭的嘴上表示休息、安静;手心向上轻轻抬起,表示起立;手心向下表示坐下;强弱弱拍手表示由动变静。使用这些指示手语要干净利落、节奏明快,一般指示手语交叉使用效果最好。

(2)情感手语。情感手语 指教学过程中根据教学情景和氛围的需要表达情感的手势语言。情感手语能强化教师表达的思想情感,进一步沟通师幼交流,营造积极、愉快、和谐的课堂气氛。教学心理学表明:积极、主动、活泼的课堂心理气氛能使幼儿大脑皮层处于兴奋状态,易于受到"社会助长作用"的影响,能引起幼儿兴趣,从而更好地接受新知识,并在新知识的基础上联想、综合、分析、推理,进行创造性学习。例如:当小班幼儿答对问题后,教师轻轻地拥抱他,他会感到骄傲,他举手发言的积极性会倍增。又如:有一位教师执教"我的小手真能干",当幼儿回答正确,该教师就轻轻地亲一下他的脸,许多幼儿都想得到老师"亲吻",于是争先恐后地举手,整个课堂氛围轻松、融洽。

情感手语是根据教学的需要而运用,事前没有设计。因此,情感手语应适时、适度。

（3）形象手语。形象手语指教师根据教学内容、目的需要所运用的直观形象手势语言。形象手语一般用在讲解重点，突破难点时，为实现教学目标服务。形象手语符合幼儿年龄特点，是幼儿园教学的有效手段。例如：数学活动"时间转转椅"，其目标是感知时间的重复美。首先感知白天、夜晚、白天、夜晚；早上、中午、晚上，早上、中午、晚上的循环往复，进而感知四季的重复，然而幼儿理解时间的循环很困难教师采取形象手语与有声音语言相结合，师："时间就像坐上了转转椅，转了一天又一天"，伴以双手握拳在胸前交叉转动，幼儿很形象地掌握了教学目标。又如：学习儿诗"吹泡泡"的内容"果子是果子树吹的泡泡，露珠是小草吹的泡泡，雨点是乌云吹的泡泡"时，幼儿理解两事物的包含关系比较困难，教师在处理这一目标时用形象手语帮助幼儿理解，朗诵"果子"双手拇指、食指比画小圆圈，朗诵"果子树"双手拇指、食指比画大圆圈，依此类推，通过手势把事物的抽象包含关系变成形象可感，幼儿易理解诗歌中内容及其关系，当幼儿创编时想象许多大小相连的东西，如有的幼儿说"西瓜是大地吹的泡泡"，有的说"街灯是大街吹的泡泡"等等。

总之，三种手势语在教学中不是截然分开的，而是相联系的。运用时注意整体配合，协调一致，灵活自如，不能机械、僵硬地运用。手势语没有固定的模式，是教师情感、意图的反应，根据目标的需要自然引出，切忌牵强附会。

3. 幼儿园教学手势语的技巧

运用课堂手语做到：

第一，手语与教学内容相一致。既不可无目的地乱动又不可固定不变；

第二，讲求艺术。课堂中的手语与生活手语不同，带有很强

的艺术性,即手语自然得体、幅度频率适宜,有时赋予节奏;

第三,避免消极手势语。

(二)目光语言的含义与运用技巧

1. 目光语言的含义及作用

"眼睛是心灵的窗户"这是众所周知的至理名言。眼神是人们传递信息、交流感情的主要工具,从一个人眼神的变化可以窥探他的内心世界,一个人兴奋时眼睛瞳孔会放大,灼灼发光;生气时瞳孔放小。眼神给人奇妙的力量:鼓励的目光 让人做事信心百倍;怀疑的目光让人做事胆小谨慎;怒目给人胆怯、害怕。因此,眼神的表达力具有丰富性和微妙性,对人们的生活、工作具有十分重要的意义。同理,目光语言对于幼儿园的教学有其独特的作用。

幼儿园教学目光语言指通过眼神的变化来传递教学信息的教学体态语言。幼儿虽然年龄小,但幼儿会根据老师的眼神来判断老师对自己的喜欢程度。因此,幼儿园课堂教学中运用目光语言很重要。它可以沟通师幼情感,是维持良好课堂氛围的纽带,教师赞赏、鼓励、信任的目光给幼儿以信心;批评、否定的目光给幼儿以警告、提示;同时幼儿的眼神给教师教学的反馈,幼儿兴奋的目光激发教师组织教学的热情;烦躁不安的目光提示教师调节教学进度和内容、方法。教师从幼儿眼神微妙的变化捕捉幼儿内心世界及学习情绪的变化,获取教学的反馈信息。课堂中师幼目光的双向交流,能不断调节、推进教学进程,有效达到教学目的。

2. 幼儿园教学目光语言的运用技巧

幼儿园教学目光语言的基本要求:亲切、自然,富有美感,覆盖面广,以鼓励为主;切忌目光呆滞,游动不定,闪烁不停;避免耷拉眼皮,目光看窗外或墙壁以及把目光固定在几个幼儿身上。具体操作要领为:①教师要会看幼儿的眼神,以此调节自己的教学。如部分幼儿眼神游离不定,东张西望,教师用眼睛盯着他们,用眼神提醒他们认真听讲;当大多数幼儿大声讲话,自由玩耍,教师要马上分析是否因为幼儿听不懂或自己讲的时间太长幼儿感觉枯燥无味所致,及时调整内容和方法。例如:有一位教师组织音乐活动"摇篮曲",教师为每一位幼儿提供了一个洋娃娃,当教师和幼儿抱着洋娃娃欣赏摇篮曲时教师用目光扫视全班幼儿,发现有一幼儿眼睛东张西望没有进入意境,教师轻轻地走到他的面前用柔和的目光提示他,该幼儿的注意力立即集中。②教师用好自己的眼神。教师的目光是课堂中美的中心,目光的视角、视线长短或软硬都要影响教学效果,应做到:第一,目光分配要合理;第二,扩大目光注视区域;第三,多种目光交替使用;第四,提高使用目光语言的艺术。幼儿园教师运用好眼神的艺术有以下几点:

(1)环视

环视指教师目光覆盖全班幼儿。教师目光环视全班每位幼儿,表明教师对全班幼儿的关心和尊重,心中有全体幼儿,同时又是控制课堂秩序,提醒幼儿听课的一种艺术。整个教学过程中教师不时用热情的目光环视全班幼儿,使全班幼儿都感到被重视,学习的积极性、主动性高,教学的目标达成率高。

(2)注视

注视指教师根据教学需要把目光投注到个别幼儿身上。运用注视能细致地观察个别幼儿的心理变化,及时了解个别幼儿对所授内容的掌握程度;能制止个别幼儿的躁动,不中断有声语言,保证课堂教学的流畅;注视还能因材施教,如对于胆小的幼儿给以鼓励他大胆发言的目光,对于回答错的幼儿给以他宽容信任的目光,对于骄傲的幼儿给以提示继续努力的目光。

(3)探视

探视指教师针对内向、胆小的幼儿投注关心、柔情的目光。探视能增强胆怯幼儿学习的信心,减缓紧张心理,教师慈祥的目光给以他自信、自尊。

(4)虚视

虚视指似看非看的艺术。虚视对于个别上课爱动、爱说话的幼儿有提醒的作用;对于自尊心很强的幼儿偶尔思想开小差,教师用虚视立刻能唤起他的注意,如果长久注视他反而会伤害他的自尊心,影响他参与活动的积极性及良好的学习情绪。

总之,运用目光语言时教师要注意眼睛的瞳孔、视线的合理性,让其能充分表达自己的情感。

(三)幼儿园教学面部表情语言的含义及运用技巧

1. 面部表情的含义及作用

幼儿园面部教学语言指教师通过脸部和嘴部肌肉的运动传达或辅助传达教学内容及相关信息的体态语言,即面部表情语言。

著名作家罗曼·罗兰说:"面部表情是多少世纪培养成功的语言,是比嘴里讲的复杂千百倍的语言。"[1]面部表情能表达丰富的情感,即使微小的变化都富有深深的寓意,如嘴的动作:嘴唇全闭表示宁静端庄,半开表示惊讶疑问,全开表示惊骇等。因此,课堂上教师的面部表情有着重要的作用,它能激活课堂气

---

[1] 肖艺《景克宁教授的演讲与态势语言艺术》,《教育艺术》,1990年第4期。

氛,调整课堂沉闷、紧张的氛围及师幼关系,增强师幼情感的亲和力。

幼儿园教学中最常见的面部表情是微笑,微笑是一个人自信、乐观、积极向上的心理状态的反映。上课经常微笑对幼儿心理健康的养成起潜移默化的作用,如笑着请幼儿回答问题,幼儿会感到信任、鼓舞,会大胆地表述自己的感受,整个课堂气氛显得轻松、愉快、和谐,充满着欢乐和生机,幼儿就好学、乐学。有的教育家提出"用爱的微笑去征服学生的心灵。"[①]美国1988年总统教育奖获得者埃斯卡兰就把自己的教育哲学归结为爱的微笑,他认为这是自己多年来征服学生的诀窍。所以有人把微笑称作是"世界语"。为此,幼儿园教师在教学时要运用好微笑,幼儿的心理十分脆弱,她需要甘露滋润,教师的一笑也许会影响幼儿终身。当胆怯幼儿大胆举手回答问题时,要用微笑去鼓励和赞扬;当幼儿遇到困难时,要用微笑激励他战胜困难;当幼儿有过失时,要用微笑谅解。总之,教师一踏进教室就应面带微笑,随时调节自己的心理,始终给以幼儿亲切、和蔼、信任,开朗豁达,让幼儿在宽松、和谐的环境中成长。

2. 面部语言的运用艺术

幼儿园教学面部语言要做到面部表情丰富、适度、自然,变化速度不宜过快,切忌无表情。无表情指从一个人的脸上看不到内部心理情绪情感变化。课堂上教师没有表情会使幼儿产生拒绝感、疏远感,不利于师幼之间心理关系的相互吸引。幼儿园教学中有的教师上课,为了树立自己在幼儿中的威信,板着脸讲课,结果幼儿不喜欢该老师;还有的教师教育观念陈旧,自认为

---

① 阎承利《教学最优化艺术》,教育科学出版社,第134页。

是上帝,表情变化不定,时而笑、时而怒,幼儿无从适应。有人曾对师幼关系调查发现:幼儿不喜欢的教师中有95%的是由于不笑,幼儿认为看见她很害怕。因此,幼儿园教学中面部表情运用应讲求艺术。

(四)距离语言的含义及运用技巧

距离语言指幼儿园课堂教学中教师与幼儿相互交往中教师所处的角度和空间位置。它是幼儿与教师之间传递信息,交流感情的一种无声语言,是体态语言的重要组成部分。

幼儿期幼儿的情感具有依赖性,喜欢那些对自己亲切的人,哪怕是老师不经意的一眼,幼儿都会认为老师喜欢我,愿意听老师的话。因此幼儿园课堂教学中教师距离幼儿远近直接影响师幼情感的亲密度,同时影响教学目标的完成。不同的空间距离产生不同的"情感效应",反映出不同的师幼关系,也是教师儿童观的体现。观察发现,不同座位的排列方式和幼儿座位位置的不同,制约教学中教师与幼儿、幼儿与幼儿的交往范围和人际互动。研究发现,①马蹄型的座位排列,如图(5-1)的教学中,与教师交往最多的是正对面黑圈位置上的就座者,而空白圈位置上的学生容易避开教师的视线,互动的机会少。相反,马蹄型组合座位排列(如图5-2)的空间构成更有利于学生在课堂上的相互交往。圆形座位的排列(如图5-3),可最大限度促进师生间的交往活动,在空间特性上消除了座位的主次之分,有利于师生平等关系的形成。当教师的位置在圆圈之外时(如图5-3〈一〉),而且,当圆圈较大时,学生更多与邻座的同伴交往,当圆圈较小

---

① 伍宁《课堂教学时空构成的社会学的分析》,《教育研究与实验》1996年,2。

时,学生更趋向于与邻座的同伴交往。如果将教师的位置设定于圆圈中心(如图 5-3〈二〉)学生会表现出积极主动的交往,会提出更多的观点与想法。① 然而传统的秧田式座位排列(如图 5-4)是一种相对封闭的互相分离的空间,这种空间构成不利于学生之间的相互交流与合作,更不适合幼儿的特点。这几种排列方式中,都有一个教师的位置问题,有的教师从教学开始至结束都站在前台不移动脚步,给人很威严感觉,幼儿望而生畏,整个课堂气氛严肃、紧张,幼儿学习的兴趣、积极性和主动性无从谈起;有的教师在幼儿中间频繁地走来走去,本意是面向全体,个别指导,实则引起幼儿躁动不安,分散注意力。教师要掌握好课堂中师幼之间人际距离的适度。

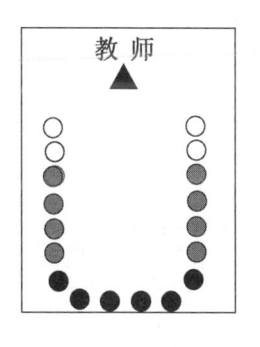

图 5-1 马蹄型座位排列

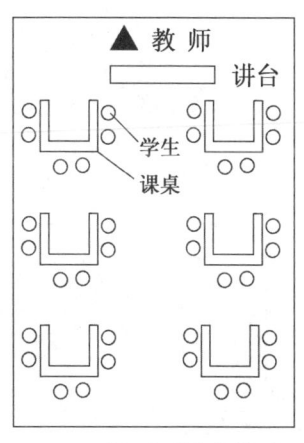

5-2 马蹄组合型座位排列

---

① 田慧生《浅谈课堂座位的编排设计及教育学意义》《上海教育科研》1995年,6。

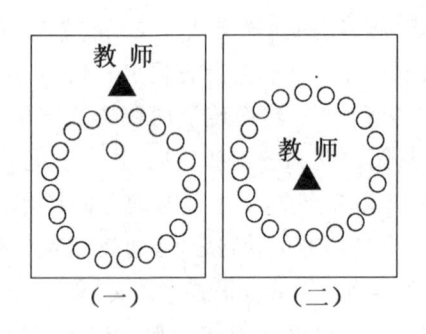

图 5-3 圆型座位排列

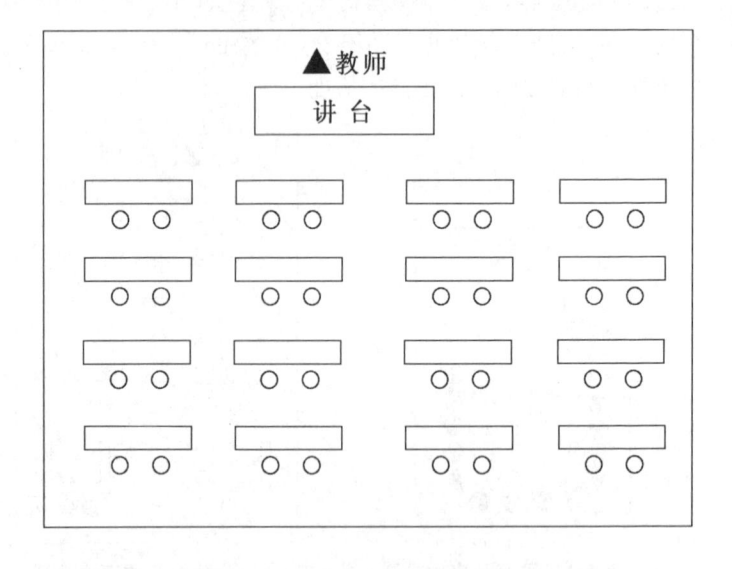

图 5-4 秧田型座位排列

幼儿园教学中距离语言要做到因地制宜、灵活掌握、走动自然大方,切忌刻意走动或装腔作势、定位少、走动过繁。

(五)幼儿园教学外表语言的艺术

1. 外表语言的含义及作用

幼儿园教学外表语言是通过教师服饰和打扮来辅助传递教学信息和影响教学效果的活动。

美国心理学家曾做过一个仪态影响的实验:[①]选择一位美丽的妇女,让其扮成临床心理学研究生,给大学生们的个性做临床评议。当这位妇女打扮得很不得体、无吸引力时,被试大学生似乎不关心她给予自己评价的好坏与否。然而,当她打扮得十分漂亮时,大学生都喜欢她,并重视她对自己的评价。由此说明一个人的外表语言十分重要。教师的外表是教师内在精神风貌、修养和对幼儿、对自己教学工作重视程度的表现。它是教师"第一印象"及第一印象持续影响教学的重要构成因素。有人曾对幼儿喜欢的老师作调查,发现幼儿喜欢教师的原因是由于教师漂亮,穿的衣服好看等。因此,教师的外表语言直接影响教学任务的完成。

2. 幼儿园教学外表语言艺术的种类

(1)教学服饰选配艺术

服饰语言艺术指根据具体教学需要和自身条件选择和配搭服饰的艺术。

幼儿园教学服饰主要是指教师的衣着。它对教师容貌、仪态、风度、形体起衬托作用,得体的衣着能引起幼儿美感,在这种潜移默化的美的氛围中学习兴趣浓,思维活跃。同时能促进幼儿顺利掌握教学信息。例如:美术活动"美丽的弧线",目标之一

---

① 傅道春编著《教师行为优化教程》,黑龙江教育出版社,1997年版。

是幼儿能感知曲线的柔软美。上课时教师穿了一件胸前襟绣有弯弯曲曲线条的背心,该衣着与教学内容相呼应。当老师问"在生活中,你看见过什么地方有这种柔柔的、软软的线条"时,幼儿异口同声地说"老师,你的衣服上有","老师,我的裙子边上绣有","我家的桌布上有"等,幼儿的思维异常活跃,教学目标达成高。又如:美术活动"颜色楼梯"其目的是幼儿能感知同一色渐变的色彩美。教师穿一条深蓝——较深蓝——浅蓝的扎染裙,走进教室,幼儿情不自禁地说"好漂亮",教师随机引出课题,整个活动效果十分理想。反之,不得体的衣着显得拖沓懈怠,无精打采,给幼儿一种不快的感觉,直接影响教学效果。如果教师认为幼儿喜欢艳丽,衣着过于鲜艳和新异,课堂上会分散幼儿的注意力;如果教师太重打扮,服饰变化的幅度太大,会使幼儿眼花缭乱,教学效果也不会好。总之,幼儿园教师衣着选配不是每天每次课都变换,而是根据具体情况决定,一般是朴实中见高雅情趣,整洁中见丰富涵养,给幼儿以简洁美、质朴美的感染和熏陶。

(2)教学发型艺术

教学发型就是教师通常保持的适合于自己个性及职业的发型。得体的发型使人显得精神、富有美感。但是发型不可能像服饰一样经常变化,上课一种,下课另一种,今天一种,明天一种,这是不可能也没有必要的。幼儿园教师教学发型艺术一般为自己选定一两种较为稳定的,最适合自己,能表现自己文化气质和精神风貌的,同时也适合课堂教学及执教者形象的发型。总之,教学发型艺术的基本要求为发型合身份、合气质。

3. 幼儿园教学外表语言艺术的构成要素

幼儿园教学的外表语言艺术是幼儿园教学非语言艺术的组成部分,它对于幼儿的发展有很大的影响,其艺术要素构成为:

(1)规范整洁、端庄,像一位教师。

(2)富有生气,协调、美观。
(3)有个人风格。

四、幼儿园教学非语言艺术的评价及训练

(一)幼儿园教学非语言艺术评价标准

1. 体态语言从容大方,不矫揉造作。
2. 适时、适度。
3. 几种体态语言有机配合使用,协调、和谐。
4. 体态语言和有声语言交互使用,一致、协调。
5. 体态语言规范,自然流畅,富有审美价值和感染力。
6. 教学外表脱俗得体。

(二)幼儿园教学非语言艺术的训练

1. 根据评价标准对下列活动进行体态语言的设计

活动名称:动、动、动[①]

班级:中班

活动目标:

1. 有对外部动态和心理动态以及反映这些动作的动词的审美意识。
2. 有由动词产生相应动作状态表象的审美联想能力。
3. 能理解和模仿使用常用动词,并体验到会用动词描绘动作的乐趣。

[①] 赵伶俐主编《幼儿园综合美育操作活动及指导 200 例》,西南师范大学出版社。

活动过程：

1. 引导幼儿运用视觉感知动物的外部动作，学习用动词进行描述。操场上的动物在干什么？河里的动物在做什么？启发幼儿学习用走、跑、跳、爬、举、顶、游、滚等动词描述动物的动作。（设计相应的手势）

2. 幼儿模仿动作理解和运用动词。（设想幼儿动作的变化，教师采取相应的体态语言）

3. 自由动作，学动词。（自由设计各种体态动作）

2. 请重新审视你过去的活动，并围绕上述体态语言的标准进行评定。

3. 请设计符合自己风格的外表。

第六章

幼儿园教学提问的艺术

现代教学论认为,教学的内容和方式对教学效率的高低具有决定性意义。在幼儿园的教学活动中,教与学、师与生、人与书、讲与练构成了极为错综复杂的联系,这种联系又主要是以信息的传递与反馈形式进行的。如果我们仔细分析一下这些多向交叉的联系网络,便不难发现令人注目的一个"聚焦"点,这便是教学的提问与答疑。

一、幼儿园教学提问的含义与功能

(一) 基本含义

提问源于"学须有疑"、"有疑而问",作为我国传统的学习理论,历来有不少论述。孔子主张"每事问",提出"疑,思之始,学之端",十分强调"疑",对于启迪思维、促进学习具有重要作用。宋朝的思想家、教育家张载也主张"学则须疑,譬之行道者,将之南山,须向道路之出自"。北宋哲学家、教育家朱熹则认为"大疑则可大进"……

设计精当、运用恰当的课堂提问,从幼儿的角度看,是对他们主体地位的尊重和确立。它不仅是幼儿获取知识和巩固知识的一条主要渠道,而且是启迪思维、开发能力、培养理解与驾驭语言能力和良好语言习惯的主要方法;教学提问还是调动幼儿的注意和兴趣、激发他们学习的主动性、积极性和创造性的重要手段。从教师的角度看,提问为化解教学的重点、难点提供了契机,并可以借此获取反馈信息,检查幼儿理解知识的深度、广度和精确度,同时,教学提问教师运用得好,为密切教师与幼儿之间的关系,活跃课堂气氛,使教师与幼儿的双边活动臻于和谐协调,创造了极为有利的条件。

"提问设计",其关键在于"设计"两字,强调不可信口提问,问问答答,而必须从教学的整体性出发,在教授内容的重点、难点、特点和疑点的结合点上精心设计问题,使问题能真正起到"牵一发而动全身的"的作用。

(二)幼儿园教学提问的意义

1. 提问是教学上老师与幼儿思想交流的重要手段

教学是一个系统,它由教师、幼儿、所教的内容等要素构成,这些要素之间是相互联系、相互依赖的,因此,教师的教和幼儿的学都不是孤立的活动,教师很多时候会借助问与答的形式获取相应信息,以调整自己的教学行为。如一教师在让幼儿感知人物表情的"夸张"美的特性时,发现许多幼儿更多描述表情特征的夸大现象,而没有能感知表情特征的缩小现象,教师敏感地捕捉到这一信息,及时调整了自己的教学。同样的,教师通过提问,发现幼儿的个别差异,因材施教,帮助幼儿获得最大的进步。

2. 提问能激发幼儿求知欲,发展幼儿思维

教师的提问,从某种意义上讲,是创设问题情景,使幼儿处于"愤""悱"的心理状态中,以激发幼儿的求知欲,开启幼儿思维,发展幼儿智力。从心理学上看,教学的动力来源于内部矛盾斗争。当教师的提问与幼儿原有的知识经验不相适应,自然会引起认知与冲突、失调,由此产生一种力求解决矛盾,使心理状态趋向于平衡的要求,这种矛盾解决后,心理上就得到暂时的平衡。教师在教学中的提问,有意识、有目的地设置问题情境,从而引起幼儿的认知冲突,激起探究的愿望。同时,教师的提问也为幼儿自己发现问题、质疑问难提供了范例,在教师精心设计问题的示范作用下,有些幼儿能发现和提出许多高质量的问题。

3. 提问有利于发挥幼儿的主体性

主体性主要指作为主体的人应具备的特性如主动性、积极性、创造性、自主性,它包括主体精神与主体能力。主体性的发挥是素质教育的源动力。在教学中,幼儿是主体,教师根据幼儿的认知结构特点教学内容、教学情景等精心设计教学提问,是教师教学艺术的创造性表现,也是教师主导地位的表现,教师的提问让幼儿沿着合理简捷的途径通过自己的智力活动去掌握人类的认识成果。它有利于激发幼儿"乐学""会学",在学习过程中发挥主体性。如大班科学活动——认识声音的震动,教师提出了这样几个问题:"你怎么知道有声音?""请你让篮子中的物品发出声音""你怎么发现它们有声音?""你周围哪些声音好听"?"哪些声音不好听?想一想怎么办?"等等,幼儿在这样层层递进的提问中,思维活跃、讨论热烈、学得积极主动,手、口、脑

的潜力都发挥出来了。教师的主导作用和幼儿的主体地位都得到充分发挥。

二、幼儿园教学中提问的类型与技巧

(一)提问的类型

教师设计的提问,从不同的角度可以分成几种不同的类型。这些不同的提问类型,以及各异的功能,在教学活动中发挥着不同的作用。因此,在提问设计中,对问题的研究就显得十分重要。提问的形式应该是多种多样的,这是因为,从纵向看,它必须考虑因教学流程中各个时机、环节的不同而不同;从横向看,则要依据教学内容和幼儿实际有所区别。如此纵横交织,便必须有多种提问方式来体现不同的教学功能,才能适应提问的运行机制。

教学提问可以从回答的思考方式、适应教学进程以及师生间信息交流的形式等角度分成不同的类型,它们有些是相互交叉的。

从回答的思考方式来看,有以下六种类型的问题:

1. 复述型问题

这类问题常用"是什么""怎么样"一类文字引出,一般能直接从教学内容中找到答案。如综合教育活动《贴贴、添添、说说》,教师提问:"熊猫来了,它长得怎么样?"要求幼儿用胖乎乎的、可爱的、美丽的、淘气的等形容词修饰。然后小狗、猴子、大象逐个出现,并向小朋友宣布这些动物都是高超的杂技演员,"它们表演的是什么杂技呢?"要求小朋友边说"小狗走钢丝"、"猴子爬竹竿"、"大象吹口琴"、"熊猫踩跷跷板",边进行添画或粘贴。从思考价值的角度讲,这类问题着重于语言上的理解。

2. 演绎型问题

这类问题是已经抽象出某种概念,要求幼儿答出具体表现,把概念具体化,常用"表现在哪儿"一类问题引出。如科学活动《秋天》,老师提问:"炎热的夏天过去了现在是什么天气?"幼儿答:"秋天",老师问:"你们是从哪儿看出来的?"幼儿答:"从树叶、天空、大雁那儿看出的。"这类问题不像复述型问题那样可以直接找到答案,需要一个"对号入座"的思考过程,所以,思想价值大于前一类。这类问题也为下面的概括型问题打下基础。

3. 概括型(或归纳型)问题

这类问题与前一类思考过程相反,要求从已有的事实中抽象出概念。这类问题就其概括水平的不同又可以分为两级。第一级是就课堂教材内容本身进行的概括,相当于小结,如语言活动《鹿角和鹿腿》,教师提问:"梅花鹿只喜欢鹿角,不喜欢鹿腿,对吗?为什么?"幼儿回答:"不对,因为她只看到了优点,没有注意到它的缺点;只看到了腿的缺点,而没有发现腿的优点"。第二级是就课堂教材内容进行整体概括,一般由"从……中可以看出……"的句式引出。如,接着前面的活动,教师继续提问:"从这个故事中,告诉了我们一个什么道理?"启发幼儿从事物的正反角度思考问题:任何事物都有他的优点和缺点,不能只看一方面。由于概括能力是逻辑思维能力的一个重要方面,这类问题的训练就显得比较重要。为了从小培养幼儿的概括抽象能力,实际教学中常常把演绎型问题和概括型问题结合起来组织提问。

4. 分析型问题

有的是分析事物间的因果联系,这类问题往往是用"为什么"引出,如主题谈话《我的家乡真美丽》,幼儿在实地参观的基础上,又观看了反映家乡风景名胜和建设成就的图片或有关录像、幻灯片、影碟等资料后,老师提问:"你觉得家乡哪儿最美?""你最喜欢家乡的什么?""你知道我们的家乡为什么会变得越来越美吗?"这类问题中间存在一连串的因果联系,通过提问使幼儿明确这种关系,找出依据,做出判断,通过分析推理,得到课堂教学内容中没有直接告诉我们的信息。分析型问题要运用概念、判断、推理,采用分析、比较、综合、抽象等方法,由此及彼,由表及里地思考问题,这是发展幼儿思维的重要的一类问题。

5. 想象型问题

通过想象或再现形象,这类问题适合幼儿的年龄特点,是发展儿童形象思维的重要手段。如美术活动《枕头装饰》,幼儿欣赏图片或实物后,感受到装饰后枕头的美,老师提问:"你想有个怎样的小枕头?"启发幼儿想象,并鼓励幼儿装饰得和老师的不一样。

6. 评价型问题

有对人物进行评价,有对事件进行评价,还有对幼儿作品进行评价。如欣赏漫画,老师在引导幼儿欣赏漫画后提问:"你看了这幅画后感觉怎么样?""你喜欢谁?为什么?"这样提问有利于幼儿在发笑中受到感染,表扬好人好事,批评坏人坏事。评价型问题难度较大,因对所评价的内容缺乏具体的指导,幼儿的思维难以定向,常常感到不易回答,因此不宜多用;但只要运用恰当,同样有利于发挥幼儿的创造性思维,并调动学习的主动性和积极性。

以上六种类型的问题对于思维发展的价值各不相同,应视幼儿年龄、课堂教学内容不同而灵活选用。对于幼儿来说可多采用复述型问题和想象型问题,随着年龄的增长,逐渐加大其他几类问题,以促进逻辑思维的发展。

从课堂教学中幼儿理解知识的进程看,提问又可以作如下的分类:

1. 引发性问题

新授内容开始时,教师借助提问激起幼儿学习兴趣。如数学活动《排序1至5》,其活动目的之一就是比较5以内数的多少,知道多1、少1的数量关系,而活动开始时老师采用手指游戏中的提问:"1多1是几?2多1是几?……5少1是几?4少1是几……"引入幼儿进入数学活动的主题。引发性问题不要求幼儿答得很完整,甚至不要求幼儿回答,目的在于激发求知欲望,让幼儿沿着这样的思路去学习。这类引发性问题,有的还让幼儿自己提出来。如语言活动《小蝌蚪找妈妈》,要求幼儿推测故事告诉我们什么,你想从这个故事中知道什么,幼儿提出了一系列问题:"小蝌蚪为什么要去找妈妈?""小蝌蚪是怎样找妈妈的?""他们最后有没有找到妈妈?""他们的妈妈是谁?"这些问题活跃了幼儿思路,引导他们主动地去探究故事的内容。

2. 疏导性问题

这是对幼儿不易理解的词、句子、事情以及必要的知识进行提问。如故事《小兔过生日》,事情发生在小兔过生日的时候,小花猫送的礼物是鱼,喜鹊送的礼物是毛毛虫,小花狗送的礼物是肉骨头,可是这些礼物小兔都不喜欢,小朋友感到难以理解,这时老师提问:"花猫认为鱼是最好的生日礼物,它想得对吧?"幼儿回答:"花猫想得对。"老师又问:"为什么小兔不喜欢呢?"幼儿回答:"因为小兔不喜欢吃鱼",老师又问:"花猫最爱吃鱼,所以,就送鱼给小兔,可是鱼是小兔不喜欢吃的,花猫应该怎样做才对呢?"幼儿回答;"花猫应该送小兔最喜欢吃的东西给它才对。"(同样的提问方式解决喜鹊、小花狗应该怎样做才对的问题),通过这种提问,可以帮助幼儿从对方的角度思考,摆脱以自我为中心的思考方式。

3. 总结型问题

在幼儿对教学内容有一定理解的基础上,要求进行总结,如故事《小羊过桥》,教学目标是通过教育幼儿同伴间要互相谦让,要有礼貌,教师通过桌面材料有表情地讲述故事,又通过表演游戏的形式请两位小朋友表演小羊过桥,最后教师提问:"这两只羊是怎么过桥的?他们说了些什么?怎样做才能又有礼貌又平安地过桥呢?"从而让幼儿概括地回答出:"两只小羊要过一座很窄的独木桥,它们懂得了应该让别人先过桥,如果别人让你先过桥,就说'谢谢你,那我先走了',这样才有礼貌。"又如故事《小红花找朋友》,讲完故事后,让幼儿根据故事内容一边分析一边总结,"为什么小红花不愿意和小红、小胖做好朋友,愿意和兰兰做好朋友?"为了鼓励幼儿讲出生活中的好人好事,还可以进一步提问:"小红花还愿意和哪些好孩子做好朋友?"总结性问题要求对教材内容进行概括,对于幼儿来说,难度较大,宜放在后面出现。

4. 感想性问题

让幼儿谈谈参观后或故事听完后或观察后的感想。如参观了当地有名的建筑后,要求幼儿说:"你参观后,印象最深的是什么?""看到家乡的变化,你内心感到怎样?"

这种分类可以跟教学进程结合进来,在不同的阶段采用不同的问题,帮助幼儿步步深入地理解教学内容。

从课堂中师生间信息交流的形式看,又可把问题分成以下几类:

1. 特指式提问

这是对某个特定的幼儿直接发问。如在培养幼儿的方位知觉能力时提问"××小朋友,请你说说,你的前面是谁?""你的后面是谁?""你的左边是谁?""你的右边是谁?"这种提问既可以使幼儿集中注意力,又可以检查个别幼儿的学习效果。

2. 泛指式提问

不先确定某一个人来回答,其目的是为了引起全班幼儿的思考或讨论。如:"小蝌蚪找到了妈妈,跳上荷叶靠在妈妈怀里,你们想想看,小蝌蚪会对妈妈说些什么呢?"当一个泛指性问题提出后,教师应该期望幼儿有多种回答。

3. 重复式提问

在某个幼儿提出一个问题后,教师重复这个问题让别的幼儿来回答。如科学教育活动《观察泥鳅》,老师较多地采用幼儿在捉泥鳅、给泥鳅换水的过程中提出的问题来进行观察活动。①泥鳅的名字为什么不叫鱼,要叫泥鳅?②泥鳅身上为什么滑溜溜的呢?③泥鳅吃什么?④为什么泥鳅身上没有像鱼一样的一片一片的东西?老师重复幼儿的问题,又让幼儿自己解答,这种提问可以突出教学的重点和难点,调动幼儿质疑和解疑的积极性,不过这种问题只有估计其他幼儿能回答时才能采用。

4. 反诘式提问

古希腊著名学者苏格拉底教学时常喜欢采用这种方法。当他提出的问题得不到学生的正确回答时,他并不急于去纠正其中的错误,而是针对错误提出反问,使学生原以为正确、完善的答案,被证明是错误的、漏洞百出的。这就使他们原有的观念被瓦解,迫使他们重新思考问题,逐步得出新的正确的结论。如科学教育活动《认识指南针》,幼儿事先并不知道四种动物图案分别代表东、南、西、北四个基本方位转盘中间有一根针的这样一个教具是指南针,只是好奇地用手去拨弄转盘中间的这根针,幼儿将这根针往左转、往右转、快速转、慢速转,这根指针始终指向"猫"的图案,于是幼儿说:"这根大大的针喜欢小猫",老师反问道:"是喜欢小猫吗?我们把小猫和小鸭的位置交换一下,看它喜欢谁。"经过幼儿的摆弄,幼儿发现"怎么这根针又不喜欢小猫,喜欢小鸭了呢?"老师又反问"是吗?那我们又把小鸭和小兔的位置交换一下,看看它喜欢谁""……"直到四种动物的位置都进行了互换,最后幼儿没法确定一个答案,在这个时候,老师才告诉幼儿"这是指南针"。反诘式提问能较好地发挥教师的主导作用和学生的主体作用。

5. 自答式提问

这是并不期望幼儿回答的问题。教师先提出问题,让幼儿思考,然后自己作答。如社会教育活动《为什么电视里面有广告?》,教师提这个问题来引入课题,通过一系列活动,如谈话:回忆平时在街上、在家里听到叫卖声没有?为什么卖东西的人要高声吆喝?看电视:广告里说了什么?喜不喜欢看广告节目?为什么?在课的最后才作回答:东西要卖出去就得让人知道有这种东西,知道这种东西好。知道的人越多,卖出去的东西就多,在街上叫卖,听到的人少,在电视里做广告,看电视的人多,买这种东西的人就多。

在科学小实验活动中,自答式提问用得较多,如"这样做会发生什么?""为什么会发生?""能有别的办法来解释发生的事吗?""怎么说明我们的解释是正确的?"这种提问常常用来实现教学内容之间的顺序过渡。

(二) 提问的技巧

提问,作为课堂教学一个聚焦点,是由问题本身的质量决定的。如果设问既缺乏科学性,又没有艺术性,不是"怎么样",就是"为什么",教师以此肢解教学内容,幼儿则依本学习,就没有什么意义了。为此,必须认真研究提问设计的技巧才能充分发挥提问的教学功能。要使问题有较高的质量,教师就要精心设计问题。高质量的提问设计还必须有科学的提问操作才能实现提问的效益。影响提问操作的方面很多,提问的时机是否恰当,提问的对象是否合适,提问的方式是否得体,都会直接关系到提问的成败。

1. 提问的时机

在什么时候提出问题最为恰当?总的来说,要在教师创造了问题的情境,激起了学生的注意时才提出问题,务求问题提在认知教学内容的关键处、理解知识的疑难处和思考问题的矛盾处。这样才能使幼儿有接受问题的心理准备和愿望。那么是先提出问题再指名回答,还是指名后提出问题?应当是先提出问题,再组织全班幼儿都投入思考。

2. 提问的对象

要依据提问的目的选择对象。一般来讲,面向全体,照顾个别,力求使大部分幼儿都有机会得到不同程度的锻炼是教师提问中的总原则。同时,教师还要针对幼儿的个性差异选择提问对象。对胆小孤僻的幼儿,提问应相对简单容易些;对好动、胆大的幼儿提问相对难一些。当然要避免以惩罚为目的来选择提问对象。

3. 提问的方式

教师提出的问题要明确,声音清楚,使大家听得明白,不要对同一个提问说上好几遍,养成幼儿不专心听问的习惯。提问的态度要亲切、和蔼,带几分神秘。切忌在幼儿答问时插问、反问、追问,弄得幼儿胆战心惊,手足无措;不要事先将答案框得太死,幼儿答得不符,便非得"引君入瓮"不可。

4. 提问要把握"度"

从"度"方面来看,提问设计的技巧问题,归纳起来是:

难度　指提问必须有一定的难度,才能激发幼儿的求知欲,调动注意力,刺激思维,让幼儿体会到智力角逐的乐趣。当然也要注意"难"得适"度",照顾大多数幼儿的知识。一个原则是适应与发展。所谓适应是指适应幼儿现有的发展水平,不是消极等待,提出的问题略高于幼儿现有的水平,通过提问帮助幼儿进步。如小班幼儿欣赏摇篮曲,它对幼儿的审美感知、审美想象、审美理解力提出了较高的要求。这对于3岁左右的孩子来讲,有一定难度。但是,教师根据幼儿思维形象具体、情绪易受暗示性的特点,创设了审美化的环境——宁静,引导幼儿闭眼欣赏摇篮曲,将听觉表象转化为视觉表象,并提问幼儿:"听见什么?""看见什么?""想到什么?""它们在干什么?""它们怎么表演的"等一系列问题。

智力亮度　提出的问题要力求摒弃陈旧样式,创造开拓出一种新鲜的能激发幼儿求知欲望的境界。如大班歌唱活动《小树叶》的导入部分,教师将小树叶藏于手中,双手合掌进入教室,问:"请小朋友猜猜,在我的手掌中有什么?"这样设置悬念,扣住孩子的注意力,并把小树叶人格化,从而就激发了孩子接受新事物的信心和求知的欲望。[①]

角度　在设计提问时能做多角度排列,并根据教学目标和幼儿实际选择最佳角度提出问题。也可以从同一角度接连提出几个相似的问题,让幼儿用同一思维方式去思考,有助于实现迁

[①②]的案例部分由西南师范大学附属幼儿园洪瑛老师提供。

移。如在故事教学中,当教师完整地讲述故事以后,为了让孩子知晓故事中的角色,往往会从这一角度提出这样的问题,"故事里都有谁?"或"故事里都有哪些角色?"等问题。②

再如游戏"猜猜我要什么"中,为训练孩子的归纳推理和演绎推理能力,教师在教学中出示"黄瓜、西红柿、苹果、＿＿＿"贴绒卡片后,可以这样提问:"我要的是什么?"也可以这样问:"苹果的后面贴什么?"幼儿在后面可贴上"桃子"进行(演绎推理),也可贴上"南瓜"进行(归纳推理)。①

精度 提问设计的语言要准确、明了,既有科学性,又有艺术性,答案的内涵和外延清楚,不模棱两可。如在歌唱活动"快慢唱歌真有趣"中,为了让孩子们初步学习将视觉材料与演唱速度相匹配进行歌唱活动,感受歌曲快慢的美感特征。教师出示音乐卡(上面有两条线),引导幼儿观察后,提问:1. 请小朋友们看这两根线条哪一根表示快快地唱?哪一根表示慢慢地唱?为什么?绿色的线表示慢慢地唱,红色的线表示快快地唱。慢慢地唱感觉怎么样?快快地唱感觉怎么样?慢慢地唱感觉很优美,快快地唱表示感觉很欢快、高兴。②

密度 指一节课的提问布局张弛得体,疏密有致,起伏节奏有个合理安排。如科学活动"有趣的磁铁",教师首先提出问题:"请小朋友用磁铁碰碰篮子里的每一样东西,看看你发现了什么?"让幼儿动手操作后又提出问题:"请再用磁铁去碰碰篮里的每一样东西,并将它们分成两堆,看看可以怎样分?"……这样的提问疏密有致,可引导孩子们积极探索,又可使该活动高潮起伏,引人入胜。③

---

①②③的案例部分由西南师范大学附属幼儿园洪瑛老师提供。

三、幼儿园教学中提问的评价

(一)适宜与不适宜的提问的表现形式

1. 适宜的提问

苏联心理学家维果斯基的"最近发展区"理论对于提问有重要的指导意义。把问题提在幼儿"现实发展区",幼儿不花费力气就能回答,对他们的发展无所补益,有的幼儿因为太容易而不屑一顾。提的问题太难,幼儿经过努力仍百思不解,也只会挫伤学习的积极性。因此,把问题提得比幼儿的现实发展水平略高一些,使他们"跳一跳,能把果子摘下来","最近发展区"转化成了"现实发展区"。

日本教育界在80年代初曾用两年时间专门开展"什么是好的提问"的讨论。讨论的结果认为,好的提问应该具备以下特点:(1)表现教师对教材的深入研究;(2)与学生的智力和知识发展水平相适应;(3)能激发学习的欲望;(4)能有助于实现教学过程中的各项具体目标;(5)富有启发性。

从学习心理学角度看,好的提问应该使学生处于以下几种心理状态:(1)有解决问题的思路和方法,但没有答案;(2)有一部分答案,但不完整;(3)虽一时不能回答,但有回答的自信心。

2. 不适宜的提问

不当的提问表现为:

简单化 有的是填空式的提问。如科学教育活动中老师问"西红柿的颜色像什么旗的颜色一样?"语言教育活动老师问"细细的杨柳像春姑娘的什么一样?"有的是非正式的提问,问"是不是"、"要不要"、"好不好"等,如"西红柿的营养好,我们要不要吃?";健康教育活动,老师问"小朋友量了身高、体重,知道自己长高了,长胖了,是不是?"这些问题幼儿不假思索也能对答如流。

太琐碎　问题零乱不系统,而且都在字面上、情节上兜圈子。如数学教育活动,教师出示小鸡图片问:"你们听,现在谁来了?"幼儿答:"小鸡"。"叽叽叽,小鸡来了几只?"幼儿答:3只。"叽,又来了几只?"幼儿回答:"1只"。"3只小鸡添上一只小鸡是几只小鸡?"幼儿答:"4只"。"让我们来数一数有几只?"幼儿数:"有4只"。"1和3合起来是几?"幼儿答:"是4"。这些问题不仅琐碎,而且从问题本身中就能知道现在答案,幼儿不假思索就能回答。这种提问缺乏思考价值,常常产生"小手如林,对答如流"的表面热闹,实际上无助于幼儿思维和语言的发展。

笼统空泛　有的问题问得不明确,幼儿不知从何答起,如健康教育中认识眼睛后提问:"眼睛可以干什么用?"幼儿除了回答"看书"外,更多地回答是"画画"、"走路"、"吃饭",很显然,概念发生了错误。有的问题牵涉面太广,如科学教育活动:认识春天,老师提问"春天是什么样的?"这类问题涉及天气、动物、植物等多方面内容在整个季节的变化,幼儿不知从何答起,也不容易回答好。

难度太大　有些提问忽视幼儿的心理年龄特点,超过了幼儿的理解水平和知识基础。如音乐教育活动中的欣赏《狮王进行曲》,当活动快结束时,老师提问:"这首曲子表现了狮王怎样的情绪?"幼儿缺乏这样细致的情境体验,是难以回答这类问题的。

过多的、不恰当的提问减少了幼儿思考的时间,干扰注意力的集中;顺水推舟的回答使幼儿的思维处于停滞状态。在幼儿园的教学中,提问的成功与否关键在于问题的设计质量。

(二)设计提问应遵循的原则

一般来讲,好的提问设计必须遵循以下正确原则:

1. 启发性

提问首先要有启发性,即所提的问题能为幼儿引导思路,提供学习线索。一味顺着教学的先后顺序一问一答,或从情节到情节,既缺乏内涵,又没有思维强度的提问,教学价值是很低的。只有抓住教学的实施,节骨眼设计问题,才会有较大的思维空间,也才能激起幼儿的学习兴趣。如科学教育活动小实验"沉与浮",教学目标是使幼儿知道有些东西放到水里会沉到水底,有的东西会浮起来,引起幼儿对沉浮现象的兴趣,通过一系列小实验,达到了一定的教学目标,但本次活动的重点是培养幼儿观察沉与浮,培养幼儿的自信心和勇于实验的精神。于是教师提问:"我们再试试有什么办法可以使沉下去的东西浮起来,让浮起来的东西沉下去了?"启发和鼓励幼儿去发现和创造更多的办法。

2. 整体性

提问要从整体入手,这不仅指应当紧紧抓住教学内容的主线、主角设计问题,还必须让幼儿有时间从整体把握出发来思考、组织问题的答案,养成从整体着眼求解局部问题的思维习惯。如社会教育活动《看木工叔叔劳动》,教师从整体着眼只提了三个问题:①木工叔叔手里拿的是什么工具?(锯子、刨子、锤子)②他们在做什么?(做家具)③你从哪些地方看出木工叔叔本领大?观察成人劳动是幼儿社会教育中经常进行的重要课题,这样的几个问题有助于培养幼儿从木工叔叔做家具的劳动中整体理解和领会成人的劳动以及珍惜劳动成果和热爱劳动人民的情感。

3. 关键性

课堂提问必须抓住关键,即抓住关键时间和关键内容。如科学教育活动《美丽的金鱼》,老师改变过去顺序观察的模式,紧紧抓住"动"这一线索提问:"金鱼身上什么地方在动?"(尾巴在动)。"小朋友再仔细看看金鱼身上还有什么在动?"(嘴巴在动、鱼鳍在动)"金鱼还有什么在动?"(金鱼的身体扭来扭去,一直在摆动)。这次活动,老师抓住金鱼"动"这个结合点和线索来启发引导幼儿观察、思考,激起幼儿对"金鱼"的惊奇感。

4. 层次性

提问应当有合理的程序,即在精心设计时,要由易到难,由浅入深,层层递进,步步拓展,把幼儿的思维一步一个台阶地引向求知的新高度。因为幼儿的思维总是从问题开始又深入到问题之中,它始终和一定的问题联系着。我们只要遵循一问一思的客观规律,让幼儿的思维在问题的坡度上步步升高,最终才能达到"能自己跳起来摘到果子"的理想境界。如科学教育活动《小花伞》,在简单认识了伞的特征和常见的种类后,重点提问:"伞有什么用处?""伞在什么季节用得最多?为什么?""你还知道有什么伞?""你想将来发明什么样的伞?"这样层层掘进,体现了思维过程,迫使学生在定势范围内的连续思维。

5. 发散性

提问还要善于激发幼儿的联想,开拓思维空间,加深对教育内容的理解。如语言教育活动《有趣的玩具》,老师提问:"你们都玩了几样玩具?""你玩了哪几样玩具?""怎样玩才最有趣?",请多名幼儿回答,鼓励幼儿说得与别人的不一样。又如看图讲述活动《小鸡和小鸭》,教学目标是通过引导幼儿观察图片讲出小鸡和小鸭是怎样动脑筋、想办法、互相帮助的,老师提问:"小鸡想什么办法才能把小鸭救上来?"(引导幼儿讲出小鸡救小鸭的多种办法),"这些办法中哪个办法最好呢?"这样幼儿通过想象、联想、推理,从小养成多角度思考问题的习惯。

教师对幼儿的答问要及时做出明确的评价。幼儿答问的时候,教师要作适当的引导。

首先,教师要鼓励幼儿大胆答问,对答问有进步的幼儿要给予充分肯定和鼓励;对答问有新意、有创见的幼儿应予以表扬;对回答不够准确、全面的幼儿,也要积极引导,鼓励他们再思考、再答问。

其次,教师要善于调动幼儿的答问,用较好幼儿的回答去启迪其他幼儿的思维;或用较差幼儿的回答提高幼儿的判断能力;当然,对答得不好的幼儿,教师更不能皱眉、撇嘴、冷笑,流露不耐烦的神情,挫伤幼儿学习的积极性。

第三,教师对幼儿的答问评价要明确,不要为了鼓励幼儿,不分正误,一律肯定;也不能不分幼儿基础,过高要求,总是不满意;更不能对答问不予置评,模棱两可,在有多种正确答案时,教师要引导幼儿去选择最佳答案。

四、幼儿园教学中提问的训练

请用所学理论对下列教学活动的提问进行评价,并写下你的心得。

实例一

训练内容:故事《蚂蚁大力士》(大班)[①]

师:在蚂蚁王国里,蚂蚁大力士都有哪些本领?

幼:能举起一片树叶,还能举起两个蚂蚁伙伴,每次举重比赛它总得冠军。

师:蚂蚁大力士当冠军是在和谁比赛?

幼:蚂蚁和蚂蚁比。

---

① 李忠忱主编《幼儿园学具教学法应用设计》第177页,中国科学技术出版社。

师:蚂蚁大力士和黄牛比力气,结果怎样?

幼:蚂蚁大力士咬黄牛的脚,黄牛用脚一踩,就把蚂蚁踩死了。

师:蚂蚁大力士跟谁比力气大?跟谁比力气小?

幼:蚂蚁大力士跟蚂蚁比力气大,跟黄牛比力气就小了。

师:蚂蚁大力士到底力气大不大?

幼:蚂蚁大力士跟蚂蚁同伴比力气是大的,但跟黄牛比,力气是小的。这是因为相比的对象不一样。

实例二

训练内容:故事《小马过河》(大班)①

师:黄牛为什么说河水很浅?

幼:因为黄牛高大,河水不会淹没黄牛。

师:松鼠为什么说河水很深?

幼:因为松鼠很小,河水对它来说是深的,能淹没松鼠。

师:河水到底是深还是浅?为什么?

幼:河水和黄牛比是浅的,和松鼠比是深的,这是因为相比的对象不一样。

分析:从上述两例可以看出,通过循序渐进的提问,引导幼儿思考一个事物的特点在不同背景中的变化。教师的提问设计必须做到:前一个提问为后一个提问的准备和铺垫,后一个提问是前一个提问的深入和提高,逻辑思路清晰,层层推进思维的进程。

实例三

训练内容:科学活动《活泼的小猫》(小班)②

师:你们看看小猫是什么样的?(将小猫抱上小桌)

---

① 李忠忱主编《幼儿园学具教学法应用设计》第177页,中国科学技术出版社。
② 幼儿园课程实施指导丛书《科学》第184页,南京师范大学出版社。

幼:毛绒绒的。
　　有尾巴。
　　长长的尾巴。
　　轻轻地走路。
　　有头。
师:猫的头上有什么?
幼:头上有耳朵。
　　尖尖的。
　　很小。
　　眼睛圆圆的。
　　亮亮的。
　　小小嘴巴看不见。(用手势表示一横)
　　手上有爪子。
　　有鼻子。
师:还有一样东西没讲。
幼:有牙齿。
　　有胡子。
　　许多小头头。(指胡子)
　　还有舌头。
　　天亮时,眼睛闭起来,呈一条线。
　　爪子底下有一块肉。
　　有肉走起路来轻轻的。
师:有一块肉,像小垫子一样的是什么?
幼:肉垫。
师:有了肉垫,高高跳下听不见。你们来学小猫走走看。
　　(幼儿学猫走)请你们摸摸猫。
　　幼:毛绒绒的。

软绵绵的。

滑滑的。

师:猫的尾巴是怎么样的?

幼:粗粗的、长长的。

不对,上面粗,下面细。

有指甲。

师:指甲干什么?

幼:抓小老鼠。

师:谁来抓抓看?(幼儿作抓老鼠的动作。教师把猫放在身上,抓住毛衣。)

幼:抓在你身上。

爪子抓住了。

师:抓老鼠。

师:谁来抓抓看。(幼儿作老鼠的动作)

你们见过什么猫?

幼:花猫。白猫、黑猫。

红猫,衣服上见过的。

师:猫吃什么?怎么吃?(又增加一只小猫,一起吃食。)

幼:吃鱼。(幼儿观察猫吃食。)

抢来吃。抓来吃。(做抓来吃的动作。)

师:我们一起带小猫出去走走。

思考:教师的提问从哪几个方面引导幼儿观察与思考的。

提示:教师以对小猫亲切爱抚的态度感染幼儿,以具体的、开放性问题,引导小班幼儿观察,并使幼儿在观察的基础上有充分表达的机会,很少以指令性的语言,指定幼儿做这做那,让幼儿始终以积极态度在老师提问的引导下参与观察活动、主动观察、积极表达,使幼儿的认知活动得以顺利进行。教师的情感和指导(提问),给予了幼儿观察和表达的适当的自由度,而没有严格地控制和有顺序的观察要求,致使幼儿观察和表达得很自在。(当然,顺序观察的要求是需要的,但不是一次观察所能完成的,需要多次的,不断的观察,才能学会这种技能。)

实例四

训练内容:根据特征分类并做记录 大班①

(1)集体活动

教师请五位幼儿站成一排(有三位男的,二位女的;有戴帽子的,有没戴帽子的,有扎辫子的,有不扎辫子的等等)。

师:①老师请了几位小朋友?(五位)

②把5位小朋友分成两队,有几种分法?

③你是根据什么特征来分的?

幼:我按男女不同来分,把他们分成两队。

我按戴帽子和没戴帽子来分。

我按扎辫子和没扎辫子来分。

(2)小组活动

交代操作规则。

第一、二组:看熊猫特征图记录。

第三、四组:看鸟的特征图记录。

第五、六组:看纽扣的特征图记录。

师:①请小朋友数一数图上有多少动物(纽扣)?

②图上的动物(纽扣)有什么地方不一样?

③请把它们分成两组,你是根据什么特征来分?

教师引导幼儿看着特征标记,用数字将它们的不同记录下来。

---

① 《幼儿园课程指导丛书》《科学》第67页,南京师范大学出版社。

(3)活动评价

请一位幼儿说一说看特征标记分苹果的事情。

活动建议：

①在引导幼儿看实物进行分类并学组成的活动中，教师对活动的提问要准确，如问幼儿"图上有什么？"不能说成"图上有几只小猫？"如果幼儿回答时说成小猫，教师应及时地反问幼儿："小猫能表示图上所有的猫吗？那大猫和小猫有一个共同的名字叫什么？"这样幼儿就能体验到类的关系。

②集体活动中教师提出的常常是几个连贯性的问题，其目的就是让幼儿对教师的问题有完整的思考，但不一定要幼儿一次说出完整的答案，教师应根据幼儿的实际水平启发他们回答。

思考：为培养幼儿的分类能力，教师的问题设计有什么特点？

分析：按物体特征进行多次分类，对中大班幼儿来说是有一定难度的，这是因为再次分类就意味着要换一个角度再按新标准重新分类，困难就在于打乱原已形成的分类标准，教师启发提问的目的就在于让幼儿学习按物体进行多次分类，幼儿能从不同角度思考问题，培养思维的灵活性。

实例五

训练内容：美丽的七色光[①]

(1)引导幼儿观察三棱镜，激发幼儿的探索兴趣。

师：小朋友，你们手上拿的是什么东西？它是什么？（幼儿观察自己手上大小各异的三棱镜）

幼：有三条棱，三个面。

师：这个有三条棱、三个面的镜子，我们把它叫做三棱镜。

[①] 《幼儿园课程指导丛书》《科学》南京师范大学出版社，224页。

(2)引导幼儿发现并表达三棱镜的折射光的现象。

师:①请你们用三棱镜看看周围,发现了什么?

②看什么东西是彩色的?

③有的小朋友发现三棱镜里含有彩色的光,是不是大家都发现了?你们再来看一看。

(幼儿探索,教师个别指导)

④说说你是怎样用三棱镜照出颜色来的?

⑤请你仔细看看有几种颜色?哪几种颜色?

(3)引导幼儿继续探索,发现问题。

师:刚才小朋友发现了把三棱镜放在太阳光下就能照出许多颜色,请你想一想,如果把三棱镜放到太阳光照不到的地方,会不会有颜色照出来呢?引导幼儿充分讨论、猜测、试验。(只要有光线,三棱镜就会折射光,如果光线不强,则照出的彩色光就微弱,不清晰。)

(4)小结,引导幼儿进一步思考。

师:今天我们玩了三棱镜,发现三棱镜能把太阳光折射出许多颜色。请你想一想,你还在哪里见到过这样的颜色呢?(如雨后的彩虹……)

思考:该活动的每一提问的目的何在?

分析:在科学教育活动过程中,教师的提问特别要能激发幼儿对活动的兴趣,并有主动积极探索的愿望,同时教师的引导(提问)要保证幼儿能专心致志地感知、操作,与物体不断地相互作用,使幼儿在探索过程中能有所发现,获得成功,感受到愉悦的情绪,增强自信心。因此,教师指导的关键在于提出有质量的问题,有步骤地指导幼儿探索过程,幼儿获得最基本的知识经验,而不是直接告诉幼儿或要求机械的背诵知识点。

第七章

幼儿园随机教学机智的艺术

　　随机教学机智是指教师成功、巧妙处理教学中偶发事件的能力。教学活动是一个充满变化的复杂过程,随时会发生一些意想不到的事情,作为教师应时刻把握住教学变化的脉搏和发展趋向,提高自己随机教学机智的艺术,以保证教学活动的顺利进行和教学目标的圆满达成。请看一位中学教师对课堂教学的描述:

　　"课堂教学不是一潭死水,它应当像大海,永远变幻,就是在宁谧的时候,也孕育着多姿的波澜。

　　当你直面大海,有时你会感到它奔腾似虎,有时你会感到它平静如练;有时狂涛跌落,若幽深峡谷;有时怒浪突起,似高高峰峦,就是在潮涌潮落时分,你也会看到它或像猛士般强悍,或像处子般安然。

是的,大海是富于变化的。一个善于驾驭课堂的教师,就应像舵手善于驾驭海船,在上每节课的时候,都应当立足于教学艺术之海的千变万化……"①

由此可见,教学情境瞬息万变,情况错综复杂,随时有可能发生意料不到的各种偶发事件,它需要教师正确而迅速地做出判断,并能妥善处理。这就要求教师必须具备随机教学机智这一基本能力素质,正如俄国教育家乌申斯基所言:"不论教育者怎样地研究了教育理论,如果他没有教育机智,他就不可能成为一个优秀的教育实践者……"②

一、随机教学机智的概述

(一)随机教学机智的基本特征

随机教学艺术是教师语言、性格、情境间别开生面的巧妙有机的融合,是教师饱含情感的才华的结晶。它由"事件"和"变化"两个部分组成,两者相互结合,相互依存构成一个同一体。在这个统一体中,事件是基础,没有事件的发生,就没有应变的出现。在应变活动中教师的随机教学机智有四大特征:

1. 突发性

活动中偶发事件的出现具有多问,活跃,散漫性和随机性强的特点,它往往突然发生,教师无法估计它在什么时候来临,不可能事先作好具体应变的准备。这一特点显示了随机教学能力的难能可贵。

---

① 阎承利:《教学最优化艺术》教育科学出版社1995年版,第176页。
② 乌申斯基:《人是教育的对象》第1卷,科学出版社1959年版,第27页。

2. 快速性

当某一偶发事件突然出现时,教师必须以最快的速度予以处理,容不得慢慢思考与琢磨,有时哪怕迟疑片刻,就有出现混乱的可能。快速性是随机教学的灵魂。

3. 准确性

随机应变不仅要求快,还要求准,即要求"对症下药",抓住问题的症结所在与活动目标、内容之间的偏离予以应变。如果偏离了"定向"、"定度"的控制要求,就会造成无效信息率增高,有效信息率降低。

4. 巧妙性

随机应变不仅要求快和准,更要求应变的策略技巧,包括方法巧、时机巧,既能因势利导,又能把握分寸,做到适度、适时、适情,方能巧中见奇,奇中见效。

由上可看出,随机教学的机智作为一种艺术,是教师在长期观察幼儿情绪和行为变化的实践中培养出来的一种综合能力,它要求教师从宏观上能敏锐感觉到活动中各种细微变化;从微观上能观察到幼儿性格内在和外在的表现,从宏观与微观的联系中,从表象与本质的统一中,生发出巧妙的随机应变策略来。

(二)随机教学的原则与要求

1. 临变不慌,因势利导

教学过程中如果出现偶发事件,教师不要慌张,也不能乱发脾气,否则会在幼儿心灵留下难以愈合的创伤,造成师生关系的紧张和对立。教师要因势利导,注意发现和挖掘事件本身所包含的积极意义,化消极因素为积极因素,顺势进行教育。

例如,在一次户外观察花的活动中,教师正引导幼儿仔细观察花的颜色和形状,突然一位小朋友喊起来:"蝴蝶、蝴蝶,有蝴蝶!"其他小朋友听见喊声都跑了过去,争着看蝴蝶。这时,这位教师也跟了过去,她说"蝴蝶最喜欢花,我们看看蝴蝶到了哪些颜色、哪些形状的花上玩耍,喜欢和哪些花交朋友?"听老师这么一说,幼儿都积极的观察,争先恐后地说着蝴蝶喜欢哪朵花,这朵花是什么颜色、什么形状。这样教师因势利导,使活动达到了预期目标,幼儿也非常积极、主动,得到了满足。

又如,在一次语言活动刚开始时,幼儿还一直沉浸在晨间游戏活动的乐趣中,叽叽喳喳嚷个不停,教师请小朋友安静也无济于事。这时,教师没有指责幼儿,而是拿出一个小朋友喜欢的动画人物木偶说:"柯南大哥哥要到我们班上来做客,他想看看我们班上谁是故事大王,小朋友今天就来比一比好吗?""好!"小朋友们激动地回答,并安静下来,开始了讲述活动。这位教师巧妙地运用新异刺激,较好地促使幼儿由无意注意向有意注意转移。

2. 充满爱心,把握分寸

偶发事件的处理,要以爱心为行动准则,宽严相宜、掌握分寸。爱是教师和幼儿心灵沟通的基础,是教师取得教育成就的奥秘所在。对偶发事件的处理,爱心主要表现为尊重、宽容和耐心,切不可用训斥、粗暴批评、体罚或变相体罚来处理偶发事件,同时,教师在偶发事件的处理过程中,情感的流露、措施的宽严、批评语言的措辞等方面的适度都需要教师精心加以把握,以免对幼小的心灵造成伤害。正如苏霍姆林斯基所说"教育,这首先是关怀备至地、深思熟虑地、小心翼翼地触及年轻的心灵。在这里,谁有细致和耐心,谁就能获得成功。"[1]这个问题正、反两方面都有经验和教训。

---

[1] 阎承利《教学最优化艺术》教育科学出版社 1995 年版 第 180 页。

3. 细心观察,预防在先

偶发事件虽然具有突发性,但它也有发生先兆、出现的必然性。所以,偶发事件的发生也有规律可循。例如教学过程中的偶发事件一部分是纪律问题和发生纠纷,这些问题又多发生在某些幼儿身上,因而教师要预先多做这些幼儿的个别教育工作,在教学过程中要留心观察这些幼儿的活动,发现苗头,马上采取预防措施,尽量减少和避免这类问题的发生。

4. 沉着冷静,果断谨慎

面对教学中的偶发事件,切忌急躁、冲动、感情用事,而必须做到沉着冷静,判断要正确,感情要克制,行动要果断,处理要谨慎。教师对幼儿出现的调皮捣乱行为要作具体的分析,不要动辄发火,滥施惩罚,要善于克制自己的情绪,以平等的姿态和宽容的态度对待幼儿。如,在一次音乐活动中,教师看见一位幼儿老是去拉前面一位小朋友的衣服,前面这位小朋友不停地用手阻止他拉。他俩的动作引得周围的小朋友都来观看。教师这时没有生气,而是来到这两位小朋友的身边,一看,原来前面那位小朋友的衣服后面粘了一小块橡皮泥,这位幼儿是想帮他去掉。假如这位教师不冷静,没了解事情真相就乱批评,一定会伤害幼儿。

二、随机教学机智的类型

(一)处理教学疑难的机智

在教学中,有时由于受教师所提问题本身难度的影响或受实物、教具的影响,会造成幼儿观察、理解有误,活动中他们要么会提出一些教师意想不到的疑难问题,使教师一时难于回答;要么答非所问;要么不能按照教师的要求进行活动。比如在了解通讯设备的活动中,教师提问:"传呼机有什么作用?"一位幼儿抢着说:"我的爸爸有手机"。其他的幼儿都跟着嚷起来:我的爸爸有手机。又如在一次观察鸭子的活动中,教师想引导幼儿从头到脚有序地观察鸭子,而鸭子则在不停地走、不停地叫,幼儿见鸭子在叫、在走动非常兴奋,无论教师怎么引导幼儿"观察鸭子的头、看看鸭子的身体和羽毛",幼儿就是不听,说着他们自己感兴趣的部位。这类问题处理不好,必然会影响教学活动的进行。

处理这类问题,要求教师应做到:第一,遇到幼儿提出疑难问题,要实事求是,不懂不要装懂,更不要胡乱回答,蒙混过去,以免给幼儿的认识造成错误;第二,采取恰当的方式,用最短的时间,把幼儿的思路引向疑难问题的"结局",不要对此问题"纠缠不休";第三,要注意保护幼儿的好奇心,灵活机智地处理疑难问题,巧妙地将幼儿的注意力引导到教师所提的问题上;第四,一定要尽快地兑现许诺。教师在遇到难以回答的问题时,往往会说"这个问题我也不知道,等我查了资料再告诉你们"。这一许诺幼儿会记在心里,教师一定要尽快兑现,不要把这句话当成对疑难问题的"挡箭牌"。

(二)处理偶发事件的机智

教学过程中会突然出现一些难以预料的偶发事件,这些偶发事件来自两个方面,一是受到外界环境因素的干扰,如汽车的鸣笛声、小鸟飞过、突然打雷下雨等,这些因素会干扰教学的进行,分散幼儿的注意力。二是个别幼儿不守纪律或与同伴发生纠纷或做一些小动作等,影响了教学的正常进行。这方面事情在幼儿园教学中经常发生。比如在一次活动中,全体幼儿正在做游戏,突然一位幼儿说:"老师,我要解便。"紧接着其他幼儿也跟着嚷起来:我要解便、我要解便。活动几乎终止下来。教学中的偶发事件影响大,常常扰乱活动秩序,把教师精心准备的教学活动搅得一塌糊涂。

在处理这类问题时要求教师:第一,要冷静沉着,不急不躁,善于具体问题具体分析,先把偶发事件的影响控制在最小范围和最短时间;第二,要充分认识和挖掘偶发事件中包含的积极因素,善于引导,化不利为有利;第三,要运用巧妙的教学机智妥善处理,切忌粗暴对待。

(三)处理自身失误的机智

教学活动是一种极其复杂的创造性劳动,尽管事先教师作了认真的准备,但是仍然避免不了出现一些意想不到的自身失误,如:说错话出现口误、字音没发准、实验失败、教具拿错或粘贴脱落、指东说西等。这些失误往往会引起幼儿的哄笑和躁动,分散他们的注意力,影响教学的顺利进行。

在处理自身失误中,要求教师做到:第一,要情绪稳定,切无手忙脚乱;第二,态度诚恳,勇于承认失误,及时纠正;第三,对有些失误,力求在不转移幼儿注意力的前提下及时纠正;第四,幼儿发生哄笑和躁动时,不要责怪和训斥,而应灵活巧妙地加以解决。

三、随机教学的方法

1. 转移注意法

在教学中如果出现偶发事件,可利用幼儿注意力容易转移,容易受新异刺激影响的特点,运用转移注意法来处理。例如,一次学习序数的数学活动中,教师正在引导幼儿观察小动物的排列位置,这时有个小朋友不知在做什么事嘴里发出"嘟嘟嘟嘟"声音,其他幼儿听到嘟嘟声目光一下子转向了这位小朋友。教师这时候没有停下来批评这位小朋友,而是指着动物变换了声调说:"小动物要做一个捉迷藏的游戏,它们要躲起来,谁愿意来找它们?"这时全体幼儿的注意力一下子全转到了游戏上,争着来找小动物。又如小班幼儿刚入园不久,一个幼儿哭要引起其他幼儿跟着哭,这时教师就需要采用转移注意的方法,用新颖的玩具、好听的故事、好玩的游戏等,将幼儿的注意力从想家转到活动上来。

运用转移注意法要注意以下问题:

①转移注意可采取多种方式,如:用教具、玩具;用幼儿喜爱的动画片人物;用幼儿喜欢的活动等。

②刺激要新颖,容易引起幼儿注意。

③运用该方法时,教师要把握幼儿注意的特点,灵活地交互运用有意注意和无意注意。既要充分利用幼儿的无意注意,也要培养幼儿的有意注意。

2. 以动引动法

以动引动法是利用幼儿好动的特点,以活动来引导幼儿动,以此解决偶发事件的方法。这一方法是针对一些教师在处理教学中幼儿出现不守纪律、好动等偶发问题时教师以静制动的做法而提出的,它能满足幼儿活动的需要,能有效地将幼儿在教学过程中不守规则的动引导到有组织的活动中来。例如,在认识空气的活动中,教师在引导幼儿讨论:你用塑料袋装的空气是什么样的?讨论一会儿后,有部分幼儿坐不住了,开始动起来,不停地玩着塑料袋。这时教师说:"请小朋友把塑料袋里的空气放出来,再另外选个地方装一袋空气,看看是不是大家说的那样?"

幼儿马上积极行动起来,使刚才讨论时的疲劳得以消除,又能集中注意地进行下一环节的活动。

运用以动引动法要用与教学内容相关的活动来引动,这样可以使"动"与教学活动融为一体,使教学过程保持完整、连贯。

3. 以变应变法

当教学过程中突然出现意料不到的情况,影响了教学的正常进行,教师则可以变应变。如像本章前面谈到的观察花时出现蝴蝶的例子,就是比较典型的以变应变的事例。又比如一位教师在组织看图讲述时,张贴的动物图片突然掉了,幼儿全都叫了起来,有的幼儿还跑上来捡图片。这时教师非常镇定,面带微笑地说:"小动物没站稳摔倒了,谢谢小朋友把它扶起来,这次你可要站好了。"张贴好图片后讲述活动继续进行,小朋友情绪一点没受影响。可见以变应变既顺应了幼儿的好奇心,又巧妙地解决了偶发事件,保证了教学的顺利进行。

运用以变应变法要注意:

(1)遇到突发事件教师不要慌张,更不要采取一些消极手段解决问题。要善于发掘偶发事件中的积极因素,巧妙地利用这些积极因素,因势利导地解决问题。

(2)以变应变对教师的要求较高,也是教师综合素质的体现。因此教师要注意培养自己思维的敏捷性和分析、处理问题的能力,以便自如地采用该方法。

4. 暂时悬挂法

在教学活动中幼儿可能提出一些教师意想不到的问题,有的问题与本次活动关系不大,有的问题教师很难回答和解释。这时教师可以采取暂时悬挂法,将这些问题留待教学活动后解决或鼓励幼儿自己去寻求答案。比如,在创编故事"猫医生过河"的活动中,一位幼儿向老师提问:"猫为什么不能游泳?"这是一个三言两语难以说清的问题,如果讨论下去会影响到活动主要目标的达成。这时教师说:"这个问题提得好,不过现在时间很紧,我们把故事编完了后再来讨论,好吗?"幼儿都认为老师说得有理,都赞成下课以后再讨论,这个问题被暂时悬挂起来。这样既不挫伤幼儿求知的积极性,又能鼓励他们自己分析问题、解决问题,同时保证了教学的进行。

运用暂时悬挂法要注意:

(1)不是幼儿提出的所有问题都要悬挂起来,如果问题与本次活动的主要目标有密切关系,就应马上讨论或解答;如果问题与本次活动的主要目标关系不大,而且问题比较难回答,则采取暂时悬挂的方法。

(2)如果教师答应了幼儿活动后对某一问题进行答复,那就一定要信守诺言,不要当时说了,过后忘了,这样会挫伤幼儿的积极性和求知欲。

5. 巧给台阶法

在教学活动中个别幼儿出现了行为问题时,教师在给予帮助时还要注意给他们台阶下,千万不要让幼儿与教师情绪对立,否则不利于教育。例如,一位幼儿在活动中突然把同伴的玩具抢了,惹得这位同伴大哭起来,教学活动也不得不停止。教师来到他俩身边问明情况后说:"你把他的玩具抢了,他非常难过,你如果喜欢这个玩具该怎么做才对?"听老师这么一说,这个幼儿马上把玩具还给了同伴,还对他说:"对不起,我不该抢你的玩具,应该找你借。"矛盾就这样很快得到了解决。又如有一位女孩,因为来幼儿园的路上和妈妈闹别扭,心里一直不痛快。教学活动中旁边的幼儿碰了她一下,她就大哭起来,闹得活动无法进行。教师问她为什么哭，她也不说话，反而哭得更厉害。这时教师拿出一张纸巾边给她擦眼泪边说："我看是不是眼里进了沙子不舒服，我帮你弄出来。"女孩巴不得有台阶下，连说："是、是。"教师擦了几下问："还有没有？"女孩忙回答："没有了。"教师说："眼里进了沙子不要哭，要做个勇敢的孩子。"果然女孩不哭了，活动又继续进行。可见教师巧给幼儿台阶，既不损害幼儿的自尊心，又有利于问题的解决。

运用该方法时要注意，给台阶与教育要有机结合，让幼儿又下了台阶又知道自己哪里不对。

6. 巧妙暗示法

巧妙暗示法指教学中当偶发事件发生时，教师用语言、眼神、手势或间接的方式提示幼儿，以消除影响教学的不利因素。比如教学中当某个幼儿在讲话时，教师走到他的身边轻轻摸摸他的头，或对他摇摇手，以提示他不要影响别人。又如在一次语言活动中，幼儿正运用环境中的材料用动词说一句好听的话，但有两个小朋友注意力就是不集中，摸摸这，搞搞那。这时，教师取下一张小狗的图片对着这两个小朋友说："小狗很想和你们交朋友，它想请你们说说它在干什么。"巧妙的暗示使那两个小朋友连忙放下手中的东西，看着图片说起话来。这种方法的使用既不影响教学的进程，也不伤害幼儿的自尊，确实为一种行之有效的方法。运用巧妙暗示法要注意：

（1）可通过语言、眼神、手势、提问、临近控制等方式进行暗示，暗示要巧妙，巧在自然、巧在含蓄、巧在不中断教学进程。

（2）使用此方法教师在教学活动中对幼儿的仔细观察非常重要，离开对幼儿的观察了解，就不可能捕捉教育契机。

7. 变换音量法

变换音量法指教师在教学过程中发现幼儿注意力不集中或注意力旁移时,运用多种音量技巧如:声调的变化、语言的高低强弱变化以及速度的变化和停顿等来吸引幼儿的注意力。如:在一次语言活动中,教师正在讲"小兔子找太阳"的故事,突然一个小朋友发出"啊"的声音,很多幼儿都转过头去看他。这时教师没有停下讲故事,而是运用声调变化的技巧继续在讲故事中小兔和妈妈的对话。听着老师抑扬顿挫的声音,小朋友的头又转了回来。可见,这一方法在实践中非常有效。

8. 重点提问法

重点提问法指对于注意力不集中的幼儿,采用个别提问,使他把注意力转移过来的方法。这种方法既能使幼儿集中注意,又不伤害他的自尊,因此在实践中教师们经常使用。如:在"学习5和6的相邻数"数学活动中,教师发现有一位小朋友总是在扭动着身体,注意力不集中,在提出"6的好朋友是几和几"问题后,教师就请这位小朋友来回答,使他马上把注意力转移到问题上思考起来。

运用这一方法要注意,如果请到的幼儿回答不起问题,教师一定不能批评、挖苦,伤害他的自尊和自信。

四、随机教学机智的训练与评价

(一)随机教学机智的训练

1. 训练目的

让教师掌握处理偶发事件的方法,提高随机教学的技术与艺术。

2. 训练内容

请思考以下情景的应变术。

实例一

幼儿园大班正在进行数学活动,突然自然角鱼缸里的鱼蹦了一条出来"啪"地一下摔在地上,很多幼儿叫了起来,有的还离开座位跑到自然角前。

如果你是这个班的教师,你会怎么处理这个问题?

提示:可用"以变应变"的方法,运用这个情景来进行计数活动。

实例二

一次语言活动,教师在给幼儿讲"兔妈妈和它的孩子们"的故事,一位小朋友问老师:"为什么有的小兔是白色,有的是黑色,有的是灰色?"

这位教师该怎么回答和处理这件事。

提示:可用"暂时悬挂法"来处理,或运用拟人化的方法把兔子的颜色比喻成它们的衣服。

实例三

某老师正在组织活动,突然天色暗下来,下起了雷阵雨。全班幼儿乱作一团,有的高喊:"下雨了!下雨了!"有的跑到老师身边拉着老师喊怕。这时老师急了,大声吼起来:"不要乱闹,到座位上坐好。"

你认为这位教师处理这次突发事件的方法对吗,为什么?如果是你,你将采取什么方法?

提示:这位教师的随机应变能力较差,采取的方法不当。遇到这类偶发事件,如果不准幼儿看、不准幼儿喊、不准幼儿下位是不可能的,因为幼儿的注意容易分散,当外面的刺激强于室内活动的刺激时,他们的注意一定会被新奇、多变的事所吸引,这时教师只有顺应这种变化,运用"以变应变"、"随机调整"的方法,因势利导地进行教育。

实例四

一次科学活动中,小朋友在做"声音"的小实验。一位幼儿一会儿去扯邻座的小朋友衣服,一会儿去抢他的实验用品。弄得与他邻座的小朋友不断地喊:"老师,他来拉我的衣服。""老师,他把我的东西抢了。"使教师的提问和幼儿的讨论无法完整、有序地进行下去。

如果你是这位教师该运用什么方法,既使偶发事件能在最短时间内得到控制,保证活动能正常进行;又能使幼儿的矛盾得到解决。

实例五

马上要进行绘画活动"美丽的鸟"了,小朋友们在准备绘画需要的用品。突然,一只蜻蜓飞进了教室,孩子们看见了欢呼雀跃,有的去捉、有的去追、有的拍手。面对这种情景,怎么让幼儿尽快安静下来进行美术活动,有两种处理办法:

一是:把蜻蜓赶出教室,用律动曲集中幼儿的注意力后再进行绘画活动。

二是:捉住蜻蜓,让幼儿观察并绘画蜻蜓。

你认为哪种方法好,为什么?

实例六

一次语言活动,教师在引导幼儿进行看图讲述,当请幼儿把几幅图完整讲述时,他发觉有些幼儿注意力不集中,有的在小声讲话,有的在干别的事。于是他采取了如下方法:

教师:请小朋友回答我,刚才我说的什么?

幼儿:(一些幼儿抬起头来,一些幼儿仍然在小声讲话)。

教师:我再说一遍,请大家回答我,刚才我说的什么?

幼儿：（全部安静，注意力转向教师）

教师：请×××小朋友回答我的问题。

幼儿……

教师：你刚才没有听讲，所以回答不出来。坐下。小朋友一定要认真听讲，不然你们就学不到本领。

请评析这位教师处理问题的方法是否恰当？你认为应怎么处理？为什么？

实例七

在一次以培养幼儿爱护动物、保护动物的情感为目标的活动中，教师先播放了一段剪辑过的《动物世界》，然后请小朋友谈谈我最喜欢的动物以及为什么喜欢它。小朋友争先恐后地谈起来，有的说喜欢熊猫、有的说喜欢海豹、有的说喜欢小狗、有的说喜欢猫等等。小朋友发言后，教师进行了小结："动物是人类的朋友，我们要爱护、保护它们"。这时一位小朋友说："对，我们不能杀动物"。另一位小朋友接着说："那我们就没有肉吃了，没有皮衣穿了"。这个小朋友的话使教师感到很意外，一时不知该怎么回答。

你认为教师该如何回答这位小朋友的话？

实例八

在仿编诗歌《家》的活动中，幼儿仿编出"蓝色的大海是船的家"、"密密是森林是动物的家"、"绿色的草地是花的家"、"黑色的云朵是雨点的家"。有一位小朋友起来仿编："宽宽的床是懒人的家"。这时全体幼儿都哈哈笑起来，有的幼儿还不停地学着这句诗，教室里乱嚷嚷的。

如果你是这位教师，你怎么来引导幼儿继续仿编？

实例九

在一次数学活动中，教师出示画有动物的图片让幼儿数数，谁知图片拿反了,幼儿全都哈哈笑起来,有的幼儿还说:小动物在做倒立、小动物在天上走。

你认为这位教师应采取什么方法巧妙地在最短时间内继续引导幼儿数数。

实例十

在一次家长开放日活动中,教师准备利用这个机会组织"我爱爸爸妈妈"的教育活动。家长们陆续来到班上,只有一位小朋友的家长没到。活动开始了,教师让小朋友给爸爸、妈妈送自制的礼物。看见其他小朋友都笑嘻嘻地把自己做的礼物送给爸爸、妈妈,这位小朋友拿着礼物大哭起来,这时幼儿和家长都停止了活动看着他,不知该怎么办。

如果你是这个班的教师,你怎么来解决这个问题。

实例十一

一次"认识野兽"的活动快结束时,老师总结出野兽的三个特征:有皮毛、有尾巴、会生宝宝,然后请小朋友们说一说自己认识的野兽。当时,气氛非常热烈,孩子们列举出老虎、狮子、豹子等许多野兽。突然一个小朋友大声说:"老师,人也是野兽!我爸爸的毛很多,有皮毛。我妈妈说尾骨就是人的尾巴,我妈妈也会生宝宝!"这下可不得了,小朋友们七嘴八舌地争论起来:"原来我们也是野兽啊?""人到底是不是野兽?"一阵喧哗之后,几十双眼睛盯着老师,希望老师给予回答。

这一突发事件令老师面红耳赤,十分尴尬。她最后只有说:"今天不讨论了,请小朋友休息、解便。"

你认为这位教师处理偶发事件的方法对吗?请运用随机教学的原则和方法进行评价并设计出妥善的处理方案。

实例十二

大班科学活动——送小鸟回家

活动过程：

1. 在音乐伴奏下，教师带领幼儿来到创设的"大森林"的情景中，森林里有各种颜色、各种动态的小鸟，录音机播放着小鸟的叫声。

教师：多美的森林啊！听听是谁在唱歌？

幼儿：小鸟在唱歌。

教师：请小朋友在大森林里玩一玩、看一看，有什么样的小鸟，它们在干什么？

幼儿：（自由观察。有的幼儿看到小鸟这么多兴奋不已。）

2. 讨论：小鸟在保护自然环境中的作用。

教师：小朋友看了这么多鸟，现在到我的身边来，我们来说一说小鸟有什么本领？

幼儿：（仍然在情景中看，不理会教师）

教师：来，快过来！

幼儿：（有几个幼儿来到教师身边，多数幼儿仍然在情景中说说、看看。）

教师：我请你们快过来，怎么听不见。（教师走过去叫小朋友，把他们一个、一个推到座位上）

教师：请小朋友说一说，小鸟有什么本领？

幼儿：（没有人回答）

教师：谁愿意来说？

一个幼儿突然站起来：老师，我家里有一只鹦鹉鸟，这个森林里没有。

教师：现在我请小朋友说小鸟的本领。

幼儿：（仍然没有人回答）

请分析这个活动中出现的问题属于哪一类？教师的处理方法恰当吗？你认为出现这些问题应该怎样巧妙地解决？

实例十三

大班社会性活动——幼儿园里好事多

活动目标：

知道帮助别人做事，会使别人快乐，体验做好事的愉悦。

会评价自己和同伴做的事，并乐意做好事。

活动过程：

1. 播放歌曲《幼儿园里好事多》，教师、幼儿一起即兴表演歌曲，激发幼儿参加活动的积极情绪。

2. 看一看、说一说。

(1) 教师出示木偶小猴子说："小猴子今天带了一盘录像带，录像带中说的是小朋友们做的事情，请大家看一看，说一说这些小朋友做了哪些事，是不是好事。"（录像为教师制作的盒子戏）

(2) 讨论：

教师：录像中小朋友做的什么事？他做的是好事吗，为什么？

幼儿：（争先恐后起来发言）

教师：刚才我们讨论了录像中演的事情，现在请小朋友说一说除了录像中演的，你在幼儿园还做过什么好事？

一个幼儿起来说：有一天，我家里来了一位阿姨，她带了一个小妹妹。小妹妹到了我家就哭起来，她要回家。我就赶紧把我的好玩的玩具拿给她玩，还给她吃巧克力。结果她就不哭了。

教师：你真是一个好孩子，能够在家里边为客人小朋友做好事，让客人在你家过得很愉快。那你在幼儿园做过好事吗？

幼儿：做过。那天画画的时候，王小恬没有蓝色的笔，我就借给她了。

请分析这位教师在幼儿谈话出现与要求不符时，她采用了什么随机教学法？这一方法的采用恰当吗，为什么？

实例十四

小班科学活动——可爱的小兔

活动目标：

有观察、了解小兔外形、动作特征的兴趣和爱小动物的情感。

能把观察到的小兔外形和动作大胆地讲出来。

活动准备：实物兔一只，小兔喜欢吃的菜叶和萝卜片；教师准备观察时引导幼儿从头到脚进行观察。

活动过程：

1. 以游戏的口吻带幼儿到小兔家做客，并给小兔带上喜欢吃的礼物。

2. 引导幼儿观察小兔。

教师：小朋友看看小兔头上长着什么？

幼儿：小兔头上有长耳朵。

幼儿：有两只长耳朵。

教师：小兔的眼睛是什么样的？

一幼儿：老师，小兔的尾巴在动。

其他幼儿：我看见了小兔的尾巴在动。

教师：我也看见了小兔的尾巴在动。那再仔细看看，小兔的尾巴是什么样的？

幼儿：它的尾巴是短短的。

幼儿：它的尾巴只有一点点。

教师：那我们来学学它的尾巴是怎么动的。

幼儿：（把手放在身后，学小兔尾巴动）

教师：小朋友再找找小兔头上还有什么会动？

幼儿：我看见了它嘴巴会动。

教师：那我们来喂它吃东西，看它嘴巴怎么动的？
幼儿：(喂小兔吃菜)我看见了它嘴巴张不大。
幼儿：它嘴巴嘟起这样动的(做动作)。
教师：小朋友再看看，它头上还有什么会动？
幼儿：老师，它眼睛在动。
教师：是吗？我们都来仔细看一看小兔的眼睛。
幼儿：小兔的眼睛有点红。
幼儿：小兔的眼睛是圆圆的。
幼儿：它在看我们。

请分析当幼儿没有按照教师的要求观察时，这位教师采取的是什么随机教学法引导观察活动继续进行的？这一方法有什么作用？

(二)随机教学机智的评价指标

能巧妙地处理偶发事件，应变方法巧、时机巧，有创意。

能快速处理偶发事件，保证教学的顺利进行。

能准确处理偶发事件，观察细致、准确，方法恰当、适宜。

第八章

教学活动中观察幼儿的方法

作为从事幼儿教育的教师及科研工作者,我们常常需要通过幼儿的活动观察了解幼儿。这种观察,不是日常生活中随意的见闻积累,它是以幼儿为对象,根据特定的目的,按照一定科学方法进行的,就是通常所说的幼儿教育观察方法。要想正确使用幼儿教育观察方法,需要掌握一定的观察方法。

一、教学活动中观察幼儿的意义、范围及作用

(一)观察法在幼儿教育与研究中的意义

在对幼儿的发展与教育研究中,观察幼儿具有特别重要的意义,其原因主要有三点:

首先,采用观察的方法,可以弥补幼儿由于理解能力和反应

方式等的局限,能观测到许多用其他方法无法测量的行为。幼儿在许多方面的发展,尤其是语言能力方面的发展还十分有限,有可能发生诸如不理解指示语,或以自我为中心的思维方式等现象的干扰,许多与言语能力有关的测验和调查,只适用于成人或较年长的儿童,对于幼儿并不合适。而观察旨在考察儿童的实际行为,并不要求幼儿做出特定的反应,能观测到幼儿许多真实的行为现象。

其次,幼儿一般不像成人那样把测试看作一件严肃的事,他们还不很理解在测试中需要认真做出反应的重要性,往往像玩游戏一样,容易造成测试结果的不稳定或不可靠现象。而观察幼儿不需要他们有意识地做出反应,只是观察其日常生活中的典型行为,记录其真实、自然的表现,其结果比较稳定。

第三,幼儿心理活动具有极大的外显性,与成人或年纪较大的儿童相比较,幼儿更少受到观察过程的影响,一般在较熟悉的观察者面前仍能表现自然行为,显得旁若无人,我行我素。通过观察其活动中的言语、动作、表情,可以捕捉他们的心理活动。幼儿年龄越小,这种现象就越明显,因而观察所得的资料也就越真实。幼儿教师与幼儿朝夕相处,就更具有这方面的优势。

在学前儿童的发展与教育研究领域,观察幼儿的运用范围极广,适用于各方面的研究。如身体动作的发育、认知发展、幼儿的情绪情感、个性品质、社会性发展等等,可以说,教师通过细心的观察可以了解幼儿的一切发展情况。

(二)教学活动中观察幼儿行为的作用

在幼儿教育的教学和科研工作中,观察具有四个方面的作用:

1. 观察是深入理解幼儿和更好地促进幼儿发展的手段

观察在幼儿教育和研究中的一个重要作用,就是它可以帮助我们深入理解教育研究的对象——幼儿。虽然幼儿的发展有一定的规律性,但不同幼儿的发展规律却有可能不同。例如小班幼儿的美术能力的发展通常处于象征期阶段,表现为能用所掌握的极为简单的形状和线条将物体的特征表现出来。有一小班教师却通过观察发现自己班上大部分3岁的幼儿已进入形象期,能有意识地用所掌握的形状表现他们的经验与愿望,如果根据常规的美术教学计划,显然不能满足班上幼儿的发展需要。教师就及时根据幼儿实际情况调整教学计划,使全班在原有基础上取得了更大的进步。

又如,一位教师发现,班上的孩子中午进餐习惯不好,大多数孩子吃饭很慢,不少孩子还有挑食的现象。老师注意观察,发现是饭菜味道不好,幼儿难以下咽。就及时向园长反映,改进午餐饭菜质量,以上现象很快就得到改变,幼儿进餐速度加快,挑食现象也很少出现了。

2. 观察是形成和理解幼儿教育观点的基础

幼儿教育研究实践早已证明,观察是幼儿教育科研过程的一个重要组成部分。观察不仅帮助幼教科研人员获得研究观点与设想,而且还节省研究者形成观点、设想的时间,许多重要的幼儿教育理论观点就是形成于长期的观察之中,古今中外都有类似的例子。比如世界著名的儿童心理学家皮亚杰,20年代在对自己孩子的观察之中,发现幼儿有许多奇怪的想法,对周围事物的认识也与成年人有很大的不同。他不禁思考:儿童到底在想什么和为什么会这样想,然后根据他的孩子的情况提出一系列对同龄孩子来说具有一定难度的问题,了解儿童是否真的理解他们遇到的概念。通过这样的实验,形成了最初的认识发生论。在我国,著名的幼儿教育家陈鹤琴也是在对自己孩子的长期观察中形成自己的幼儿教育观点的。

对幼儿教师和研究者来说,通过对幼儿的观察,可以获得第一手资料,了解幼儿的兴趣、爱好、发展水平,加深对所学幼儿教育观点的理解,进而形成自己的幼儿教育观点。

幼儿教师必须通过对幼儿的观察来思考自己的教学计划是否适应幼儿发展的需要。教师应随时留意幼儿在学习、生活、游戏中的反应,了解不同幼儿对各类活动的兴趣,摸清他们各自喜爱的游戏、活动,他们乐意模仿或谈论的事物等等。教师在对幼儿的观察中能够进一步加深对幼儿的理解,知道他们的兴趣爱好、能力水平,结合自己的教学观点与设想,将之贯穿到教学中去,就能使教学活动既能达到预定的教学目的,又充满情趣,使幼儿能够自始至终全神贯注。例如,一位教师观察到班上的幼儿对电视广告很有兴趣,经常下课后不自觉地朗诵电视广告语。她就专门安排了一次半日活动,以请小朋友负责为产品做广告为中心,先在手工课上请小朋友自己动手生产一些产品,再让小朋友为自己的产品做广告,要求要介绍清楚自己的产品是什么,有什么特点和用途,让幼儿思考怎样才能推销出去,并请小朋友自己当评委评出最佳广告。这次教学活动融美术、语言、社会常识为一体,孩子们的积极性很高,动手能力、口语表达能力、想象力都得到发展,教学取得了圆满成功。从这个例子中,我们可以看到这次教学活动成功的原因在于教师观察到幼儿的兴趣所在,并设计出幼儿感兴趣的活动形式。

有的教师对如何教育孩子心中有数,究其原因在于他们平常有意的观察。如一位教师留意观察自己班上的孩子,发现幼儿在活动区角活动时,不再像过去那样热心持久地玩积木、插塑等结构游戏,她敏感地觉察出这一细微变化,通过与幼儿的讨论发现了孩子对活动区角有了新的需求,为了满足这一新需要,教师与孩子一起为自己喜欢的活动区增添了游戏材料,这样既满足了幼儿的兴趣,又让幼儿在活动获得自信心,培养了动手操作能力。

3. 观察是提供真实具体信息的重要途径

对幼儿教师而言,观察比正式的量表考查简便易行,提供的信息也更加真实具体,更能实在地反映幼儿的水平。例如,通过观察,我们可以准确地把握某个幼儿对数的理解能力。虽然在一次测查中这个幼儿会从1数到10,按测查标准可以算作已经理解了10以内数的序列,但是他在学具教学活动中却不能按照教师的要求数出5块学具放到盒子里去,面对这一行为,说明这个幼儿并不真正理解数字"5"的含义。

4. 观察是幼儿教育的有效评估方法

观察也是对幼儿教育的有效评估手段。例如有位教师在下午组织教学和游戏活动时,发现很多幼儿精神不好,甚至还有打瞌睡的,于是这位教师及时找到保育员打听情况,原来值中午午觉的是幼师来实习的同学,由于经验不足,幼儿午睡时玩耍、说话的很多,久久不能入睡。第二天,幼儿园即时安排有经验的老教师带实习生,就杜绝了这类现象的再次发生。在教学活动中有经验的教师会根据幼儿的行为表现调整自己的教学行为。如一教师在"序数"教学中发现大部分幼儿不会在"电影院"对号入座,游戏难以开展下去。她机智地请一位幼儿来告诉大家是如何寻找座位的,教师给以及时点拨,幼儿很快掌握了方法,游戏顺利进行。有经验的教师善于从幼儿的行为表现中做出相应判断,从而提高教学的有效性。

二、观察幼儿应遵循的原则

观察是我们理解和评价幼儿发展,根据幼儿发展水平采用相应的教育手段的基础。我们对幼儿的理解和评价是否恰如其分,根据这种理解和评价而采用的教育措施是否确实有效,很大程度上取决于我们的观察质量。如何提高观察质量呢?这就要求我们要采用科学的观察方法。要学会科学地观察,尤其是科学地观察幼儿及幼儿教育现象,必须遵循科学的观察原则。所有的幼儿教育观察实践以及所采用的具体方法技术都必须考虑这些原则。

(一)客观性原则

我们知道心理是人脑对客观事物的能动反映,幼儿的心理同样如此,幼儿产生某一行为,必定有其行为产生的客观条件以及相应的事实材料。我们所观察的正是幼儿行为及其行为产生的客观背景和相应事实材料。但是由于主客观原因,在观察中我们会有意无意违背这一原则,产生一些客观性误差和主观性误差。客观性误差主要有系统误差、测量误差、取样误差等,对客观误差我们可以采用科学的观察方法、多次重复观察等办法来加以克服。对观察结果产生更大影响的是观察者的主观误差。观察,是对客观存在、自然发生的现象的考察,我们通过观察所获得的,应当是客观的事实。然而,由于观察者是具有主观性的人,这就常使客观的信息在不知不觉中染上了主观的色彩。因此,科学地观察就要求我们克服观察中的主观倾向。

首先,是观察者的主观感情色彩。例如,许多父母出于对自己骨肉的天然情感,自然而然地认为自己孩子比别人的孩子高出一筹。在许多幼儿一起活动时,父母很容易只看到自己孩子的能干之处，而不容易注意到别的幼儿的优点。有些老师也是如此，他们往往偏爱某些"听话"的孩子，对这些幼儿的行为总是看得顺眼，即使他们偶尔行为越规，老师也很宽容；而对少数不"听话"的幼儿，教师在注意他们时总是情不自禁地戴上有色眼镜，对他们的违规行为总是严厉处罚。带着这些主观感情色彩去观察幼儿，就等于带着主观偏见去观察幼儿，不可避免地使我们对观察对象的认识发生某种程度的偏见。

其次，是观察者的期待效应。有时观察者对所研究问题有相当的了解，有可能根据对问题的预期解答，带有主观性地观察事物，致使观察结果更有可能吻合于观察者的期待。

第三，影响我们观察的主观因素还有一种"观察者放任现象"。所谓"观察者放任现象"常常出现在观察记录过程中。在观察记录了部分幼儿的行为之后，观察者会觉得自己对该年龄幼儿的反应已经"有数"了，他们的行为反应不外是如此这般。此后的观察记录中，观察者会有意无意地凭着对前面幼儿接触印象的老经验来判断和记录。这样，客观资料的积累便逐渐失去了精确性。对每一个观察者来说，在观察中排除"观察者放任现象"是很重要的。

第四，被观察者的反应行为可能因观察过程的某些因素而有所改变。由于我们的观察对象是幼儿，而幼儿也是具有主观能动性的人，他们的主观倾向同样会影响到我们观察结果的可靠性。假定我们要观察幼儿对待教师禁令的反应——"不要碰那个东西"，此时观察者是否在场，对幼儿的行为反应会产生较大的影响。如果观察者是教师，那么观察者的在场会使幼儿违反教师禁令的行为大大减少。而身为观察者的教师不在场时，违反禁令的行为则可能增多。这种主观因素也是我们在观察中需要小心避免的。

为了克服观察中的主观误差,我们可以采取一些措施。我们可以用观察者信度的办法来检查我们的观察结果。所谓观察者信度,是指同一目标、内容与方法,但由不同的几个观察者来观察,以求得大家基本一致的同意率。举例来说,为准确评价幼儿在班级中的发言情况,克服教师或家长的主观偏见,我们可以组织家长做义务观察员,每天轮流由2个~3个家长在规定时间内观察20分钟~30分钟,观察中家长使用的是与教师相同的记录表格。观察结束后,教师可以组织核对每个人的观察记录,将一致同意或基本同意的部分作为有效资料。这样经过一段时间的观察资料积累后,我们将得出比较准确的判断。同时几个观察者对同一现象事件进行判断,计算或估计每个人之间的同意程度,这是有效控制观察中主观因素的有力措施。这种措施可以运用于各种情景中的观察活动。需要说明的是,在设计严密的观察研究中,要对观察者进行预先的训练,让大家对什么样的行为反应属于什么样的标准级做出一致的判断,求得比较满意的"观察者信度"(一致同意率),然后方可正式进行观察。

为了克服记录中的主观误差,我们应当在一项观察中使用统一制定的表格,并对记录过程有明确的规定。观察记录者还应时时控制自己的主观因素,严格按照要求进行记录。对于某些容易引起幼儿行为变化的因素,观察者要事先考虑并采取措施。如果教师在场会影响幼儿某些行为,我们可以请幼儿不熟识却曾有过接触的人当观察者,像见习教师、外来的研究人员或其他班老师都可以。条件好的幼儿园也许已设置单向玻璃教室,观察者可以隔着单向玻璃进行观察。总之,观察方法的主要局限之处在于许多难以摆脱的主观因素。因此,当我们使用观察法去了解幼儿时,对可能的主观因素充分认识,并采取一定的补救措施是十分必要的。

(二)目的性原则

观察主要是通过眼睛、耳朵等感官去收集资料。心理学告诉我们,人的注意总是有选择地根据主观因素挑选一定的观察目标,忽视其他的刺激。比如我们要到一个拥挤的车站、码头接一个熟人,虽然来来往往的人很多,我们不可能一一看清他们,但一旦我们要接的人出现,我们很快就能认出他来。这就是因为我们只注意我们要接的人,对其他人并不在意,所以能很快在人群中分辨出我们要等的人。另一个例子是人民币中,一元钱的纸币是我们都熟悉的东西,但要我们说出上面是什么图案,我们能立刻说出来吗?可能大多数人不能够马上回答出来,因为我们平时只注意纸币上面关于数目的标志,这与我们生活的关系更密切。这些例子都说明一点,假如没有确定的观察目的,人的主观选择性就会支配我们的注意力。我们所看到的,只是我们自己一般情况下认为重要的问题。

同样,在幼儿园活动环境中,如果幼儿正在做游戏,有的玩娃娃,有的开汽车,还有的搭积木。每个幼儿都有自己活动的内容和方式,每个幼儿都会碰到一些问题。这个时候去观察幼儿的活动,如果没有明确的目的,观察者只能记录一大堆无用有用夹杂在一起的信息,难以说明问题。因此,坚持明确的观察目的对观察者来说是非常重要的。如观察幼儿分享行为发生的特点,必须对分享行为下一操作性定义,然后确定观察指标,如分享形式:感官分享、实质分享、不分享;分享行为的主动性程度;原因陈述。

(三)自然性原则

幼儿教育观察的目的是了解幼儿在一般情况下的自然行为

表现，为教师改进教育教学工作、进行教育科研提供依据。如果幼儿的反应不是平时状态下的自然行为，那么观察的结果就不具有代表性，也就不能为教师的教育工作提供有效的帮助。同时，观察幼儿的各种行为表现大多时候是在幼儿学习、生活活动过程中，如果因为我们的观察活动干扰了幼儿的生活和学习，就会给幼儿园的教育教学带来负面影响，对幼儿的发展也会产生不利的因素，这与我们观察幼儿是为了更好地促进幼儿的发展的初衷相违背的。因此，教师在对幼儿进行正式的观察时，应尽可能避免与幼儿直接交流意见或参与活动，对孩子的表现也不做赞同或否定的评价，不鼓励也不批评，不影响幼儿的自然表现。还有，如果有时观察中需要采用录音、录像等记录手段，那么这些观察、记录仪器也会对幼儿的活动产生干扰。由于这些仪器设备平时很少见到，幼儿会感到十分新奇，从而分散其注意力。教师应在观察前先将这些仪器在活动室放置一段时间，满足幼儿的好奇心，让他们适应后再进行观察。

(四) 准备性原则

我们观察和判断任何事物，都是在一定的知识经验的基础上进行的。对幼儿行为表现的判断，应建立在我们所掌握的相关知识的基础上。比方说，一位优秀的幼儿教师看到班上某个幼儿在做轮流过小桥(走平衡木)游戏时显得忧心忡忡，总想在老师看不见时站到队伍末尾去。这位教师根据以往经验和幼儿当前的表现判断出，这个幼儿害怕从事这一活动，可能是缺乏走平衡木的技能。根据这位教师所掌握的关于幼儿发展的知识，她认为五岁幼儿应能自如地走过这座"小桥"，这个幼儿的表现说明他迫切需要在这一方面得到改进。于是教师就注意进一步观察，并采取措施，及时帮助、鼓励这个幼儿练习走平衡木，不久,这个幼儿就能轻松地独自走过平衡木,再也不害怕这种运动了。从这样一个例子中,我们可以发现,观察的质量与观察者是否具备相应的知识是有密切关系的。

作为一个幼儿教师,在观察幼儿时到底需要具备哪些方面的知识呢?

首先,他需要具有一定的幼儿生理学的知识。知道与成人相比,幼儿在身体各方面的发展都还不成熟,但幼儿又具有自己的发展特点,并不是成人的缩小。同时,幼儿又是不断发展的个体,他们的发展需要经历许多不同的发展阶段,每个阶段有不同的发展重点。一个优秀的幼儿教师,应当了解儿童发展的重要里程碑,幼儿在什么年龄应达到哪些起码的标准。

其次,幼儿教师应具有一定的幼儿心理学知识,知道在哪些情况下幼儿具有怎样的心理特征,他们喜欢什么,害怕什么,对哪些东西感兴趣,他们有哪些需求,了解幼儿认识问题、解决问题的能力,这样在观察时才能心中有数,不至于对幼儿的行为反映手忙脚乱。

第三,幼儿教师还应具有一定的幼儿教育学知识。我们观察幼儿的目的是为了更好地促进幼儿的发展,因此,观察时布置什么样的教育、生活活动环境,采取什么样的观察手段和方法才能促进而不是阻碍幼儿的发展十分重要。

幼儿教育观察者应具备的另一类知识,是关于观察方法的基本知识。观察的方法是多种多样的,在什么情况下采用什么样的观察方法是观察能否达到预期目的的重要保证。正确的观察方法可以使我们的观察提高效率,所得观察资料更客观、更有用,也更令人信服。因此,幼儿教师还应努力提高自己的观察水平。

(五)方法性原则

一个人的记忆力再好,也不可能将观察的内容全部存储在脑子里。根据有关研究者关于记忆的研究,人脑中记忆的内容会受到经验的折射影响,在经历一段时间后,记忆内容便会发生变化。因此,在我们对幼儿进行观察记录时,光凭脑子记忆是不可靠的。我们需要重视观察记录并讲究记录方法。

讲究记录的方法,就是要求我们的观察记录系统准确。每一个观察者,无论是幼教工作者还是幼儿家长,在观察记录时要抓住与观察目标有关的全面的重要的信息。检查这一标准的条件是,当观察完毕后,查看观察记录,我们发现它能够非常正确地反映我们观察的所见所闻。而在若干天后再次翻阅,我们仍然能在脑海里活灵活现地再现观察时的情景。应当承认,记录越系统准确,用处就越大。

讲究观察记录方法,还要求我们在观察时力求简便易行、省时省力的方式,迅速地记载观察内容。观察记录的方式很多,有文字描述的,有列表打勾的,有等级评定的,也有录音录像的。无论采用何种记录方式,我们都要尽量做到快、细、全。有经验的观察者在采用文字描述方式做观察记录时,常常用速记法或电报语言当场记录,以便引起记忆,事后整理。

讲究观察记录方法,还意味着我们在观察记录时,要尽可能冷静地记载行为事实,不要轻易下结论,也不要随便把观察者的主观感觉写进观察记录。总之,我们的目的是客观地观察幼儿,了解幼儿,因而我们应当尽量使观察资料保持客观性和准确性。

(六)尊重观察对象的原则

观察是研究幼儿的方法之一。在对人的研究中,尊重研究对象的人格和权利,使之不受任何强迫与身心损伤,是研究者义不容辞的责任,也是一个研究道德的问题。我们的观察对象是幼儿,这就要求观察者,不论是父母、教师还是其他研究人员,都必须明白幼儿也是平等的人类成员,也有自己的需求和权利,也是应当受到尊重的。教师、父母或其他成人决不能因为幼儿年龄小、不懂事,就认为他们应当一切服从大人的意志,要他们怎样便怎样,想如何评价他们就如何评价。这里涉及重要的道德观和儿童观的问题,我们须为之警钟长鸣。

坚持尊重观察对象的原则,将影响到我们观察的过程、内容和方法、效果。假定两个幼儿正在一起饶有兴趣地玩橡皮泥,一个幼儿抢走了另一个幼儿的半块橡皮泥,后者尖叫着伸手想夺回来。这时教师正好过来,看到并立刻批评了去夺橡皮泥的幼儿。教师教育这个幼儿不要抢别人手里的橡皮泥,因为这样不是好孩子,而这个被前个幼儿抢走半块橡皮泥的孩子只好妥协了。这个例子说明,这个走来观察并发指示的教师犯了几个方面的错误:①并没有观察到事件的全过程,所以观察资料是零星片面的;②判断缺乏足够的证据,加入了自己的主观偏见;③造成了幼儿情绪上的压抑,或混淆了是非观。假如我们把这位教师作为观察者,可以认定她是失败的,因为她选定的观察条件不符合尊重儿童的教育观和道德观,违背了尊重观察对象这条原则。

我们要求所有在幼儿教育中运用观察方法的教师、家长及其他成人,在观察中尊重我们的观察对象——幼儿。尊重观察对象,不仅要求我们对幼儿的观察与评价尽可能地客观准确,有充分的事实依据,为幼儿树立实事求是的典范,而且包括不当幼儿的面议论观察到的事件,更不能随便对幼儿行为加以褒贬。总之,幼儿教育的观察者们要将这条原则铭记在心,并体现在自己的实践过程中。惟其如此,我们才能成为成功的观察者与教育者。

三、观察的类型

根据美国古迪温与德里斯科尔(Goodwin & Driscoll)的分类,按观察过程的结构性质与控制程度,可将观察分为两大类:正式观察与非正式观察。[①]

正式观察结构严谨,计划周密,一般为正式的科学研究所采用,它是一种有控制的、系统的观察。正式观察的特点是:严格地对行为定义;细致制定记录表格;在一定控制下从事观察;训练观察者,建立观察者信度;用相对严格、先进的方式(常用数量化方式)分析所得资料,结果相对较可靠。

非正式观察结构较松散,无周密计划与控制,适用于教师获取有关日常教学和活动安排等方面的信息,或帮助观察者获得了解儿童身心发展各种特点的感性经验。非正式观察在科学性上较为欠缺,但易于实施,往往比较实用,常称"自然观察法"。

正式观察有实况详录法、时间取样法、事件取样法、特性等级评定法等;非正式观察有日记描述法、轶事记录法、频率计数图示法与清单法等。

以上各种特性指标在各具体观察方法中的表现见下表:

[①] 王坚红编著《学前儿童发展与教育科学研究方法》,人民教育出版社 1991 年版,第 75 页~95 页。

各种观察法的特点

	观察类型	定义	目的	所需时间	涉及材料	记录过程
正式观察法	实况详录法	在一段时间内持续地、尽可能详尽地记录被观察者所有的行为动作表现,包括被观察幼儿自身的全部行为,以及该幼儿与他人的相互作用和交往。	完整、客观、可永久保留地对所发生行为作描述性记录。	持续进行直至规定时限(例如一小时)。	与行为和环境有关的一切东西。	现场详细持续记录全部行为或事件,也可采用录音、录像记录。
	时间取样法	在统一规定的时间内,按一定时段观察预先确定要观察的行为。	辨别与记录预先选定并详细定义的具体行为的发生,或归入已准备好的某种类别。	在一定时间间隔但同等的时段中进行。	选定的行为或变量。常需备有长列行为清单或某种分类系统表。	现场判定并记录某些行为是否发生,或记入某已预备好的类别。
	事件取样法	观察前先选定所要观察的事件,观察时只注意观察这些选定的行为或事件。	记录预先选定某特定类别事件的发生。	持续进行直至某时限(如二小时)。	选定的某类行为事件。	现场判定和记录某事件的发生。只在事件出现时记录。
	特性等级评定	在观察前先确定所要观察的内容,并按一定的标准将这些项目分为几个等级,观察时只注意观察对象的行为表现属于哪个等级。	观察后按某特性为某人评定等级。	在相当一段时间内进行,常经多次观察后做出。	选定的行为特性。	观察,然后根据某特征对预定特性做出等级评定。
非正式观察法	日记描述法	对一个或一组幼儿长期进行跟踪观察,并以日记形式记录幼儿的行为表现。	记录个别或少数对象详细而长期的资料。	较长时间(可若干月、年)内持续进行。	观察者认为有用的任何信息。	日常生活中边观察边记录。
	轶事记录法	观察者记录可表现幼儿个性或某方面发展的典型行为或异常行为。	记录典型新行为、反应和一切可表现个性的行为事件。	随时记录。	观察者认为有意义的任何行为事件。	日常生活中观察到有关行为或事件便记录。
	频率图示法	在某些预期行为发生时记录其发生的次数,再用图表的形式将收集的行为频率显示出来。	记录行为频率或行为持续时间,用图表显示。	在一定时间内的多个时段内进行。	选定的行为。	观察到行为出现便记录,统计总次数或总持续时间,制定图表。
	清单法	观察前列一个预期观察行为类型的清单,观察中发现有清单列有项目的就立即记入清单。	检测预定行为项目出现与否。	可在一段时间内或短时间内当场进行。	选定的环境或行为项目。	观察到行为出现便记录。

四、观察记录方法的训练

前面已经讲了幼儿观察技艺的类型,幼儿教师除了要在日常的教学和生活活动中熟练地运用这些技艺外,还应在平时进行幼儿观察技艺的训练,主要在于掌握几种常用观察技艺的记录方法。幼儿园常用的观察记录方法主要有连续记录法、频率记录法、等级记录法等。

(一)连续记录法

1. 概述

连续记录法主要用于在一段时间内,如一节课、一次活动、一个小时,连续记录被观察对象不间断的行为。要求要记录下观察对象的所有行为反应,越详尽越好。这种记录方法的最大好处在于记录材料很具体翔实,可用于日后了解幼儿在观察时间内的所有行为表现,为今后进行定量定性分析提供真实的依据。其缺点在于采用连续记录法比较花费时间和教师的精力,并且观察对象中不可能太多。教师在采用连续记录法时需要注意的是,应把对观察事实的客观描述,与观察者的主观解释和评价区分开。以下引用一个例子,看看连续记录法的应用。

连续记录法[①]

观察对象:丽丽

儿童年龄:4 岁

观察地点:幼儿园教室

观察时间:早上 9:10—9:30

---

① 王坚红编著《学前儿童发展与教育科学研究方法》,人民教育出版社 1991 年版,第 96 页~97 页。

活动:自由游戏

行为的客观描述	解释与说明
9:10—9:12 　　丽丽比规定时间迟到了35分钟。她挂好外衣,就站在走廊上四处张望;在半分钟内一动不动,只转动眼珠;很快地瞟几眼正玩得高兴的其他幼儿。	丽丽看起来胆怯羞涩,几乎有些退缩。从她达到的那一刻起,就显得很勉强,大概她本来就不想上幼儿园。
9:22—9:24 　　终于,丽丽向远远的教室角落里的图书角走去。她走得很慢,每走一步都要用右脚尖在地上刮一下,这样走了约两米远。她经过一张桌子,有两个小朋友在拼图片,她没有跟他们搭腔。现在,她加快脚步向放有几本图书的桌子走去。玲玲、乐乐和冬冬正坐在桌边,乐乐与冬冬一起在看一本书,玲玲望着他们"念书"。丽丽没有对他们说一句话,便坐下了。	丽丽仍然显得不定心,甚至连动作也显得十分拘谨。她走得很慢,似乎犹豫不决,不能肯定自己与别的小朋友及环境的关系。她好像很难做出决定究竟干什么。没有任何交往行为,对已经在场的幼儿无"开场白"。
9:24—9:29 　　乐乐和冬冬倒也都没与丽丽打招呼,只有玲玲说:"咳!丽丽,你和我一起来念书好吗?"丽丽抬起头,轻轻说:"我不知道怎么念书。"玲玲答道:"我们可以光看图画嘛。"丽丽的眼睛望着积木区,看也不看玲玲,说:"好吧。"玲玲笑容可掬地和丽丽一起走到书架前,丽丽拿起一本书,慢慢地翻着。	玲玲性情开朗,在丽丽到来时显得十分友好。丽丽仍然心神不定,不愿交往,她说话轻声轻气,好像怕被人听见似的。虽然丽丽缺乏热情,玲玲还是坚持要与她交往。丽丽显得心不在焉,不太愿意与玲玲靠近,玲玲走起来,动作比丽丽迅速得多。
9:29—9:30 　　乐乐抬起头来说:"嘿!你们俩在干什么?"玲玲把头抬了抬,说:"不用管,我们忙着呢。"丽丽却一言不发,站起身来,慢吞吞地向积木区走去。冬冬仍然在看书。	玲玲比丽丽更开朗与自信,她没与乐乐和冬冬有很多交往,可能是感到自己是多余的。见到了丽丽,她显得很高兴,对丽丽的不愿交往也不介意。玲玲对乐乐的反应显得自信但友好,好像把丽丽看做玩伴,或是对那两个男孩先前对她不加注意的报复。丽丽仍显得毫无兴趣,甚至找不到事情可做。

这位教师在 20 分钟时间内,对两名小女孩进行连续的观察记录,得出了自己对两位女孩性格的分析。在记录表的左侧是教师对观察对象行为的连续记录,右侧是教师根据观察对象的表现得出的结论。在记录观察行为时,有起止时间、观察对象的具体活动记录、教师对观察对象的简短评价。这种观察方法属于实况详录法,在日记描述法中也主要采取这种记录方法。如一位美术教师的一则日记:

观察时间:×月×日
观察地点:××幼儿园中二班
观察对象:刚刚

观察记录	解释与评价
今天我上美术课。教师讲解完毕之后,幼儿们开始动手画自己的画。刚刚左手捂在纸上,右手握笔,想画点什么,又停住了。向左右望望,又想画点什么,可还是没有下笔,他抬起头来看了一眼对面的强强的画,强强正全神贯注地画一只小花猫,刚刚看清楚了,也在自己的纸上画了一只同样的小花猫。画好后,他又停住了,握着笔开始犹豫。这时,他又看了一眼强强的画,强强正在画一座桥,刚刚看到了,又在自己的纸上画了一座桥,和强强的一模一样。后来刚刚又照强强的样画了同样的鱼、花朵、树木和山坡。	从刚刚的表现上看,刚刚绘画造型能力还是可以的。因为强强坐在他对面,他并不能照抄强强的画,他只是看一下该画什么东西,而这些东西他完全可以画得很好,可以说刚刚缺乏的是绘画构思和创造上的独立性与创造性。

2. 用连续记录法记录幼儿的某种能力(如交往能力、游戏能力、联想能力等)

(二)频率记录法

1. 概述

连续记录法虽然记录的内容详尽,能准确反映观察对象的真实情况,但需要观察者在规定时间内一直不停地记录,花费时间和精力,在教师组织教学活动时要受到限制。频率记录法就可以弥补这个缺陷。频率记录法也是以一定时间为周期,预先设计好记录表格,按一定标准对行为进行定义,在观察周期内,一旦发现定义的行为出现,立即记录下行为出现的次数,事后就可以看出一定周期内,观察对象各种行为出现的频率,从而对观察对象进行评价。例如,一位教师在一次角色游戏活动中观察班上幼儿的表现,她的记录表设计如下:

幼儿角色游戏观察记录表

观察时间:8:30—9:00
观察地点:幼儿活动室
行为类型:
1. 模仿角色:幼儿在游戏中装扮成另一个人,模仿其言行举止。
2. 物品替代:用一件玩具代替某种物体,或用动作、语言代替物品。
3. 动作与情景替代:用言语代替情景与某些动作。
4. 与人交往:至少有两人以上在游戏情景中相互交往,相互作用。
5. 言语交往:游戏参与中有言语交谈行为。
6. 情绪表达:在游戏中能模仿所扮演对象的情绪情感。

    幼儿姓名:××
    行为类型:模仿角色
        物品替代
        动作与情景替代
        与人交往
        言语交往
        情绪表达
幼儿姓名××   行为类型   出现频数   典型事例

此观察方式可每天观察一个单位时间和一个特定的情景,并连续观察1周以上,然后分析其角色游戏的特点。

2. 请用频率记录法观察记录某幼儿交往能力、攻击行为、友好行为能力的发生特点

(三)等级记录法

1. 概述

有时观察者需要观察的对象、项目较多,又需要即时对幼儿的行为表现给予等级评定,这时可以采用等级记录法。等级记录法要事先确定要观察的项目,并将这些项目平均地分为几个等级,观察幼儿的活动时,直接按照幼儿的行为表现归入相应的等级。例如,要考查中班幼儿的午餐进餐情况,可以这样设计记录表:

幼儿进餐能力记录表

```
观察时间:11:30—12:00
   观察地点:幼儿活动室
   进餐等级:一级:能独立进餐,不挑食,保持桌面、餐具干净;
            二级:不挑食,吃完自己的一份食物;
            三级:独自用小勺进餐,不需要别人帮助;
            四级:能在老师督促下进餐,不用手取食物;
            五级:不能自己独立进餐,需要老师的帮助。
            等级
   幼儿姓名        典型事例
```

2. 请用等级记录法观察记录某幼儿的好奇心、操作能力、穿脱衣服的能力发展水平、记录时可创设某一引起幼儿该行为表现的情景

五、教师观察幼儿行为发展的指标(仅供参考)

观察在幼儿园的使用极为广泛,通过观察可以了解幼儿在许多方面的发展。幼儿的发展包括动作能力的发展、认知能力的发展、情绪情感的发展、个性表现、社会能力的发展等几个方面。每个发展方面又包括若干小的具体发展内容,每个发展内容有其具体评价指标,下面分别加以说明。

(一) 动作能力的发展

动作的发展是幼儿阶段的主要发展目标之一,也是我们观察幼儿发展的重要内容。幼儿动作的发展包括两个方面:

1. 大肌肉发展

(1)走

观察方法:让幼儿在幼儿园内自由行走和出早操时教师注意观看幼儿的行走姿态。

评价指标:

① 走时不够自然协调;

② 上体正直自然地走;

③ 会一步一步走台阶;

④ 能沿曲线走过障碍物;

⑤ 走队形时能控制速度保持与前面人的距离。

(2)跑

观察方法:在幼儿自由活动和体育课上教师观察幼儿跑步的姿态。

评价指标:

① 跑时不够自然协调;

② 两臂在体侧曲肘,能自然跑;
③ 能听信号变速和改变方向跑;
④ 在设有障碍物的跑道上跑,不碰到障碍物。
(3)跳
观察方法:主要在幼儿体育课上观察。
评价指标:
①跳的动作不协调,弹跳力小,不会屈膝,不会重心前移;
②跳时上下肢协调,落地会缓冲;
③能双脚连续沿着地上画的直线跳;
④能单脚连续跳过地面上设置的障碍物。
(4)投掷
观察方法:在幼儿体育课上观察。
评价指标:
①投掷动作不协调,不会挥臂,物体出手速度慢,距离近;
②投掷动作较为协调,投掷距离较远,准确性较低;
③投掷动作协调,会转体、移动重心,投掷距离远,准确性高。
(5)平衡
观察方法:在幼儿体育课上观察。
评价指标:
①能在地面上画的平行线内走,但在快跑、转弯、急停时会摔倒;
②能在平衡木上行走;
③能在设有障碍的平衡木上行走;
④能单脚站立小积木。

2. 小肌肉发展
(1)画
观察方法:给幼儿笔和纸,让幼儿自由涂鸦,在幼儿美术课中观察幼儿的表现。

评价指标：

①会握笔在纸上任意涂鸦；

②会在纸上涂画出一些形象；

③会用笔描画印好的直线、圆圈；

④会完成点线画，并能涂色；

⑤会临摹画。

（2）折

观察方法：给幼儿提供裁好的纸张，让幼儿自由玩耍，在幼儿美术课折纸时观察。

评价指标：

①会对边折；

②会对角折和集中一角折；

③会折出双正方形后用翻拉的方法折较为复杂的物体；

④会反复折，用组合的方式折拼复杂的物体。

（3）剪贴

为幼儿提供自由剪贴的材料，在幼儿玩耍时观察。

评价指标：

①会用剪刀剪纸，用胶水粘贴；

②会按画好的线条剪纸；

③会剪贴简单的图形；

④会剪贴较为复杂的图形。

（4）捏

观察方法：结合幼儿手工课观察。

评价指标：

①会任意捏；

②会用搓、团、压等方法做出简单的形状；

③会用整泥捏出有细小部分的物体;
④会将泥分成几部分,做出局部形状后连接成整体。
(5)穿插
观察方法:在活动区角给幼儿提供可供穿插的各种材料,在幼儿活动中观察。
评价指标:
①会穿大木珠;
②会穿小珠子;
③会穿针眼较大的针。

(二) 认知能力的发展

幼儿认知能力的发展是全面发展的基础,其内容包含较广,既包括语言、数学、音乐、美术等认知经验方面的内容,也包括观察力、注意力、记忆力、思维等认知能力方面的内容。

1. 认知经验
(1)语言
①听的习惯。
观察方法:日常生活中观察。
评价指标:
A. 在别人讲话时不能安静地听;
B. 别人讲话时能安静地听自己感兴趣的内容;
C. 能根据成人的要求安静地听;
D. 能自觉地安静地听别人讲话。
②发音能力。
观察方法:日常生活中观察。
评价指标:
A. 较多的音发不准;

B. 大多数音发得基本清楚;

C. 能正确发出翘舌音 zh、ch、sh、r 等;

D. 能区分地方音和普通话发音(n 和 l,h 和 f 等)。

③理解能力。

观察方法:日常生活结合教师布置的情景观察。

评价指标:

A. 能听懂单一指令,如:把××拿来;

B. 能听懂并列句式指令,如:把××和××拿来;

C. 能听懂选择句式指令,如:把××或××拿来;

D. 能听懂多重指令,如:先干××,再干××,最后干××。

④表达能力。

观察方法:在语言课看图讲述中观察。

评价指标:

A. 给孩子一张图片,能说出图片上有什么;

B. 给孩子一些词或图片,能用这些词或图片说一句话;

C. 看图讲述。

(2)数学

①计数。

在日常生活和计算课中专门观察。

评价指标:

A. 会唱数;

B. 会一一对应地点数;

C. 会正确说出点数后的总数;

D. 能不受计数发生变化的影响,如对一组实物顺着数、倒着数,一部分顺着数,另一部分倒着数。

②理解数概念。

观察方法:计算课结合专门的情景布置中观察。

评价指标：

A. 能理解数的含义，如说出人有两只眼睛，手有五个指头等；

B. 能理解序数的含义，如能说出图片中一排小动物排第几位的是谁；

C. 能理解数的分解组合。

③运算。

观察方法：计算课中观察。

评价指标：

A. 能够看实物进行运算；

B. 能进行10以内正确的加减法；

C. 能进行20以内正确的加减法。

(3)美术

①颜色知觉。

观察方法：日常生活中进行观察。

评价指标：

A. 幼儿能正确识别各种单色，说出名称；

B. 能说出一到三种混合色，并说出名称；

C. 能正确说出一种颜色的不同深浅。

②感受美的能力。

观察方法：日常生活结合美术课进行观察。

评价指标：

A. 能说出一幅美术作品的主要内容；

B. 能说出美术作品的内容，并能说出自己的感受；

C. 能说出美术作品的优劣。

③表现美的能力。

观察方法：美术课中专门进行。

评价指标：

A. 只会涂鸦，不会画出主题；

B. 会用一种方法粗略地表现形象；

C. 会用几种方法形象地表现物体特征；

D. 会选用多种材料比较细致地反映物体特征，内容丰富。

(4)音乐

①倾听音乐。

观察方法：在早操、律动、音乐课中观察。

评价指标：

A. 一边听音乐一边玩；

B. 能注意地听音乐；

C. 能对熟悉的儿童歌曲做出反映；

D. 能跟随音乐有节奏做出动作；

E、能体会音乐的基本情感基调。

②歌唱能力。

观察方法：在音乐课中观察。

评价指标：

A. 不会按曲调唱歌；

B. 能跟随伴奏唱简单歌曲，但曲调不准；

C. 能跟随伴奏唱歌；

D. 能在无伴奏情况下唱歌，基本准确。

③节奏感。

观察方法：音乐课中进行。

评价指标：

A. 不能感受节奏；

B. 基本能感受，能以某种发生表现节奏；

C. 能感受节奏，能以多种发生表现节奏。

④乐器演奏能力。

观察方法:为幼儿提供各种打击乐器,让幼儿自由玩耍。

评价指标:

A. 不能演奏乐器;

B. 能选用自己喜欢的打击乐器,敲击不同的声音;

C. 能用一种打击乐器敲出简单的乐句;

D. 能用几种打击乐器准确敲击完整的乐句。

2. 认知能力

(1)观察力

①观察的持续程度。

观察方法:给幼儿一幅图画,要求幼儿坚持观看。

评价指标:

A. 幼儿能按要求仔细观看5分钟~7分钟;

B. 幼儿能坚持观看图画7分钟~10分钟;

C. 幼儿能坚持观看图画10分钟以上。

②观察的顺序。

观察方法:为幼儿准备一件玩具,先让幼儿观看5秒钟,让幼儿说出看到了什么,再让幼儿观看5秒钟,让幼儿说出又看到了什么,最后再让幼儿观看5秒钟,让幼儿说出还看到了什么。

评价指标:

A. 幼儿的观察无顺序,只注意到了玩具的突出特征;

B. 幼儿的观察有一定顺序,如先注意到了玩具的颜色,后注意到了玩具的形状等,对玩具的基本特征有一定了解;

C. 幼儿的观察有顺序,能注意到玩具的一些细节特征。

③比较两个相近物体的异同。

观察方法:给幼儿出示两幅相近的画,让幼儿在规定时间内找出两幅图画的不同之处。

评价指标：

A. 幼儿基本不能找出两幅画的不同之处；

B. 幼儿能找出两幅画中比较明显的不同之处；

C. 幼儿能找出两幅画中比较细微的不同之处。

(2)注意力

①注意的有意性。

观察方法：给每个幼儿一本图画故事书，在幼儿面前的桌子上摆放各种玩具，教师要求幼儿仔细看书，然后离去，观察幼儿的反映。

评价指标：

A. 幼儿不看书，只顾摆弄玩具；

B. 幼儿飞快地看完书，然后摆弄玩具；

C. 幼儿能够坚持看书，不受周围玩具的影响。

②注意的范围。

观察方法：给幼儿一张有许多事物的图画，让幼儿观看5分钟，然后让幼儿说出图画上有哪些事物。

评价指标：

A. 幼儿只能说出少数熟悉的事物；

B. 幼儿能说出多数熟悉的事物；

C. 幼儿能说出绝大多数图画中的事物。

③注意的稳定性。

观察方法：给幼儿一张画有故事的图片，让幼儿连续观看并将图画中的故事讲述出来。

评价指标：

A. 幼儿只能坚持5分钟；

B. 幼儿能坚持看图讲述10分钟；

C. 幼儿能坚持看图讲述15分钟以上。

④注意的分配与转移。

观察方法：老师教幼儿折纸,要求幼儿边看老师怎样折,边自己折。

评价指标：

A. 幼儿只会看老师折,自己不会折;

B. 幼儿先看老师的示范,然后尝试自己折,但有的步骤忘记了;

C. 幼儿能够边看老师的示范边自己折。

(3)记忆力

①无意记忆。

观察方法：老师星期一早上问幼儿,星期天是怎样过的,观察幼儿的回答。

评价指标：

A. 幼儿不能说清楚星期天的情况;

B. 幼儿能在老师的提问引导下说出星期天的一些情况;

C. 幼儿能在老师提问引导下说清星期天的情况;

D. 幼儿能自己说清星期天的情况。

②有意记忆。

观察方法：老师给幼儿讲述一个故事,要求幼儿听完后复述,观察幼儿的复述情况。

评价指标：

A. 幼儿不能复述故事,只能说出故事的名称;

B. 幼儿不能完整地复述故事,能说出故事的名称、主要人物;

C. 幼儿能基本完整地复述故事。

③记忆的持久性。

观察方法：让幼儿回忆一年、半年或一个月前学习的故事、儿歌或舞蹈等,让幼儿再认和回忆一个月、两个星期、一星期前看过的图片。

评价指标:

A. 幼儿不能回忆以前学习的故事、儿歌、舞蹈,不能再认看过的图片;

B. 幼儿能够回忆起一个月前学习的故事、儿歌或舞蹈,能够再认以前看过的图片;

C. 幼儿能够回忆起半年前学习的故事、儿歌或舞蹈;

D. 幼儿能够回忆一年前学习的故事、儿歌或舞蹈,能够回忆以前看过的图片。

(4)思维能力

①分类能力。

幼儿的分类能力包括两个方面的内容,即按物体图形、颜色、形状、大小等外部特征进行分类和按物体的功能、用途等内部特征进行分类,以下分别加以说明。

A. 图形分类。

观察方法:给幼儿提供三种颜色、三种形状的大小图形各两个,让幼儿根据不同的标准进行分类。

评价指标:

a. 幼儿只能按一种标准进行分类;

b. 幼儿能按两种标准进行分类;

c. 幼儿能按三种标准进行分类。

B. 物品分类。

观察方法:给幼儿提供一些日常事物的图片,有交通工具类、人物类、动物类、植物类等,每大类下又有若干小类,如交通工具类有陆上交通工具、水中交通工具、空中交通工具等,植物类有水果、蔬菜、花卉等,让幼儿进行分类。

评价指标：

A. 幼儿不能进行分类；

B. 幼儿能按各大类进行分类；

C. 幼儿除了能按大类分类，还能按各小类进行分类。

②概括能力。

观察方法：让幼儿观察一幅较复杂的图片，然后说出这幅图片说了一件什么事。

评价指标：

A. 幼儿只能说出图片上的具体内容，不会概括；

B. 幼儿能说出部分大意；

C. 幼儿能基本概括；

D. 幼儿语言简练，概括精确。

③推理能力。

观察方法：观察幼儿的推理能力，可以通过观察幼儿的实物推理、图形推理、数字推理、类比推理来进行。实物推理就是给幼儿提供按一定规律摆放的实物，中间空缺的位置由幼儿补充摆出；图形推理就是给孩子不同颜色、形状、大小的各种图形，让幼儿参照范例排列成序；数字推理就是让幼儿按依次递增或是依次递减、奇数或偶数等具有规律性的排列数字；类比推理就是告诉幼儿两种事物之间的某种关系，让幼儿推理出与一种事物有相同关系的另一种事物，如告诉幼儿手套和手的关系，让幼儿回答什么和脚有相同的关系，告诉幼儿水果和植物的关系，让幼儿回答鸟和什么有相同的关系。

评价指标：

A. 幼儿不会推理；

B. 幼儿会实物和图形推理，但不会数字推理；

C. 幼儿会数字推理，不会类比推理；

D. 幼儿会类比推理。

④想象力。

观察方法:给幼儿出示圆形、三角形、正方形,让幼儿回答这像什么东西。

评价指标:

A. 幼儿不会想象;

B. 幼儿每样能想出一样事物;

C. 幼儿能想出2样~3样事物;

D. 幼儿能想出多种事物。

⑤问题解决能力。

观察方法:让幼儿回答有关问题,如皮球掉进了深坑里,手够不着,能用什么办法取出来;如果马路上有一个大水坑,怎样才能过去等。

评价指标:

A. 幼儿不能想出解决问题的办法;

B. 幼儿能想出解决问题的1个~2个办法;

C. 幼儿能想出解决问题的3个~5个办法;

D. 幼儿能想出解决问题的5个以上办法。

(三)情绪情感

幼儿情绪情感的发生是心理健康的窗口,幼儿的行为表现充满了情绪情感的色彩。考察幼儿的情绪情感包括考察幼儿表达控制自己的情绪、识别别人的情绪和与别人交流情感三个方面。

1. 表达控制自己的情绪

观察方法:主要通过对幼儿日常行为的观察。

评价指标:

(1)幼儿平时情绪不稳定,经常激烈波动,离开父母时大哭大闹,常为一点小事发脾气;

(2)幼儿平时情绪较稳定,在特殊情况下(如与人争执时)有波动;

(3)幼儿平时情绪稳定,常保持轻松愉快的心情。

2. 识别情绪

观察方法:老师做出难过、生气、高兴的表情,让幼儿说出老师做这种表情时心里会怎样想,并说出在哪些情况下可能会有这种表情。

(1)幼儿基本能区分不同表情;

(2)幼儿能说出表达不同表情的词语;

(3)幼儿能说出不同表情时的心理感受;

(4)幼儿能正确说出出现特定表情的情景。

3. 交流情感

观察方法:通过日常活动了解幼儿与别人交流情感的情况。

评价指标:

(1)基本不与别人交流情感,对别人的情绪反映不作反应;

(2)在高兴的时候能与老师或同伴交谈,说出自己的感受;

(3)经常与老师或同伴交谈,表达自己的感受,对别人的情绪反映能做出适当的反应。

(四)个性表现

幼儿期是个性初步形成时期,幼儿期个性的形成与发生是实施主体性教育的核心。幼儿的个性表现,包括幼儿的自信、成就感、表现欲、坚持性等内容。

1. 自信

观察方法:通过观察幼儿在日常各种活动中的表现来评价幼儿的自信。

评价指标:

(1)不喜欢参加各种活动,对自己没有信心;

(2)喜欢参加自己擅长的活动,对自己不擅长的活动缺乏信心;

(3)喜欢参加各种活动,相信自己能完成任务。

2. 成就感

观察方法:观察幼儿对待老师的表扬、批评的态度。

评价指标:

(1)平时不太注意老师对自己的态度,我行我素;

(2)很在意老师对自己的表扬,之后做得更好;

(3)受到老师的批评后知道自己做得不好的地方,以后注意改正;

(4)为得到老师的表扬而克服困难,努力完成得更好。

3. 自我表现

观察方法:观察幼儿平时回答问题的表现。

评价指标:

(1)回答问题不积极,声音小;

(2)在老师鼓励下能发表自己的意见;

(3)能积极争取回答问题,回答问题声音大;

(4)喜欢发表自己的意见,即使得不到老师的批准。

4. 坚持性

观察方法:老师规定幼儿必须在一定时间内完成一件较复杂的任务(如完成一件比较复杂的拼图),中途老师给予鼓励,观察幼儿完成任务的情况。

评价指标：
(1)不能坚持完成任务；
(2)自己不能坚持完成任务,在老师鼓励下能完成；
(3)自己能独立坚持完成任务。

(五)社会能力

幼儿从家庭进入幼儿园,标志着人生将体验正式进入社会团体的生活经验,从个体的人逐渐转化为社会的人。幼儿的社会能力对其今后的发展有至关重要的影响。幼儿的社会能力包括社会性认知和交往能力两大方面。

1. 社会性认知

社会性认知就是幼儿对社会的认识程度。包括幼儿对自己和周围人物、事物的认识,对日常规则、交往规则的认识,对别人意见、想法的理解等。

(1)对自己和周围人和事物的认识

观察方法：老师通过提问和与幼儿个别交谈观察幼儿对自己和周围人和事物的认识。

评价指标：
①幼儿只知道自己的姓名；
②幼儿知道父母的姓名、工作；
③幼儿能说出自己的家庭住址,知道家里的电话号码；
④幼儿知道从家里到幼儿园的路,能说出路上有哪些主要景观；

(2)了解课堂规则和交往规则

观察方法：日常观察和平时与幼儿的谈话。

评价指标：

①上课不懂遵守课堂纪律,与同伴交往常发生争抢玩具等行为;

②知道上课应遵守课堂纪律,但控制不住,大概了解交往规则;

③上课时能专心听老师讲,不说话,能与同伴商量着轮流玩耍玩具;

④清楚全面知道遵守集体常规,与同伴团结友爱。

(3)理解他人见解和想法

观察方法:通过讲故事和布置情景,观察幼儿理解他人的能力。如讲故事:幼儿园有个老师,她有一个儿子,也在上幼儿园,她很喜欢她的儿子。一天,儿子生病了,他希望妈妈能在家陪他一天。可是这天妈妈要带班上的小朋友出去春游,她只好让儿子一个人呆在家里。儿子很不高兴,可这天妈妈班上的小朋友都玩得很愉快,都很开心。问幼儿:这位老师为什么不在家陪儿子?她是怎样想的?她高兴吗?她这样做对不对?幼儿回答。

评价指标:

①幼儿认为妈妈应该呆在家里;

②幼儿只知道妈妈心里高兴,不知道妈妈心里也很难过;

③幼儿知道妈妈心里既高兴又难过;

④幼儿知道妈妈是牺牲与儿子在一起的时间,和班上小朋友在一起。

2. 交往能力

(1)与老师、同伴的交往

观察方法:在日常生活中观察幼儿的表现。

评价指标:

①平时见到老师和同伴很少打招呼,也不太爱与小朋友玩耍;

②见到老师会打招呼,乐意接受同伴的邀请;
③见到老师和同伴主动招呼,经帮助能发起与同伴的交往;
④喜欢引起老师的注意,会自己主动发起与同伴交往;
⑤经常主动与老师谈心和发起与同伴的交往,且常能得到同伴的积极响应。

(2)与陌生人交往

观察方法:定期的日常观察。

评价指标:

①见到陌生客人很害羞,不善于与陌生客人交往;
②能与客人简短交谈,回答客人的问题;
③见到客人会热情招呼,对客人的要求做出积极反应;
④主动发起与客人的交往。

(3)交往策略

观察方法:老师请一组小朋友做有趣的游戏,让另一组小朋友自己想办法加入他们的游戏,并把想出的办法说出来,观察幼儿的反应。

评价指标:

①幼儿能想出一个办法;
②幼儿能想出几个办法,但多数难以成功;
③幼儿能想出几个办法,基本都能成功;
④幼儿想出的办法又多又能成功。

(4)人际关系

观察方法:教师分别与幼儿单独谈话,问幼儿班上哪些小朋友是你喜欢的,哪些是你不喜欢的,为什么?记录幼儿的回答。

评价指标:

①多数幼儿选择的是不喜欢;
②幼儿选择次数很少;

③选择次数较多,选择喜欢和不喜欢的幼儿相差不多;
④多数幼儿选择喜欢。

六、观察结果的解释与评价

观察所收集的资料、信息往往很多,也很凌乱,并不能说明什么问题,必须通过一定的加工和解释。而人们总是根据自己的经验、个性、态度、观念等的支配,来观察事物和解释所获得的信息。由于每个人的学识、经验、个性、态度与观念都不尽相同,有的现象在不同的人看来,会有不同的理解和解释。比如,幼儿园小班美术课,老师教小朋友画人物,老师的示范是一幅由头部、躯干、四肢按比例构成的小女孩的形象,要求幼儿按老师的范画画一幅画。可是幼儿的作品头部、躯干、四肢根本不成比例。有的老师就认为是幼儿学习不认真,没有好好地跟老师学,因此不断责备孩子,孩子们因此失去了对美术的兴趣。而有经验的老师却不这样认为,她们知道小班幼儿的美术能力发展不能达到按身体比例画出人物形象的水平,幼儿作业完成不好的原因在于老师的要求过高,应适当降低难度,只要求幼儿画出人物的大体形态即可,幼儿绘画的积极性很高。两种结论截然不同,幼儿的发展结果也大不一样。对幼儿美术作品的评价也不能把"像不像"作为唯一的指标,幼儿能用自己独特的视觉观察人物的动态美,表达自己的情感比"像不像"更重要。因此,对观察结果的解释和评价应慎重。

此外,我们在对所观察到的东西做出解释时,总是带有某种"偏见"。在这里,我们所说的"偏见"不一定都具有贬义,它是指观察者不可避免地要根据自身主观倾向、对某些熟悉的观察对象以往的认识经验来筛选所观察到的信息,比如有一个笑话说,一位教师在晚自习时发现两个学生在打瞌睡,其中一位是好学生,平时各方面的表现都很好,另一位是差生,学习不努力,常受老师的批评。这位老师就指着差生对班上的同学说,你们看,这位同学一学习就打瞌睡。又指着好学生说,你们再看这位同学,打瞌睡都还在学习。对同样的一种行为,这位老师根据平时对学生的了解,会有两种完全不同的解释。而且,由于各种原因,人们不可能观察到有关某个人或某事物的全部事实,只能观察其中的一部分而不可避免地会错过其他部分,如甲幼儿正在兴致勃勃地建游乐场,乙幼儿跑过来"抢"走一块积木,甲幼儿急了,欲"抢"回来,乙幼儿立即说"老师说的玩具要大家分享",甲幼儿泪流满面。面对这一情境,教师如何保护孩子游戏的积极性,引导孩子解决纠纷?在这方面,由于老师没有看到事情的全过程,不可能了解整个情况,所以这种"偏见"很难加以控制的。

对观察资料的解释,可以为评价观察的结果奠定基础。所谓评价,就是对事物的价值、效率或适宜性做出一定的判断。对幼儿发展水平的评价,就是对幼儿生理、心理、认知、社会等等各种能力发展速度、发展质量、发展效率的判断。这种判断是以对信息资料的解释为出发点的。

要正确评价孩子的行为和发展,就要恰当地选择评价孩子能力的标准。在前面我们按幼儿不同年龄的有关行为特点,分动作、认知、情绪情感、个性表现和社会能力粗略地列出了幼儿的各项发展指标,幼儿教师可以在日常的教育教学过程中,参考这些评价指标,确定幼儿的发展水平处于哪一个等级,进而根据幼儿的发展水平改进教育手段或调整对待幼儿的方法,促进幼儿的身心发展。老师们在采用这些指标观察、评价幼儿的发展水平时应注意一定要反复多次观察孩子的实际表现,不要急于对幼儿的行为表现下结论、定等级,因为幼儿发展过程中起伏很大,不能根据偶尔的表现确定其发展等级。同时,千万不能歧视在某些方面发展较慢的幼儿,毕竟儿童心理发展具有不平衡性。教师一方面将一个班的幼儿视为一个整体,另一方面这个整体又由几十个不同的人组成,我们目的是帮助所有幼儿在原有的基础上得到全面发展,这一目的的实现离不开教师对幼儿发展水平的观察与评价,这也是幼儿教师的基本素质和职责所在。

主要参考资料

张大均.教学心理学[M].重庆:西南师范大学出版社,1997.

陈帼眉.学前儿童发展心理学[M].北京:人民教育出版社,1990.

中国大百科全书总编辑委员会《教育》编辑委员会,中国大百科全书出版社编辑部.中国大百科全书 教育[M].北京:中国大百科全书出版社,1985.

赵伶俐.课堂教学技术与艺术[M].重庆:西南师范大学出版社,1996.

刘云艳.幼儿园大美育系统论[M].重庆:西南师范大学出版社,2000.

李如密.教学艺术论[M].济南:山东教育出版社,1996.

许高厚.课堂教学技艺[M].北京:北京师范大学出版

社,2000.

高长梅,欧阳慧.教师素质培养手册[M].北京:九州图书出版社,人民日报出版社,1997.

刘舒生.教学法大全[M].北京:经济日报出版社,1995.

何克杭.现代教育技术[M].北京:北京师范大学出版社,1998.

赵寄石.幼儿园课程指导丛书.南京师范大学出版社,1997.

杨青松.教学艺术论[M].成都:四川教育出版社,1993.

戚建庄,王北生.教学艺术新论[M].郑州:河南人民出版社,1990.

陈友松.教育学[M].武汉:湖北人民出版社,1985.

符策震.教学的艺术[M].海口:海南人民出版社,1986.

王学义.教学语言艺术[M].哈尔滨:黑龙江教育出版社,1990.

周建设.教学语言艺术[M].北京:北京师范大学出版社,1991.

王北生.教学艺术论[M].郑州:河南大学出版社,1989.

魏正书.教学艺术论[M].沈阳:辽宁大学出版社,1991.

张武生.教学艺术论[M].成都:四川教育出版社,1993.

崔含鼎,梁仕云.现代教学艺术论[M].南宁:广西教育出版社,1992.

张武升.九十年代我国教学论研究趋向探讨[J].教育研究与实验,1991,3.

杨青松.关于建立"教学艺术论"的若干问题[J].教育科学,1992,3.

张武生.教学艺术的特点[J].天津教育,1992,1.

李如密.暗示教学的艺术[J].教育探索,1989,6.

李如密.我国特级教师的教学艺术观[J].教学与管理,1992,3.

李如密.教学艺术研究:从问题争鸣到学科立论[J].江西教育科研,1993,5.

苏灵扬.教师,塑造新一代人的工程师和艺术家[J].教育研究,1981,3.

汪远平.谈教学风格[J].人民教育,1981,4.

曹振道.谈谈教学风格[J].教育研究,1982,4.

郑钢.教育从艺术中吸取什么[J].教育理论与实践,1986,4.

阎增武.浅析教学过程的审美感[J].教育研究,1987,2.

钟以俊.简论现代教学艺术[J].教育理论与实践,1987,2.

张翔.试论教学艺术的本质[J].教育研究,1987,3.

尹宗利.教学艺术的功能与特征[J].教育研究,1987,3.

李如密.教学风格初探[J].教育研究,1986,9.

程少堂.教学风格论[J].教育研究,1988,2.

关素霞.论教学艺术[J].陕西师范大学学报,1989,3.

魏正书.教学艺术论[J].辽宁教育学院学报,1989,3.

尹慧如.教学艺术研究中的几个问题[J].辽宁师范大学学报,1989,4.

李如密.教学艺术本质新探[J].教育评论,1990,1.

杨轻松.教学艺术的规理和原理[J].教育科学,1989,1.

张武生.教学艺术原理[J].西南师范大学学报,1990,2.

郑晓鸿.简论教学艺术的结构与功能[J].广西师范大学学报,1990,3.

周兢,王坚红.幼儿教育观察方法[M].南京:南京大学出版社,1990.

王坚红.学前儿童发展与教育科学研究方法[M].北京:人民教育出版社,1991.

陈帼眉.学前儿童发展与教育评价手册[M].北京:北京师范大学出版社,1994,9.